DIREITOS
FUNDAMENTAIS
TRABALHISTAS

Sergio Pinto Martins

DIREITOS FUNDAMENTAIS TRABALHISTAS

4ª edição

- O autor deste livro e a editora empenharam seus melhores esforços para assegurar que as informações e os procedimentos apresentados no texto estejam em acordo com os padrões aceitos à época da publicação, *e todos os dados foram atualizados até a data de fechamento do livro*. Entretanto, tendo em conta a evolução das ciências, as atualizações legislativas, as mudanças regulamentares governamentais e o constante fluxo de novas informações sobre os temas que constam do livro, recomendamos enfaticamente que os leitores consultem sempre outras fontes fidedignas, de modo a se certificarem de que as informações contidas no texto estão corretas e de que não houve alterações nas recomendações ou na legislação regulamentadora.

- Data do fechamento do livro: 08/05/2025

- O autor e a editora se empenharam para citar adequadamente e dar o devido crédito a todos os detentores de direitos autorais de qualquer material utilizado neste livro, dispondo-se a possíveis acertos posteriores caso inadvertida e involuntariamente, a identificação de algum deles tenha sido omitida.

- Direitos exclusivos para a língua portuguesa
  Copyright ©2025 by
  Saraiva Jur, um selo da SRV Editora Ltda.
  Uma editora integrante do GEN | Grupo Editorial Nacional
  Travessa do Ouvidor, 11
  Rio de Janeiro – RJ – 20040-040

- **Atendimento ao cliente: https://www.editoradodireito.com.br/contato**

- Reservados todos os direitos. É proibida a duplicação ou reprodução deste volume, no todo ou em parte, em quaisquer formas ou por quaisquer meios (eletrônico, mecânico, gravação, fotocópia, distribuição pela Internet ou outros), sem permissão, por escrito, da **SRV Editora Ltda**.

- Capa: Tiago Dela Rosa

CIP-BRASIL. CATALOGAÇÃO NA PUBLICAÇÃO
SINDICATO NACIONAL DOS EDITORES DE LIVROS, RJ

M346d
4. ed.

Martins, Sergio Pinto, 1963-
Direitos fundamentais trabalhistas / Sergio Pinto Martins. - 4. ed. - Rio de Janeiro: Saraiva Jur, 2025.

Inclui bibliografia
ISBN 9788553623884

1. Direito do trabalho - Brasil. 2. Direitos fundamentais - Brasil. I. Título.

25-97996.0 CDU: 349.2(81)

Meri Gleice Rodrigues de Souza - Bibliotecária - CRB-7/6439

TRABALHOS DO AUTOR

LIVROS

1. *Imposto sobre serviços* – ISS. São Paulo: Atlas, 1992.
2. *Direito da seguridade social*. 43. ed. São Paulo: Saraiva Jur, 2025.
3. *Direito do trabalho*. 42. ed. São Paulo: Saraiva Jur, 2025.
4. *Terceirização no direito do trabalho*. 15. ed. São Paulo: Saraiva, 2018.
5. *Manual do ISS*. 10. ed. São Paulo: Saraiva, 2017.
6. *Participação dos empregados nos lucros das empresas*. 5. ed. São Paulo: Saraiva, 2021.
7. *Práticas discriminatórias contra a mulher e outros estudos*. São Paulo: LTr, 1996.
8. *Contribuição confederativa*. São Paulo: LTr, 1996.
9. *Medidas cautelares*. São Paulo: Malheiros, 1996.
10. *Manual do trabalho doméstico*. 14. ed. São Paulo: Saraiva, 2018.
11. *Tutela antecipada e tutela específica no processo do trabalho*. 4. ed. São Paulo: Atlas, 2013.
12. *Manual do FGTS*. 5. ed. São Paulo: Saraiva, 2017.
13. *Comentários à CLT*. 23. ed. São Paulo: Saraiva, 2020.
14. *Manual de direito do trabalho*. 15. ed. São Paulo: Saraiva Jur, 2024.
15. *Direito processual do trabalho*. 47. ed. São Paulo: Saraiva Jur, 2025.
16. *Contribuições sindicais*. 7. ed. São Paulo: Saraiva Jur, 2024.
17. *Contrato de trabalho de prazo determinado e banco de horas*. 4. ed. São Paulo: Atlas, 2002.
18. *Estudos de direito*. São Paulo: LTr, 1998.
19. *Legislação previdenciária*. 23. ed. São Paulo: Saraiva, 2020.
20. *Síntese de direito do trabalho*. Curitiba: JM, 1999.
21. *A continuidade do contrato de trabalho*. 2. ed. São Paulo: Saraiva, 2019.
22. *Flexibilização das condições de trabalho*. 6. ed. São Paulo: Saraiva, 2020.
23. *Legislação sindical*. São Paulo: Atlas, 2000.
24. *Comissões de conciliação prévia*. 3. ed. São Paulo: Atlas, 2008.
25. *Coleção Fundamentos: direito processual do trabalho*. 22. ed. São Paulo: Saraiva, 2020.
26. *Coleção Fundamentos: direito do trabalho*. 21. ed. São Paulo: Saraiva, 2020.
27. *Coleção Fundamentos: direito da seguridade social*. 17. ed. São Paulo: Saraiva, 2016.
28. *Instituições de direito público e privado*. 21. ed. São Paulo: Saraiva Jur, 2025.
29. *Pluralismo do direito do trabalho*. 2. ed. São Paulo: Saraiva, 2016.
30. *Greve do servidor público*. 2. ed. São Paulo: Saraiva, 2017.
31. *Execução da contribuição previdenciária na justiça do trabalho*. 5. ed. São Paulo: Saraiva, 2019.
32. *Manual de direito tributário*. 18. ed. São Paulo: Saraiva, 2019.
33. *CLT Universitária*. 26. ed. São Paulo: Saraiva, 2020.
34. *Cooperativas de trabalho*. 7. ed. São Paulo: Saraiva, 2020.
35. *Reforma previdenciária*. 3. ed. São Paulo: Saraiva, 2020.
36. *Manual da justa causa*. 7. ed. São Paulo: Saraiva, 2018.
37. *Comentários às súmulas do TST*. 16. ed. São Paulo: Saraiva, 2016.
38. *Constituição. CLT. Legislação previdenciária e legislação complementar*. 3. ed. São Paulo: Atlas, 2012.
39. *Dano moral decorrente do contrato de trabalho*. 5. ed. São Paulo: Saraiva, 2018.
40. *Profissões regulamentadas*. 2. ed. São Paulo: Atlas, 2013.
41. *Direitos fundamentais trabalhistas*. 4. ed. São Paulo: Saraiva Jur, 2025.
42. *Convenções da OIT*. 3. ed. São Paulo: Saraiva, 2016.
43. *Estágio e relação de emprego*. 5. ed. São Paulo: Saraiva, 2019.
44. *Comentários às Orientações Jurisprudenciais da SBDI-1 e 2 do TST*. 7. ed. São Paulo: Saraiva, 2016.
45. *Direitos trabalhistas do atleta profissional de futebol*. 2. ed. São Paulo: Saraiva, 2016.
46. *Prática trabalhista*. 11. ed. São Paulo: Saraiva Jur, 2024.
47. *Assédio moral no emprego*. 5. ed. São Paulo: Saraiva, 2017.
48. *Comentários à Lei n. 8.212/91. Custeio da Seguridade Social*. 2. ed. São Paulo: Saraiva, 2021.
49. *Comentários à Lei n. 8.213/91. Benefícios da Previdência Social*. 2. ed. São Paulo: Saraiva, 2021.
50. *Prática previdenciária*. 5. ed. São Paulo: Saraiva, 2019.
51. *Teoria geral do processo*. 11. ed. São Paulo: Saraiva Jur, 2025.
52. *Teoria geral do Estado*. 5. ed. São Paulo: Saraiva Jur, 2025.
53. *Introdução ao Estudo do Direito*. 4. ed. São Paulo: Saraiva Jur, 2025.
54. *Reforma trabalhista*. São Paulo: Saraiva, 2018.

ARTIGOS

1. A dupla ilegalidade do IPVA. *Folha de S. Paulo*, São Paulo, 12 mar. 1990. Caderno C., p. 3.
2. Descumprimento da convenção coletiva de trabalho. *LTr*, São Paulo, n. 54-7/854, jul. 1990.
3. Franchising ou contrato de trabalho? *Repertório IOB de Jurisprudência*, n. 9, texto 2/4990, p. 161, 1991.
4. A multa do FGTS e o levantamento dos depósitos para aquisição de moradia. *Orientador Trabalhista – Suplemento de Jurisprudência e Pareceres*, n. 7, p. 265, jul. 1991.
5. O precatório e o pagamento da dívida trabalhista da fazenda pública. *Jornal do II Congresso de Direito Processual do Trabalho*, jul. 1991, p. 42. (Promovido pela LTr Editora.)
6. As férias indenizadas e o terço constitucional. *Orientador Trabalhista Mapa Fiscal – Suplemento de Jurisprudência e Pareceres*, n. 8, p. 314, ago. 1991.
7. O guarda de rua contratado por moradores. Há relação de emprego? *Folha Metropolitana*, Guarulhos, 12 set. 1991. p. 3.
8. O trabalhador temporário e os direitos sociais. *Informativo Dinâmico IOB*, n. 76, p. 1164, set. 1991.
9. O serviço prestado após as cinco horas em sequência ao horário noturno. *Orientador Trabalhista Mapa Fiscal – Suplemento de Jurisprudência e Pareceres*, n. 10, p. 414, out. 1991.
10. Incorporação das cláusulas normativas nos contratos individuais do trabalho. *Jornal do VI Congresso Brasileiro de Direito Coletivo do Trabalho e V Seminário sobre Direito Constitucional do Trabalho*, nov. 1991, p. 43. (Promovido pela LTr Editora.)
11. Adicional de periculosidade no setor de energia elétrica: algumas considerações. *Orientador Trabalhista Mapa Fiscal – Suplemento de Jurisprudência e Pareceres*, n. 12, p. 544, dez. 1991.
12. Salário-maternidade da empregada doméstica. *Folha Metropolitana*, Guarulhos, 2-3 fev. 1992. p. 7.
13. Multa pelo atraso no pagamento de verbas rescisórias. *Repertório IOB de Jurisprudência*, n. 1, texto 2/5839, p. 19, 1992.
14. Base de cálculo dos adicionais. *Orientador Trabalhista Mapa Fiscal – Suplemento de Legislação, Jurisprudência e Doutrina*, n. 2, p. 130, fev. 1992.
15. Base de cálculo do adicional de insalubridade. *Orientador Trabalhista Mapa Fiscal – Suplemento de Legislação, Jurisprudência e Doutrina*, n. 4, p. 230, abr. 1992.
16. Limitação da multa prevista em norma coletiva. *Repertório IOB de Jurisprudência*, n. 10, texto 2/6320, p. 192, 1992.
17. Estabilidade provisória e aviso prévio. *Orientador Trabalhista Mapa Fiscal – Suplemento de Legislação, Jurisprudência e Doutrina*, n. 5, p. 279, maio 1992.
18. Contribuição confederativa. *Orientador Trabalhista Mapa Fiscal – Suplemento de Legislação, Jurisprudência e Doutrina*, n. 6, p. 320, jun. 1992.
19. O problema da aplicação da norma coletiva de categoria diferenciada à empresa que dela não participou. *Orientador Trabalhista Mapa Fiscal – Suplemento de Legislação, Jurisprudência e Doutrina*, n. 7, p. 395, jul. 1992.
20. Intervenção de terceiros no processo de trabalho: cabimento. *Jornal do IV Congresso Brasileiro de Direito Processual do Trabalho*, jul. 1992. p. 4. (Promovido pela LTr Editora.)
21. Relação de emprego: dono de obra e prestador de serviços. *Folha Metropolitana*, Guarulhos, 21 jul. 1992. p. 5.
22. Estabilidade provisória do cipeiro. *Orientador Trabalhista Mapa Fiscal – Suplemento de Legislação, Jurisprudência e Doutrina*, n. 8, p. 438, ago. 1992.
23. O ISS e a autonomia municipal. *Suplemento Tributário LTr*, n. 54, p. 337, 1992.
24. Valor da causa no processo do trabalho. *Suplemento Trabalhista LTr*, n. 94, p. 601, 1992.
25. Estabilidade provisória do dirigente sindical. *Orientador Trabalhista Mapa Fiscal – Suplemento de Legislação, Jurisprudência e Doutrina*, n. 9, p. 479, set. 1992.
26. Estabilidade no emprego do aidético. *Folha Metropolitana*, Guarulhos, 20-21 set. 1992. p. 16.
27. Remuneração do engenheiro. *Orientador Trabalhista Mapa Fiscal – Suplemento de Legislação, Jurisprudência e Doutrina*, n. 10, p. 524, out. 1992.
28. Estabilidade do acidentado. *Repertório IOB de Jurisprudência*, n. 22, texto 2/6933, p. 416, 1992.
29. A terceirização e suas implicações no direito do trabalho. *Orientador Trabalhista Mapa Fiscal – Suplemento de Legislação, Jurisprudência e Doutrina*, n. 11, p. 583, nov. 1992.
30. Contribuição assistencial. *Jornal do VII Congresso Brasileiro de Direito Coletivo do Trabalho e VI Seminário sobre Direito Constitucional do Trabalho*, nov. 1992. p. 5.
31. Descontos do salário do empregado. *Orientador Trabalhista Mapa Fiscal – Suplemento de Legislação, Jurisprudência e Doutrina*, n. 12, p. 646, dez. 1992.
32. Transferência de empregados. *Orientador Trabalhista Mapa Fiscal – Suplemento de*

Legislação, Jurisprudência e Doutrina, n. 1, p. 57, jan. 1993.
33. A greve e o pagamento dos dias parados. *Orientador Trabalhista Mapa Fiscal – Suplemento de Legislação, Jurisprudência e Doutrina*, n. 2, p. 138, fev. 1993.
34. Auxílio-doença. *Folha Metropolitana*, Guarulhos, 30 jan. 1993. p. 5.
35. Salário-família. *Folha Metropolitana*, Guarulhos, 16 fev. 1993. p. 5.
36. Depósito recursal. *Repertório IOB de Jurisprudência*, n. 4, texto 2/7239, p. 74, fev. 1993.
37. Terceirização. *Jornal Magistratura & Trabalho*, n. 5, p. 12, jan. e fev. 1993.
38. Auxílio-natalidade. *Folha Metropolitana*, Guarulhos, 9 mar. 1993. p. 4.
39. A diarista pode ser considerada empregada doméstica? *Orientador Trabalhista Mapa Fiscal – Suplemento de Legislação, Jurisprudência e Doutrina*, n. 3/93, p. 207.
40. Renda mensal vitalícia. *Folha Metropolitana*, Guarulhos, 17 mar. 1993. p. 6.
41. Aposentadoria espontânea com a continuidade do aposentado na empresa. *Jornal do Primeiro Congresso Brasileiro de Direito Individual do Trabalho*, 29 e 30 mar. 1993. p. 46-47. (Promovido pela LTr Editora.)
42. Relação de emprego e atividades ilícitas. *Orientador Trabalhista Mapa Fiscal – Suplemento de Legislação, Jurisprudência e Doutrina*, n. 5/93. p. 345.
43. Conflito entre norma coletiva do trabalho e legislação salarial superveniente. *Revista do Advogado*, n. 39, p. 69, maio 1993.
44. Condição jurídica do diretor de sociedade em face do direito do trabalho. *Orientador Trabalhista Mapa Fiscal – Suplemento de Legislação, Jurisprudência e Doutrina*, n. 6/93, p. 394.
45. Equiparação salarial. *Orientador Trabalhista Mapa Fiscal – Suplemento de Legislação, Jurisprudência e Doutrina*, n. 7/93, p. 467.
46. Dissídios coletivos de funcionários públicos. *Jornal do 5º Congresso Brasileiro de Direito Processual do Trabalho*, jul. 1993. p. 15. (Promovido pela LTr Editora.)
47. Contrato coletivo de trabalho. *Orientador Trabalhista Mapa Fiscal – Suplemento de Legislação, Jurisprudência e Doutrina*, n. 8/93, p. 536.
48. Reintegração no emprego do empregado aidético. *Suplemento Trabalhista LTr*, n. 102/93, p. 641.
49. Incidência da contribuição previdenciária nos pagamentos feitos na Justiça do Trabalho. *Orientador Trabalhista Mapa Fiscal – Suplemento de Legislação, Jurisprudência e Doutrina*, n. 9/93, p. 611.
50. Contrato de trabalho por obra certa. *Orientador Trabalhista Mapa Fiscal – Suplemento de Legislação, Jurisprudência e Doutrina*, n. 10/93. p. 674.
51. Auto-aplicabilidade das novas prestações previdenciárias da Constituição. *Revista de Previdência Social*, n. 154, p. 697, set. 1993.
52. Substituição processual e o Enunciado 310 do TST. *Orientador Trabalhista Mapa Fiscal – Suplemento de Legislação, Jurisprudência e Doutrina*, n. 11/93, p. 719.
53. Litigância de má-fé no processo do trabalho. *Repertório IOB de Jurisprudência*, n. 22/93, texto 2/8207, p. 398.
54. Constituição e custeio do sistema confederativo. *Jornal do 8º Congresso Brasileiro de Direito Coletivo e 7º Seminário sobre Direito Coletivo do Trabalho*, nov. 1993. p. 68. (Promovido pela LTr Editora.)
55. Participação nos lucros. *Orientador Trabalhista Mapa Fiscal – Suplemento de Legislação, Jurisprudência e Doutrina*, n. 12/93. p. 778.
56. Auxílio-funeral. *Folha Metropolitana*, Guarulhos, 22-12-1993. p. 5.
57. Regulamento de empresa. *Orientador Trabalhista Mapa Fiscal – Suplemento de Legislação, Jurisprudência e Doutrina*, n. 1/94. p. 93.
58. Aviso prévio. *Orientador Trabalhista Mapa Fiscal – Suplemento de Legislação, Jurisprudência e Doutrina*, n. 2/94. p. 170.
59. Compensação de horários. *Orientador Trabalhista Mapa Fiscal – Suplemento de Legislação, Jurisprudência e Doutrina*, n. 3/94. p. 237.
60. Controle externo do judiciário. *Folha Metropolitana*, Guarulhos, 10-3-1994. p. 2; *Folha da Tarde*, São Paulo, 25-3-1994. p. A2.
61. Aposentadoria dos juízes. *Folha Metropolitana*, Guarulhos, 11-3-1994. p. 2; *Folha da Tarde*, São Paulo, 23-3-1994. p. A2.
62. Base de cálculo da multa de 40% do FGTS. *Jornal do Segundo Congresso Brasileiro de Direito Individual do Trabalho*, promovido pela *LTr*, 21 a 23-3-1994. p. 52.
63. Denunciação da lide no processo do trabalho. *Repertório IOB de Jurisprudência*, n. 7/94, abr. de 1994. p. 117, texto 2/8702.
64. A quitação trabalhista e o Enunciado n. 330 do TST. *Orientador Trabalhista Mapa Fiscal – Suplemento de Legislação, Jurisprudência e Doutrina*, n. 4/94. p. 294.
65. A indenização de despedida prevista na Medida Provisória n. 457/94. *Repertório IOB de Jurisprudência*, n. 9/94. p. 149, texto 2/8817.
66. A terceirização e o Enunciado n. 331 do TST. *Orientador Trabalhista Mapa Fiscal – Suplemento de Legislação, Jurisprudência e Doutrina*, n. 5/94. p. 353.

Sumário

Nota do Autor.. XV

Introdução XVII

1 Evolução Mundial... 1

2 Evolução no Brasil.. 29

3 Denominação... 35
   3.1   Direitos naturais... 35
   3.2   Direitos do homem... 36
   3.3   Direitos humanos.. 36
   3.4   Direitos fundamentais..................................... 37
   3.5   Liberdades públicas.. 39
   3.6   Direitos da cidadania...................................... 40
   3.7   Direitos individuais.. 40
   3.8   Direitos subjetivos públicos........................... 41
   3.9   Outras denominações..................................... 41
   3.10 Constituições brasileiras................................. 41

4 Conceito 43
   4.1   Conceito... 43
   4.2   Distinção.. 45

5 Teorias ... 47
- 5.1 Teoria jusnaturalista ... 47
- 5.2 Teoria positivista ... 49
- 5.3 Teoria moralista ... 49
- 5.4 Teoria histórica ... 50
- 5.5 Outras afirmações ... 50
- 5.6 Teorias mistas ... 51

6 Classificação ... 53
- 6.1 Classificação ... 53
- 6.2 Natureza jurídica ... 58
- 6.3 Função ... 59
- 6.4 Características ... 59

7 Ordem Social ... 61
- 7.1 Ordem social ... 61
- 7.2 Direitos sociais ... 61

8 Direitos Fundamentais ... 65

9 Liberdade de Trabalho ... 71

10 Trabalho Análogo ao de Escravo ... 73
- 10.1 Histórico ... 73
- 10.2 Denominação ... 74
- 10.3 Conceito ... 74
- 10.4 Direito internacional ... 75
- 10.5 Constituição ... 77
- 10.6 O crime ... 78
- 10.7 Resultados da utilização do trabalho escravo ... 82
- 10.8 Direitos ... 82
- 10.9 Seguro-desemprego ... 83
- 10.10 Conclusão ... 84

SUMÁRIO

11 Não Discriminação 85

12 Deficientes Físicos 99
 12.1 Histórico 99
 12.2 Denominação 100
 12.3 Conceitos 101
 12.4 Normas internacionais 105
 12.5 Legislações 109

13 Direito à Vida Privada 117

14 Salário Mínimo 131

15 Direito da Criança e do Adolescente 137

16 Saúde 145

17 Ratificação das Convenções da OIT 153
 17.1 Justificativa 153
 17.2 Obrigatoriedade 153
 17.3 Hierarquia das Convenções da OIT ... 154
 17.4 Necessidade de promulgação das Convenções 164
 17.5 Classificação das Convenções da OIT 168

18 Convenção n. 143 da OIT 175
 18.1 Introdução 175
 18.2 Classificação da Convenção n. 143 da OIT 177
 18.3 Igualdade e não discriminação 177
 18.4 Convenção n. 143 da OIT 180
 18.5 Conclusão 190

19 Dispensa Arbitrária 193
 19.1 Convenção n. 158 da OIT 193
  19.1.1 Introdução 193
  19.1.2 Classificação da Convenção ... 196

XI

19.1.3	Aplicabilidade	197
19.1.4	Constitucionalidade	197
19.1.5	A Convenção n. 158 da OIT e a União Europeia	205
	19.1.5.1 As diretivas	205
	19.1.5.2 Espanha	206
	19.1.5.3 França	207
	19.1.5.4 Itália	207
	19.1.5.5 Portugal	208
19.1.6	Aplicabilidade	210
19.1.7	Causas para a dispensa	213
19.1.8	Causas injustificáveis	216
19.1.9	Procedimento prévio	217
19.1.10	Recurso contra o término do contrato	218
19.1.11	Aviso-prévio	221
19.1.12	Indenização e seguro-desemprego	222
19.1.13	Ônus da prova	223
19.1.14	Dispensa coletiva	224
19.1.15	Notificação à autoridade competente	225
19.1.16	Conclusão	226
19.2	Denúncia da Convenção n. 158 da OIT	228
19.2.1	Extinção das normas internacionais	228
19.2.2	Denúncia	228
	19.2.2.1 Conceito	228
	19.2.2.2 Espécies	229
	19.2.2.3 Forma	229
	19.2.2.4 Contagem do prazo	230
	19.2.2.5 Necessidade de exame pelo Congresso Nacional	232
	19.2.2.6 Conclusão	237

SUMÁRIO

20 Liberdade Sindical **239**
   20.1   Introdução 239
   20.2   Histórico 240
   20.3   Conceito 242
   20.4   Garantias 243
   20.5   Classificação 245
   20.6   Sistemas de liberdade sindical 245
   20.7   Autonomia sindical 246
   20.8   Importância 248
   20.9   Aplicabilidade 249
   20.10 Obrigatoriedade 249
   20.11 Liberdade de associação 251

21 Liberdade de Reunião **253**

Conclusão **257**

Referências *259*

Índice Remissivo *267*

Nota do Autor

Fui convidado para dar palestra na Universidade Braz Cubas sobre Direitos Humanos Fundamentais no Contrato de Trabalho, na cidade de Mogi das Cruzes, em 22 de outubro de 2004. Tive de estudar a matéria, pois não dispunha de material sobre o tema. O texto da palestra não tinha uma boa ordem para ser publicado sob a forma de artigo e nunca consegui fazê-lo.

Falei sobre Direito do Trabalho e Direitos Humanos em Goiânia, na UniAnhanguera, na data de 29 de maio de 2007.

Em 3 de abril de 2008, ministrei palestra sobre o tema Trabalho Infantil e Direitos Humanos, no 2º Seminário sobre o trabalho infanto-juvenil, promovido pela Amatra XV e Faculdade Toledo, em Presidente Prudente. Tive não só de estudar o assunto sob o ponto de vista de direitos fundamentais, mas aplicá-los ao trabalho da criança, mostrando que também se trata de direito fundamental.

Ainda fiz palestra sobre Direitos Humanos Trabalhistas no curso de pós-graduação em Direito do Trabalho da Faculdade Christus, em Fortaleza, na data de 12 de abril de 2008.

O texto que eu tinha já era grande demais e não comportava um artigo, mas era muito desorganizado.

Por último, fiz estudo sobre a Convenção n. 143 da OIT e os direitos das pessoas que migram.

À medida que ia estudando o tema e lendo trabalhos, meu texto ficava cada vez maior.

Resolvi sistematizar o estudo da matéria, organizá-lo em capítulos, o que resultou neste livro.

Introdução

O tema "direitos fundamentais" é importante, tanto que é estudado pelos especialistas no Direito Constitucional.

No âmbito do Direito Internacional, existem várias declarações, convenções ou tratados sobre o tema, pois a matéria tem também âmbito mundial. Afirma Celso de Albuquerque Mello que "a natureza humana está em construção, vez que ela apenas pressupõe a sociabilidade do homem, e esta vai criando novas formas de pensar"[1].

No Direito do Trabalho, não era muito comum o seu estudo. Hoje, há vários estudos sobre o assunto.

A análise do tema feita neste trabalho é um pouco diferente da realizada em outros livros. Tive a preocupação em estudar o assunto à luz da doutrina, da jurisprudência, mas também das normas internacionais, especialmente das Convenções da OIT.

No Capítulo 1, é feita a análise da evolução mundial sobre os direitos fundamentais.

O Capítulo 2 versa sobre a evolução dos direitos fundamentais no Brasil, a evolução das Constituições brasileiras e da legislação ordinária ligadas ao tema.

No Capítulo 3, é discutida a melhor denominação para o tema, se é direitos humanos, direitos do homem, direitos fundamentais ou liberdades públicas.

O conceito da matéria é examinado no Capítulo 4, assim como são feitas as distinções necessárias.

---

[1] MELLO, Celso de Albuquerque. *Direitos humanos e conflitos armados*. Rio de Janeiro: Renovar, 1997, p. 4.

As teorias que dão sustentação aos direitos fundamentais são analisadas no Capítulo 5: jusnaturalista, positivista, moralista e mistas.

A classificação dos direitos fundamentais é examinada no Capítulo 6, inclusive as denominações *gerações, dimensões, eras* etc. e o que elas contêm.

No Capítulo 7, são estudados a ordem social e os direitos sociais.

No Capítulo 8, é trazida a noção geral de direitos fundamentais e sua aplicação ao Direito do Trabalho.

O primeiro direito fundamental é a liberdade de trabalho. Em seguida, há a análise do trabalho análogo ao de escravo, pois não pode existir trabalho escravo se há liberdade de trabalho.

Versa o Capítulo 11 sobre a não discriminação e suas consequências. O capítulo seguinte analisa a proteção ao trabalho do deficiente físico, que também representa hipótese de não discriminação.

O direito à vida privada é examinado no Capítulo 13. São estudados o direito de revista do empregador no empregado, monitoramento de *e-mails* e suas limitações.

O salário mínimo também é um direito fundamental do trabalhador para ele poder sobreviver. O Capítulo 14 estuda o assunto.

A criança e o adolescente têm direitos mínimos e fundamentais, que têm de ser respeitados. É a preocupação do Capítulo 15.

Embora a saúde seja uma das espécies de Seguridade Social, segundo a Constituição, também compreende um direito fundamental do trabalhador.

O Capítulo 17 estuda a ratificação das convenções da OIT. Esse capítulo é introdutório para os dois seguintes, pois serão estudadas as Convenções da OIT n. 143, sobre discriminação de migrantes, e n. 158, sobre dispensa injustificada. Para isso, é preciso verificar a obrigatoriedade das convenções da OIT, a hierarquia delas no nosso sistema jurídico, a necessidade de promulgação das convenções da OIT, a classificação das referidas normas internacionais.

A Convenção n. 143 da OIT não foi ratificada pelo Brasil, mas também é importante sob o ponto de vista de igualdade dos direitos dos migrantes e dos nacionais.

INTRODUÇÃO

Existe necessidade novamente de se estudar a Convenção n. 158 da OIT. Há vários aspectos a analisar na referida convenção, inclusive sua constitucionalidade e aplicabilidade. Foram feitos um estudo detalhado da referida convenção e a comparação com o nosso sistema legal.

A liberdade sindical também é um direito fundamental; direito de a pessoa livremente se associar a um sindicato, de permanecer associada ou sair da agremiação.

Por último, é examinada a liberdade de reunião, que tem consequência no direito de greve.

Ao final, são estabelecidas algumas conclusões.

Cada capítulo poderia dar origem a um livro separadamente, tratando sobre tema específico. Muitos já são os livros específicos sobre cada tema pertinente aos direitos fundamentais. Entretanto, não é esse o meu objetivo, mas tratar dos direitos fundamentais trabalhistas de um modo geral.

É o que pretendo expor neste livro.

1
Evolução Mundial

Kant afirmava que o homem não pode ser empregado como um meio para a realização de um fim, pois é um fim em si mesmo. O homem é sagrado, já que na sua pessoa pulsa a humanidade[1].

O valor da pessoa humana é um valor-fonte, segundo Miguel Reale, pois é o fundamento último da ordem jurídica, na medida em que o ser humano é o valor fundamental, que vale por si mesmo identificando-se seu ser com sua valia[2]. O Direito é, portanto, que deve servir o homem e não este ao Direito.

Cançado Trindade leciona que a ideia de direitos humanos é tão antiga quanto a própria história das civilizações, tendo se manifestado em culturas distintas e em momentos históricos sucessivos, na afirmação da dignidade da pessoa humana, na luta contra todas as formas de dominação, exclusão e opressão, na luta contra o despotismo e a arbitrariedade, na asserção da participação na vida comunitária e do princípio da legitimidade[3].

Dalmo de Abreu Dallari assevera que, sem os direitos humanos, "a pessoa humana não consegue existir ou não é capaz de se desenvolver e de participar plenamente da vida"[4].

---

[1] KANT, Immanuel. *Fundamentação da metafísica dos costumes*. In: *Crítica da razão pura e outros textos filosóficos*. São Paulo: Abril Cultural, 1974, v. XXV, p. 229-234 (Os pensadores).

[2] REALE, Miguel. *Filosofia do direito*. 14. ed. São Paulo: Saraiva, 1991, p. 210.

[3] TRINDADE, Antonio Augusto Cançado. *Tratado de direito internacional dos direitos humanos*. Porto Alegre: Sergio Antonio Fabris, 1997, v. I, p. 17.

[4] DALLARI, Dalmo de Abreu. *Direitos humanos e cidadania*. São Paulo: Moderna, 1998, p. 7.

DIREITOS FUNDAMENTAIS TRABALHISTAS

Os direitos humanos foram evoluindo no curso da história, de acordo com a cultura de cada povo. Representam uma conquista histórica e política[5]. São direitos históricos, mas também necessidades das pessoas no curso do tempo, que foram sendo reconhecidas. São caracterizados por lutas no sentido de obter novas liberdades. O objetivo foi obter a dignidade da pessoa humana contra opressões, tiranias e o poder excessivo e a intervenção do Estado. Foram sendo obtidos de "modo gradual, não todos de uma vez e nem de uma vez por todas"[6].

O Código de Hamurabi, de 1690 a. C., mostra que eram direitos comuns a todos os homens: a vida, a propriedade, a honra, a dignidade, a família.

A Lei das XII Tábuas consagrava a liberdade, a propriedade e protegia os direitos dos cidadãos.

A Magna Carta, de 21 de junho de 1215, foi a consequência do acordo entre o rei João sem Terra e os barões, pois estes estavam revoltados com a exigência excessiva de impostos sem que houvesse previsão em lei.

Uma junta reunida em Valladolid estabeleceu regras sobre mitigações ao trabalho indígena. Essas instruções entraram em vigor em 28 de julho de 1513, com a seguinte característica:

> que as índias casadas não fossem compelidas a trabalhar com os maridos nas minas ou alhures, sua obrigação é ficar entregue aos trabalhos caseiros de seus lares. E que meninos e meninas abaixo de catorze anos não sejam obrigados aos trabalhos compulsórios e finalmente que o trabalho nas comendas (semelhante às sesmarias no Brasil) não pode durar mais de nove meses, para que os índios tenham tempo de cultivar seus próprios campos[7].

O *Bill of Rights* da Inglaterra, de 1689, trata da declaração de direitos assinada pelos puritanos antes do desembarque rumo à Virgínia, por serem perseguidos na Inglaterra.

---

[5] LAFER, Celso. *A reconstrução dos direitos humanos*: um diálogo com o pensamento de Hannah Arendt. São Paulo: Companhia das Letras, 2001, p. 124.
[6] BOBBIO, Norberto. *A era dos direitos*. 10. ed. Rio de Janeiro: Campus, 1992, p. 5.
[7] HÖFFNER, Joseph. *Colonização e Evangelho*: ética da colonização espanhola no século de ouro. Rio de Janeiro: Presença, 1986, p. 184.

Georg Jellinek entendia que a liberdade religiosa teria sido o primeiro direito fundamental.

A Declaração de Independência dos Estados livres da América, assinada por Tomas Jefferson, foi votada num Congresso na Filadélfia em 4 de julho de 1776. Essa declaração é uma forma de marco de transição dos direitos de liberdades legais inglesas para os direitos fundamentais previstos nas Constituições. É a primeira Constituição que trata do tema.

O descontentamento com um poder que atuava sem lei ou regras caracterizava um poder despótico na visão de Montesquieu[8].

Rousseau já dizia em *O Contrato social* que os homens celebravam um contrato, renunciando a uma parte dos direitos naturais que gozavam, conservando direitos fundamentais, como os direitos à vida, à liberdade e à igualdade. A lei é a expressão da vontade geral.

O constitucionalismo tinha característica liberal, no sentido de estruturar os governos. Eles teriam de observar a previsão da lei. Ficavam limitados à previsão da lei, que obrigava a todas as pessoas igualmente, tanto os governantes como os governados, os ricos e os pobres, os empregados e os empregadores. Afirma Nicola Matteucci que a palavra *constitucionalismo* diz respeito:

> geralmente, a certos momentos de uma reflexão sobre a experiência político-jurídica relativa à organização do poder, momentos próprios da história europeia desde o mundo antigo (grego, mas, sobretudo, romano). De um ponto de vista mais politológico que historiográfico (ainda que este último permita muitas verificações empíricas), esta reflexão apresenta temas de grande afinidade, ou mesmo profunda semelhança com o princípio constantemente afirmado, o do nómos basiléus. Precisamente por isso, "constitucionalismo" indica não tanto um período histórico, em que se encontraria sua explicação, nem tampouco uma corrente de ideias políticas e sociais, na qual se encontra sua própria unidade, senão um "tipo ideal" para refletir sobre a realidade histórica, ou uma categoria analítica para mostrar a luz e demonstrar aspectos particulares da experiência política: desta con-

---

[8] MONTESQUIEU. *O espírito das leis*. São Paulo: Abril Cultural, 1974. Livro II, Cap. 1. (Os Pensadores).

cepção derivam, com um notável plano de abstração, alguns elementos que permitem crivar o material histórico[9].

Esse constitucionalismo diz respeito ao período dos séculos XVI ao XVIII, embora possam existir modelos constitucionais distintos. As primeiras constituições se preocuparam em dizer que "os homens nascem livres e se mantêm livres e iguais em direitos". Não tratam de disciplinar a atividade econômica. Era a ideia do *laissez-faire, laissez-passer*, em que o Estado deveria abster-se de fazer ingerências na área econômica. A mão invisível, mencionada por Adam Smith, iria regular a economia. Os salários e condições de trabalho seriam livremente estabelecidos pelo mercado. A consequência foi a pobreza da classe operária.

A Constituição de Massachusetts, no art. 30, previa exatamente o "governo de leis e não de homens".

Na Revolução Francesa de 1789, pregava-se liberdade, igualdade e fraternidade. A Declaração de Direitos do Homem e do Cidadão, da França, foi aprovada em 26 de agosto de 1789. Faz referência a igualdade, liberdade, propriedade, segurança, reserva legal e anterioridade em matéria penal, liberdade religiosa, livre manifestação do pensamento. Elimina as corporações de ofício. Previa o art. 1º que os homens nascem e são livres e iguais em direitos. O referido artigo tem inspiração nas ideias de Rousseau. A expressão *"direitos sociais"* surge na Revolução Francesa. O art. 5º prevê que "tudo o que não é proibido pela lei não pode ser impedido", que adotava ideia de Montesquieu. O art. 6º da Declaração dos Direitos do Homem previa que a lei "deve ser a mesma para todos, seja quando protege, seja quando pune". A igualdade absoluta é, porém, impossível. Para haver igualdade de direitos, é preciso que as pessoas estejam em idênticas condições. É a igualdade de oportunidades ou de chances. Esclarece o art. 16 que "a sociedade em que não esteja assegurada a garantia dos direitos nem estabelecida a separação dos poderes não tem Constituição".

A referida declaração, que precedeu a primeira Constituição da França, foi a fonte de inspiração das dez primeiras emendas da Constituição dos Estados Unidos da América, por intermédio de James Madison, em 25

---

[9] MATEUCCI, Nicola. *Organización del poder y libertad*: história del constitucionalismo moderno. Madri: Trotta, 1998, p. 23.

de setembro de 1789, as quais, sendo ratificadas em 15 de dezembro de 1791, ficaram a constituir o seu *Bill of Rights*[10].

A Declaração de Direitos da Constituição francesa de 1791 mencionava no preâmbulo que não haveria mais corporações de profissões, artes e ofícios. Previa o art. 1º que todos os cidadãos eram admissíveis aos cargos e empregos, sem qualquer outra distinção, a não ser a de suas virtudes e talentos.

Em 1791, logo após a Revolução Francesa, houve na França o início da liberdade contratual. O Decreto d'Allarde suprimiu de vez as corporações de ofício, permitindo a liberdade de trabalho. A Lei Le Chapelier, de 1791, proibia o restabelecimento das corporações de ofício, o agrupamento de profissionais e as coalizões, eliminando as corporações de cidadãos.

A Declaração dos Direitos do Homem e do Cidadão da Constituição francesa de 1793 previa que nenhum gênero de trabalho, de cultura, de comércio pode ser proibido à indústria dos cidadãos (art. 17). Todo homem pode empenhar seus serviços a tempo; mas não pode vender a si próprio, nem ser vendido; sua pessoa não é uma propriedade alienável (isso mostra que homem não é uma mercadoria). A lei não reconhece a domesticidade (trabalhador doméstico não assalariado); somente pode existir uma obrigação de cuidados e de reconhecimento, entre o homem que trabalha e o que emprega. O momento histórico era de regime de monarquia absoluta, que estava estagnada e tinha característica degenerativa. Criava-se uma sociedade nova em razão do mercantilismo. Explica Giorgio Del Vecchio que não havia possibilidade de:

> fazer-se valer na legislação e na administração; enquanto toda a sua atividade era exposta à arbitrariedade e à opressão jurídica e econômica das classes privilegiadas. Essa contradição entre uma superestrutura atrofiada e uma sociedade progressista não poderia deixar de provocar uma crise muito grave na vida da nação; ela produziu-se em efeito e tornou-se tão forte que, em certo ponto, as autoridades estabelecidas se encontraram na impossibilidade de ir adiante no governo. A convenção dos Estados Gerais marca precisamente esse momento.

---

[10] SANTOS, António Pedro Ribeiro dos. *Movimentos laborais e constituição econômica*. Lisboa: Instituto Superior de Ciências Sociais e Políticas, 2000, p. 238.

A monarquia feudal, em convidando o Terceiro Estado para colaborar com o governo, cedia à necessidade histórica que lhe impunha o desaparecimento enquanto poder absoluto[11].

A Declaração dos Direitos e Deveres do Homem e do Cidadão da Constituição francesa de 1795 dispunha que todo homem pode empenhar seu tempo e seus serviços; mas não pode vender a si próprio nem ser vendido; sua pessoa não é uma propriedade alienável (art. 15).

O liberalismo do século XVIII pregava um Estado alheio à área econômica, que, quando muito, seria árbitro nas disputas sociais, consubstanciado na frase clássica *laissez-faire, laissez-passer, laissez-aller*.

A Revolução Industrial acabou transformando o trabalho em emprego. Os trabalhadores, de maneira geral, passaram a trabalhar por salários. Com a mudança, houve uma nova cultura a ser apreendida e uma antiga a ser desconsiderada.

A Revolução Francesa de 1848 e sua Constituição reconheceram o primeiro dos direitos econômicos e sociais: o direito ao trabalho. Foi imposta ao Estado a obrigação de dar meios ao desempregado de ganhar sua subsistência. Tem por base o trabalho (IV). Devem assegurar pelo trabalho os meios de vida (VII). A República deve proteger os cidadãos em seu trabalho, proporcionando-lhes trabalho nos limites dos seus recursos (VIII).

Bismarck, em manifestação feita em 1876, no Reichstag, conhecida como Desacatos Socialistas, afirmou que

> deu-se entre nós um retrocesso na esfera laboral e por isso deixamos de poder concorrer com os outros (franceses e ingleses, informa-se). Esse retrocesso atribuímo-lo essencialmente aos desacatos socialistas, que dão às pessoas esperanças de uma felicidade futura, vaga e irrealizável, e as desviam da única coisa que, neste mundo, sustenta e faz viver com o máximo de prazeres e regalias – do trabalho regular e sério, que em tempos foi característica inconfundível dos alemães.

A Encíclica *Rerum novarum* (coisas novas), de 1891, do Papa Leão XIII, pontifica uma fase de transição para a justiça social, traçando regras

---

[11] DEL VECCHIO, Giorgio. *La déclaration des droits de l'homme et du citoyen dans la révolution française*, p. 17.

para a intervenção estatal na relação entre trabalhador e patrão. É a teoria da doutrina social da Igreja Católica. Dizia o referido Papa que "não pode haver capital sem trabalho, nem trabalho sem capital" (Encíclica *Rerum novarum*, Capítulo 28). Dá a ideia de bem comum, da vida humana digna. Devem ser assegurados direitos à pessoa para exprimir as necessidades mínimas duma vida com dignidade do ser humano, criado à imagem e semelhança de Deus. Preconiza o direito ao trabalho, à subsistência, à educação. A encíclica tinha cunho muito mais filosófico e sociológico. A Igreja continuou a preocupar-se com o tema, tanto que foram elaboradas novas encíclicas: *Quadragesimo anno*, de 1931, e *Divini redemptoris*, de Pio XI, de 1937; *Mater et magistra*, de 1961, de João XXIII; *Populorum progressio*, de 1967, de Paulo VI; *Laborem exercens*, do Papa João Paulo II, de 1981. As encíclicas evidentemente não obrigam ninguém, mas muitas vezes serviram de fundamento para a reforma da legislação dos países.

A partir do término da Primeira Guerra Mundial, surge o que é chamado de constitucionalismo social, que é a inclusão nas constituições de preceitos relativos à defesa social da pessoa, de normas de interesse social e de garantia de certos direitos fundamentais, incluindo o direito ao trabalho.

A primeira Constituição que tratou do tema foi a do México, de 31 de janeiro de 1917. Havia uma grave inquietação política desde 1900. É decorrente da revolução ocorrida no país em 1910. O fundamento da Constituição foi a doutrina anarco-sindicalista, o pensamento de Mikhail Bakunin, que influenciou Ricardo Flores Magón, líder do grupo Regeneración. Afirma Barbagelata que:

> a população agrária, que representava quase três quartos da população total do país, já começava a cansar-se da situação de intolerável opressão que imperou durante a longa ditadura do General Porfírio Diaz (1876-1911). Nesse momento, tomava seu primeiro impulso um processo que mereceu ser chamado "a primeira revolução social do século XX" (De La Cueva), já que o movimento político que visava a repelir o ditador e seus seguidores (chamados grupo dos científicos) passou a receber o apoio de batalhões de camponeses, que almejavam "Terra e Liberdade". Foram, sobretudo, os camponeses armados, tendo como principal líder Emiliano Zapata, que deram um sentido novo ao movimento e o conduziram na direção de significativas transformações na ordem institucional. Após a queda do ditador Diaz, em 1911, e de uma série de acontecimentos contraditórios, chegou-se, em 1916, à convocação de uma assembleia constituinte. Para os quadros políticos tradicionais, nela se consubstan-

ciavam os esforços no sentido de restabelecer as instituições republicanas que visava a impedir a reprodução dos vícios que haviam marcado o período anterior, notadamente a fraude eleitoral e a possibilidade de reeleição do Presidente da República[12].

Mario de La Cueva assevera que havia:

uma população rural que sobrevivia em situação de miséria, muito maltratada pelos senhores e uma condição social que somente era mantida pela férrea ditadura dos chefes políticos e pela ação dos "falcões-rurais". De outro lado, a classe média se afogava frente à burocracia, sendo que os caminhos eram fechados a toda pessoa que não pertencesse às classes privilegiadas.

(...)

O direito do trabalho da Revolução social mexicana pretendeu ser o mensageiro de um novo mundo no qual o trabalhador seria elevado à categoria de pessoa, não para deixar simplesmente registrado com esse título uma fórmula legal, mas para viver como pessoa na realidade da vida social[13].

O art. 123 da referida norma estabelecia: jornada de oito horas (I); jornada noturna de sete horas (II); vedação do trabalho para menores de 16 anos e mulheres após as 10 horas da noite (III); proibição de trabalho de menores de 12 anos (IV); limitação da jornada dos menores de 12 a 16 anos a seis horas (V); estabelecimento de um dia de descanso para cada seis dias de trabalho (VI); proteção à maternidade no período de três meses antes do parto, em que as gestantes não poderiam fazer trabalhos físicos. No mês seguinte ao parto, teriam direito a descanso, com pagamento do salário integral, conservação do emprego. No período de lactação, teriam dois descansos extraordinários por dia, de meia hora cada um, para amamentar os filhos (VII); salário mínimo suficiente; participação nos lucros (VIII); para trabalho igual, deve haver o mesmo salário, sem distinção de sexo ou nacionalidade (IX); o salário deve ser pago em moeda de curso forçado, sem que haja pagamento em mercadoria, vales, fichas (X); adicional de horas extras

---

[12] BARBAGELATA, Hector-Hugo. *O direito do trabalho na América Latina*. Rio de Janeiro: Forense: LTr, 1985, p. 38-39.

[13] LA CUEVA, Mario de. *El nuevo derecho mexicano del trabajo*. México: Porrua, 1993, p. 43-45.

de 50%; homens menores de 16 anos e mulheres de qualquer idade não poderão fazer horas extras (XI); higiene e saúde, prevenção de acidentes (XII); direito de sindicalização (XIII), de greve e fechamento temporário dos estabelecimentos (XIV); será nula a estipulação de horário de trabalho desumano, por notoriamente excessivo, tendo em vista a natureza do trabalho (XV), a); indenização de dispensa, seguro social e proteção contra acidentes do trabalho (XVI). Na época, a maioria da população estava na área agrícola. Mario de La Cueva afirma que o art. 123 da Constituição mexicana de 1917 é mais amplo que os princípios contidos no Tratado de Versalhes, "de tal maneira que sua aplicação demonstra que nosso direito interno responde, com excesso, às petições internacionais"[14].

Leciona Ítalo Morales que:

> a legislação constitucional do México em matéria de garantias sociolaborais sofreu, no decurso do tempo, diversas adições e modificações, e, a despeito dos quase oitenta anos do início de sua vigência, não devemos esquecer que se a ciência do direito é cambiante e está em constante desenvolvimento, o direito laboral tem como principal característica sua evolução acelerada que requer atualização frequente de seus conceitos e instituições. Nosso país, sob um regime econômico internacional globalizado, como sujeito protagonista das mudanças universais não pode esquivar-se de tais princípios, em consequência estamos frente a uma disciplina de trabalho muito diferente da concebida pelo constituinte de Querétaro. A legislação mexicana sobre o trabalho, em seus aspectos fundamentais e regulamentar deve ser profundamente revisada, para continuar tendo o orgulho de representar a vanguarda universal em tal matéria[15].

A Constituição soviética de 1918 é decorrente de movimentos laborais que atuaram armados na revolução de outubro de 1917. Visa estabelecer a ditadura do proletariado das cidades e dos campos, assim como dos camponeses mais pobres. Preconiza o socialismo, no qual não haverá divisão de classes nem o poder do Estado.

---

[14] LA CUEVA, Mario de. *Derecho mexicano del trabajo*. México: Porrúa, 1938, p. 226.

[15] ÍTALO MORALES, Hugo. El articulo 123 de la Constitucion mexicana. In: *El derecho del trabajo em las constitucionais de iberoamerica*. Lima: Editorial Juris Laboral, 1999, p. 325.

A segunda Constituição a versar sobre o assunto foi a de Weimar, de 11 de agosto de 1919. Ela passa a fazer referência a direitos econômicos e sociais. Os direitos sociais não tinham por objetivo uma abstenção, mas uma atividade positiva do Estado, o que era feito por meio de políticas públicas. A mão de obra gozará de proteção especial (art. 157). Será estabelecido no Reich um direito do trabalho uniforme. Permitia a liberdade de associação para a defesa e melhoria das condições de trabalho e econômicas (art. 159), a socialização de empresas (art. 156). O Estado central toma a iniciativa de propor a regulação internacional das relações jurídicas de trabalho, tendente a criar um padrão mínimo geral dos direitos sociais (art. 162). Assegurava a todo alemão a possibilidade de ganhar seu sustento mediante um trabalho produtivo (art. 163). Os operários e os funcionários serão chamados a colaborar, ao lado dos patrões e com igualdade de direitos, na regulamentação das condições e da retribuição do trabalho, assim como em todo o desenvolvimento econômico das forças produtivas. Ficam reconhecidas as reuniões de ambas as classes e suas federações. Para a defesa de seus interesses sociais e econômicos, terão os operários e os funcionários representações legais em conselhos operários de indústria, assim como em conselhos operários de distrito, agrupados por regiões econômicas (art. 165). Criou um sistema de seguros sociais para poder, com o concurso dos interessados, atender à conservação da saúde e da capacidade para o trabalho, à proteção à maternidade e à previsão das consequências econômicas da velhice, da enfermidade e das vicissitudes da vida (art. 161).

Hueck e Nipperdey afirmam que essa Constituição dedicou um amplo espaço ao Direito do Trabalho:

> em contraste com a Constituição de 1871 que sequer o mencionara. Todavia, em sua maior parte, cuidavam-se de disposições programáticas. Devem ser destacados os artigos 7º e 9º, que concederam ao Estado nacional a competência, embora não exclusiva, para legislar sobre toda a matéria laboral, e o artigo 165 que estabeleceu as linhas mestras da legislação sobre os Conselhos de Empresas e constituiu o fundamento para a sua regulação[16].

---

[16] HUECK, A.; NIPPERDEY, H. C. *Compendio de derecho del trabajo*. Madri: Editorial Revista de Derecho Privado, 1963, p. 38-39.

EVOLUÇÃO MUNDIAL

Kaufmann, Kessler e Köhler, ao comentarem a Constituição de Weimar, declaram que:

os progressos do direito do trabalho durante a guerra e no período imediato após a guerra encontraram eco na Constituição de Weimar. No artigo 159, o direito de criação "de associações para a salvaguarda e a promoção do trabalho e das condições econômicas" é garantido. Referido artigo outorgava, em consequência, a liberdade de coalizão e o princípio do estabelecimento coletivo das condições de trabalho ao nível de normas constitucionais. O artigo 165 da Constituição continha uma indicação quanto à estrutura dos conselhos de trabalhadores e empregadores. Os trabalhadores e os empregadores eram chamados a atuar "em nome e em igualdade com os empregadores para regulamentar os salários e as condições de trabalho, bem como para participar do desenvolvimento global das forças produtivas". Estava então igualmente prevista a implementação de um conselho trabalhador em nível de empresa, assim como no plano de uma entidade nacional econômica regional. Da mesma forma existia um conselho obreiro em nível do Reich[17].

Ribeiro dos Santos leciona que na Constituição de Weimar:

o trabalho é colocado sob a proteção particular do Estado Imperial, que estabelecerá um direito do trabalho uniforme. A liberdade de associação para a defesa e melhoria das condições laborais e da vida econômica é garantia a cada uma e a todas as profissões. O horário de trabalho, a remuneração, a segurança social, na maternidade, na velhice e na invalidez dos trabalhadores constituem objeto de regulamentação a publicar pelo Estado Imperial. O trabalho é um dever de todos os alemães, devendo ser realizado no interesse da coletividade de ganhar a vida através do trabalho produtivo. A legislação e a administração devem proteger a classe média independente, na agricultura, no comércio e na indústria, por forma a que não seja sobrecarregada de impostos nem absorvida pelas outras. Por último, a Constituição procura promover a colaboração, em pé de igualdade, das forças produtivas, estabelecendo que operários e empregados

---

[17] KAUFMANN, Otto; KESSLER, Francis; KÖHLER, Peter A. *Le droit social en Allemagne*. Paris: Lamy, 1991, p. 15.

participem na fixação de salários, na elaboração da regulamentação laboral e no desenvolvimento da produção[18].

Mirkine-Guétzévitch mostra as novas tendências do Direito Constitucional, no sentido de que o "Estado moderno não pode contentar-se com o reconhecimento da independência jurídica do indivíduo; ele deve ao mesmo tempo criar um mínimo de condições jurídicas que permitam assegurar a independência social do indivíduo"[19].

Daí em diante, as constituições dos países passaram a tratar do Direito do Trabalho e, portanto, a constitucionalizar os direitos trabalhistas.

Surge o Tratado de Versalhes, de 28 de junho de 1919, prevendo a criação da Organização Internacional do Trabalho (OIT), que iria incumbir-se de proteger as relações entre empregados e empregadores no âmbito internacional, expedindo convenções e recomendações nesse sentido. Algumas delas tratam de direitos fundamentais dos trabalhadores.

No art. 427 do Tratado de Versalhes, foram mencionados os princípios fundamentais do Direito do Trabalho. O primeiro princípio é de que o trabalho não pode ser considerado como mercadoria ou artigo de comércio. Mostra a valorização do trabalho humano e a dignidade da pessoa humana. Os demais princípios são: o direito de associação; o pagamento aos trabalhadores de um salário que lhes assegure um nível de vida conveniente; a adoção da jornada de 8 horas diárias e 48 horas semanais; a adoção de um descanso semanal de 24 horas, sempre que possível aos domingos; a supressão do trabalho das crianças; igualdade salarial; tratamento igualitário aos estrangeiros que residam legalmente no país; organizar serviço de inspeção das condições de trabalho previstas em lei e regulamentos.

Leciona Paulino Jacques que a partir da Primeira Guerra Mundial:

> nenhuma Constituição pôde deixar de estabelecer princípios e normas que regulassem a nova ordem, a econômico-social, declarando e garantindo os direitos econômicos e sociais do proletariado, o que

---

[18] SANTOS, Antônio Ribeiro dos. *Movimentos laborais e Constituição econômica*. Lisboa: Instituto Superior de Ciências Sociais e Políticas, 2000, p. 266-267.

[19] MIRKINE-GUÉTZÉVITCH, Boris. *As novas tendências do direito constitucional*. São Paulo: Nacional, 1933, p. 151.

pressupunha a limitação do poderio econômico do patronato industrial, agrícola e pastoril"[20].

A Carta Del Lavoro italiana de 21 de abril de 1927 tinha conteúdo fascista-corporativista, do regime totalitário de Mussolini. Entretanto, previa: liberdade sindical, no sentido de ser reconhecido apenas o sindicato a critério do Estado; magistratura do trabalho, composta de um juiz e representantes de empregados e empregadores; reconhecimento dos contratos coletivos de trabalho; remuneração especial no trabalho noturno; garantia do repouso semanal remunerado; férias depois de um ano de serviço ininterrupto; indenização em razão de dispensa arbitrária ou sem justa causa; previdência, assistência, educação e instrução sociais.

De 1930 em diante, passa a haver a intervenção do Estado na economia. Denomina-se o instituto de Estado do Bem-Estar Social, que é o "que garante tipos mínimos de renda, alimentação, saúde, habitação, educação, assegurados a todo cidadão, não como caridade, mas como direito político"[21].

Na Alemanha, em 30 de janeiro de 1933, o presidente Von Hindenburg convida Adolf Hitler para a formação do governo. Surge o Estado nacional-socialista. O sistema totalitário de intervenção do Estado passa também a atuar na área do trabalho, regulando essas atividades. Os nobres, arianos, faziam trabalho intelectual e de mando. As outras tarefas laborais eram feitas pelos demais. Em 2 de maio de 1933, as sedes dos sindicatos foram ocupadas, seus bens foram confiscados e muitos foram presos. Os sindicatos foram substituídos pela Frente Alemã de Trabalho. Foram proibidas as coalizões. As convenções coletivas foram substituídas pelos ordenamentos tarifários estatais. Os conselhos de trabalhadores foram substituídos pela lei sobre o regulamento interior do trabalho (AOG). O trabalho na empresa era considerado um serviço ao povo. A Carta do III Reich de 1934 afirma que "o empresário é líder da empresa e tem os empregados pagos e trabalhadores como colaboradores e trabalham conjuntamente objetivando os

---

[20] JACQUES, Paulino. *Curso de direito constitucional*. Rio de Janeiro: Forense, 1987, p. 472.
[21] BOBBIO, Norberto; MATTEUCCI, Nicola; PAQUINO, Gianfranco. *Dicionário de política*. 5. ed. Brasília: Universidade de Brasília, São Paulo: Imprensa Oficial do Estado de São Paulo, 2000, p. 416.

fins da empresa e para benefício comum do povo e do Estado". Em 1938, Ordenança obriga todo cidadão a trabalhar em lugar especificado e durante período fixo e a submeter-se ao ensino vocacional obrigatório. Em 1939, há ampliação no sentido de que os habitantes do território do Reich eram obrigados a trabalhos fora de suas residências e em períodos indefinidos. Os termos do contrato eram fixados pela Bolsa de Trabalho. O contrato individual do trabalho era orientado de acordo com o sentido romano: "a relação de trabalho é uma relação de comunidade baseada na honra, na fidelidade e na ajuda, em que um contratante utiliza sua força de trabalho em benefício de um empresário, em sua empresa, ou pondo-se a seu serviço de alguma maneira". O contrato de trabalho tinha uma relação de poder, em que uma pessoa ficava submissa às ordens da outra.

Na França, a Constituição de 4 de outubro 1946 prevê no preâmbulo direitos sociais qualificados como: "particularmente necessários ao nosso tempo": liberdade de adesão de ação sindical, direito de greve, direito à proteção à saúde, direito de obter um emprego, dever de trabalhar; ninguém pode ser prejudicado no trabalho ou emprego em razão de suas origens, opiniões, crenças; a mulher tem direitos iguais aos do homem. Pélissier, Supiot e Jeammaud afirmam que:

> dois fenômenos político-sociais de vasto alcance impõem particularmente suas consequências: a inserção da França nas constelações internacionais e, por outro lado, uma revalorização do papel das organizações profissionais na produção do direito, que fez pensar num retorno do corporativismo. Isso acentuou o declínio da lei. Primeiramente pelo efeito da primazia e de uma ampla aplicabilidade direta dos tratados internacionais, que têm autoridade superior sobre a lei (art. 55 da Constituição), e do direito comunitário. Depois, pelo poder reconhecido aos parceiros sociais, atores privados em princípio submissos à lei, de derrogar convencionalmente algumas de suas disposições, que no entanto são de ordem pública; quando essa lei não se limita a aceitar as regras estabelecidas entre eles[22].

Reza a Constituição italiana de 1947 que "a República tutela o trabalho em todas suas formas e aplicações". Busca a formação e elevação

---

[22] PÉLISSIER, Jean; SUPIOT, Alain; JEAMMAUD, Antoine. *Droit du travail*. Paris: Dalloz, 2000, p. 15.

profissional dos trabalhadores. Promove e favorece os acordos e a organização internacional destinados a afirmar e regular o Direito do Trabalho. Reconhece a liberdade de imigração, salvo obrigações estabelecidas na lei, no interesse geral e tutela o trabalho italiano no exterior. A organização sindical é livre, podendo haver mais de um sindicato por categoria. É assegurado o direito de greve, que será regulado pela lei. O trabalho tem uma característica muito importante na vida social, pois a "Itália é uma República democrática fundada sobre o trabalho" (art. 1º). O direito ao trabalho é uma espécie de liberdade da pessoa para escolher a atividade que quer exercer e ao mesmo tempo um direito cívico. Assegura "o pleno desenvolvimento da pessoa humana e a participação efetiva de todos os trabalhadores na organização política, econômica e social do país" (art. 3º). Tem o título Relações Econômicas e Políticas. A República "reconhece a todos os cidadãos o direito ao trabalho e promove as condições que tornem efetivo esse direito" (art. 4º). Luisa Galantino afirma que o art. 4º deve ser interpretado de forma sistemática, sendo decomposto o direito ao trabalho em: garantia de emprego (política de pleno emprego); direito à conservação do posto de trabalho; direito à tutela da profissionalidade (valorização da pessoa do trabalhador); direito à proteção da saúde e da segurança no ambiente de trabalho[23]. "Cada cidadão tem o dever de desenvolver, segundo as próprias possibilidades e à própria opção, uma atividade ou uma função que concorra para o progresso material ou espiritual da sociedade" (art. 4º). Apoia as organizações internacionais que têm por finalidade a regulação dos direitos do trabalhador (art. 35). Tutela o trabalho em todas as suas formas e aplicações (art. 35/1). Afirma Giuseppe Pera que:

> a nossa não é certamente uma Constituição socialista, se se entender por socialismo (mas a noção desse "ismo" é notoriamente controvertida: em um livro que data já de alguns decênios, Sombart enunciou cerca de 180 definições, e esta lista hoje teria no mínimo dobrado!) um regime econômico-social caracterizado pela predominante propriedade "coletiva" dos meios de produção e de troca, de acordo com a concepção marxista. Mas a Constituição também não é do tipo tradicional, isto é, segundo o modelo clássico do liberalismo original, meramente organizadora do sistema constitucional e da distribuição

---

[23] GALANTINO, Luisa. *Diritto del lavoro*. Torino: Giappichelli, 1995, p. 1-6.

do poder político, baseado (formalmente ignorado na Carta, dado como ponto pacífico) numa ordem capitalista-proprietária de cunho individualista. Pelo contrário, a Constituição se pronuncia fartamente em matéria econômico-social, com o objetivo expresso de eliminar a distância entre a sociedade política e a sociedade civil, típica da situação que se seguiu à revolução burguesa, resolvendo assim o dramático problema social que marcou a crise do capitalismo[24].

A República é responsável pela formação e pela elevação profissional dos trabalhadores (art. 35/2). O trabalhador subordinado tem direito a remuneração suficiente, bem como ao direito irrenunciável ao repouso semanal e às férias, devendo a duração máxima da jornada de trabalho ser definida em lei (art. 3º). O trabalho dos menores é tutelado. A mulher trabalhadora deve ser posta em condições de exercer concretamente a sua essencial função familiar, cabendo também, em iguais condições de trabalho, paridade de remuneração com os trabalhadores do sexo masculino. Versa o art. 39 sobre a liberdade sindical, o reconhecimento sindical e o contrato coletivo, que geralmente tem característica obrigatória. O direito de greve é previsto no art. 40. Dispõe o art. 46 sobre "o direito dos trabalhadores de colaborar, nos modos e limites estabelecidos pelas leis, na gestão das empresas". Leciona Giuseppe Pera que:

> certamente a história, ou seja, os fatos, verificados no curso da vida humana, têm a primazia e a palavra decisiva em relação aos textos nos quais está formalmente consignado, por ora, o "dever ser"; e dentro das perspectivas incertas de nosso país, existe também a eventualidade da superação da constituição econômica enquanto compromisso estabelecido em 1947. Mas resta-nos perguntar se o jurista de um determinado sistema pode colocar-se, enquanto tal, nessa ordem de ideias, ou se ele deve procurar dentro da norma constitucional supra ordenada, também o limite além do qual não pode ir, pelo menos dentro daquele mesmo sistema, a luta social[25].

O desenvolvimento dos direitos humanos ocorreu ao término da Segunda Guerra Mundial em razão da violação dos direitos humanos por

---

[24] PERA, Giuseppe. *Diritto del lavoro*. Padova: Cedam 1991, p. 60.
[25] PERA, Giuseppe. *Diritto del lavoro*. Padova: Cedam, 1991, p. 72.

Hitler. Daí a necessidade de um sistema de proteção de direitos humanos para evitar as referidas violações.

Preconiza a Declaração Universal dos Direitos do Homem de 1948 que "todos os homens nascem livres e iguais em dignidade e direitos" (art. I). Esse texto parece inspirado em Kant, que dizia: "todo homem tem dignidade e não um preço, como as coisas"[26]. Todo homem tem direito de ser, em todos os lugares, reconhecido como pessoa perante a lei (art. VI). O art. XII da Declaração Universal dos Direitos do Homem estabelece que:

> ninguém será objeto de ingerências arbitrárias em sua vida privada, em sua família, em seu domicílio, ou em sua correspondência, nem a atentados à sua honra e à sua reputação. Toda pessoa tem direito à proteção da lei contra tais intromissões ou atentados.

Prevê alguns direitos trabalhistas:

> Art. XXIII. 1. Todo homem tem direito ao trabalho, à livre escolha de emprego, a condições justas e favoráveis de trabalho, e à proteção contra o desemprego. 2. Todo homem, sem qualquer distinção, tem direito a igual remuneração por igual trabalho. 3. Todo homem que trabalha tem direito a uma remuneração justa e satisfatória, que lhe assegure, assim como a sua família, uma existência compatível com a dignidade humana, e a que se acrescentarão, se necessário, outros meios de proteção social. 4. Todo homem tem direito a organizar sindicatos e a neles ingressar para proteção de seus interesses; Art. XXIV. Todo homem tem direito a repouso e lazer, inclusive a limitação razoável das horas de trabalho e a férias remuneradas periódicas; Art. XXV. 1. Todo homem tem direito a um padrão de vida capaz de assegurar a si e a sua família saúde e bem-estar, inclusive alimentação, vestuário, habitação, cuidados médicos e os serviços sociais indispensáveis, e direito à segurança em caso de desemprego, doença, invalidez, viuvez, velhice, ou outros casos de perda dos meios de subsistência em circunstâncias fora de seu controle. 2. A maternidade e a infância têm direito a cuidados e assistências especiais. Todas as crianças, nascidas dentro ou fora do matrimônio, gozarão da mesma proteção social.

---

[26] KANT. *Metafísica dos costumes*. Hamburgo: 1994, p. 58.

A palavra *tratado*, na Convenção de Viena sobre o Direito dos Tratados, significa "um acordo internacional independentemente de sua designação particular". José Francisco Rezek afirma que tratado "é o acordo formal concluído entre sujeitos de direito internacional público, e destinado a produzir efeitos jurídicos"[27]. Os tratados são identificados de acordo com seu processo de produção e pela forma final e não pelo seu conteúdo[28]. A Declaração Universal dos Direitos do Homem não é considerada um tratado, pois não obriga, não é vinculante para os Estados da comunidade internacional[29]. A referida declaração tem apenas eficácia moral. Estabelece apenas diretrizes a serem seguidas pelos Estados.

A Declaração Universal dos Direitos do Homem tem direitos civis e políticos (arts. III a XXI) e direitos sociais, econômicos e culturais (arts. XXII a XXVIII). É feita referência a liberdade e igualdade, que formam um todo unitário.

Paulo Bonavides afirma que:

> a Declaração Universal dos Direitos do Homem é o estatuto de liberdade de todos os povos. A Constituição das Nações Unidas, a carta magna das minorias oprimidas, o código das nacionalidades, a esperança, enfim, de promover, sem distinção de raça, sexo e religião, o respeito à dignidade do ser humano. A Declaração será porém um texto meramente romântico de bons propósitos e louvável retórica, se os países signatários da Carta não se aparelharem de meios e órgãos com que cumprir as regras estabelecidas naquele documento de proteção dos direitos fundamentais e sobretudo produzir uma consciência nacional de que tais direitos são invioláveis[30].

---

[27] REZEK, José Francisco. *Direito dos tratados*. Rio de Janeiro: Forense, 1984, p. 21.

[28] REZEK, José Francisco, op. cit, p. 83.

[29] MELLO, Celso de Albuquerque. *Curso de direito internacional público*. 7. ed. Rio de Janeiro: Freitas Bastos, 1982, v. I, p. 553; TRINDADE, Antonio Augusto Cançado. *Princípios de direito internacional contemporâneo*. Brasília: UnB, 1981, p. 227.

[30] BONAVIDES, Paulo. *Curso de direito constitucional*. 19. ed. São Paulo: Malheiros, 2006, p. 578.

No âmbito trabalhista, o neoliberalismo prega que a contratação e os salários dos trabalhadores devem ser regulados pelo mercado, pela lei da oferta e da procura. O Estado deve deixar de intervir nas relações trabalhistas, que seriam reguladas pelas condições econômicas. Entretanto, o empregado não é igual ao empregador e, portanto, necessita de proteção do Estado, da legislação.

A Constituição da Alemanha, de 23 de maio de 1949, declara que todos os alemães têm o direito de escolher livremente a sua profissão, o lugar de trabalho e o de aprendizagem. Prevê que o direito do homem é inviolável. A proteção dos direitos fundamentais é uma consequência essencial da legitimidade do sistema político. Assegura o direito à liberdade, com garantia do direito à vida e à integridade física. Prevê o direito a igualdade de todos os homens, a garantia do direito de propriedade e a proteção da família. Dispõe que ninguém será obrigado a determinado trabalho e a trabalhos forçados (art. 12). Assegura o direito de todos os cidadãos de formar associações para manutenção e aperfeiçoamento das condições de trabalho e econômicas. São nulos todos os acordos e atos que visem a impedir o exercício deste direito (art. 9º). As partes detêm um poder normativo autônomo (art. 9º, 3). O Estado não pode intervir nas convenções coletivas para provocar intervenção forçada. Aos Estados cabe legislar, desde que a Federação use de sua prerrogativa legislativa sobre "direito do trabalho, incluindo a constituição orgânica das empresas, a proteção do trabalho e o serviço de emprego, assim como o seguro social, incluindo o seguro contra o desemprego" (art. 72). Kaufmann, Kessler e Köhler afirmam que a Alemanha reivindica a condição de ser um "Estado de direito social".

> O direito social positivo é, então, um dos elementos fundamentais que permitem realizar concretamente essa ambição. O Estado é social por obrigação: ele realiza tal obrigação por meio do Direito do Trabalho e do Direito da Seguridade Social. O direito social na Alemanha é, pois, particularmente importante, pois que ele participa da ordem constitucional[31].

---

[31] KAUFMANN; KESSLER; KÖHLER. *Le droit social en Allemagne*. Paris: Lamy, 1991, p. 19.

O Pacto Internacional sobre Direitos Econômicos, Sociais e Culturais de 1966 foi ratificado pelo Brasil pelo Decreto Legislativo n. 226, de 12 de dezembro de 1991, e promulgado pelo Decreto n. 592, de 6 de dezembro de 1992. Estabelece o art. 6º que há o reconhecimento do direito ao trabalho, que compreende o direito de toda pessoa ter a possibilidade de ganhar a vida mediante um trabalho livremente escolhido ou aceito, devendo ser tomadas as medidas apropriadas para salvaguardar esse direito. O art. 7º prevê o direito de toda pessoa gozar de condições de trabalho justas e favoráveis, como: (a) remuneração que proporcione a todos os trabalhadores um salário equitativo e uma existência decente; (b) segurança e higiene no trabalho; (c) igualdade de oportunidades para a promoção no trabalho; (d) descanso, lazer, limitação razoável de horas de trabalho e férias periódicas remuneradas, assim como a remuneração dos feriados. Reconhece-se o direito de toda pessoa de gozar de condições de trabalho justas e favoráveis, assegurando: (a) remuneração que proporcione, no mínimo, a todos os trabalhadores: (i) um salário equitativo e uma remuneração igual por um trabalho de igual valor, sem qualquer distinção; em particular, as mulheres deverão ter a garantia de condições de trabalho não inferiores às dos homens e perceber a mesma remuneração que eles por trabalho igual; (ii) uma existência decente para eles e suas famílias; (b) segurança e higiene no trabalho; (d) descanso, lazer, limitação razoável das horas de trabalho e férias periódicas remuneradas, assim como a remuneração dos feriados. A pessoa pode fundar sindicatos com outras e filiar-se ao sindicato de sua escolha, sujeitando unicamente aos estatutos da organização interessada (art. 8º, 1, *a*). Os sindicatos têm o direito de formar federações ou confederações nacionais e o direito destas de formar organizações sindicais internacionais ou de filiar-se a elas (art. 8º, 1, *b*). Cabe aos sindicatos exercer livremente suas atividades, sem quaisquer limitações além das previstas em lei e que sejam necessárias, em uma sociedade democrática, ao interesse da segurança nacional ou da ordem pública, ou para proteger os direitos e as liberdades das demais pessoas (art. 8º, 1, *c*). O direito de greve será exercido na conformidade com as leis de cada país (art. 8º, 1, *d*). É reconhecido o direito de toda pessoa à previdência social, inclusive ao seguro social (art. 9º). Assegura o art. 11 "o direito de toda pessoa a um nível de vida adequado para si próprio e sua família, inclusive à alimentação, vestimenta e moradia adequadas, assim como a uma melhoria de suas condições de vida". O art. 12 prevê o direito de toda pessoa desfrutar o

EVOLUÇÃO MUNDIAL

mais elevado nível possível de saúde física e mental, comprometendo-se os Estados a adotar medidas necessárias a assegurar: (a) a diminuição da mortalidade infantil; (b) a melhoria de todos os aspectos de higiene do trabalho e do meio ambiente; (c) a prevenção e o tratamento das doenças epidêmicas, endêmicas, profissionais e outras, bem como a luta contra essas doenças; (d) a criação de condições que assegurem a todos assistência médica e serviços médicos em caso de enfermidade.

A Constituição uruguaia de 1966, emendada em 1967, prevê: o trabalho terá a proteção especial da lei (art. 53), que deverá dispor sobre a justa remuneração, a limitação da jornada de trabalho, o descanso semanal, a higiene física e moral, regulamentando e limitando o trabalho das mulheres e dos menores de 18 anos (art. 54); a organização de sindicatos gremiais, concedendo-lhes franquias e ditando normas para reconhecer-lhes a personalidade jurídica; regulamentar o exercício e a efetividade da greve, que é um direito gremial (art. 57). Serão criados tribunais de conciliação e arbitragem (art. 57). O país não tem um código de trabalho. São raras as normas heterônomas sobre relações coletivas de trabalho. Há predomínio da autonomia privada coletiva e da autorregulação das atividades sindicais[32].

Na Bolívia, a Constituição de 2 de fevereiro de 1967 dispõe no art. 156 que o trabalho é "um dever e um direito e constitui a base da ordem social e econômica". Informa Arnes Pérez que o nascimento, o desenvolvimento e a consolidação do Direito do Trabalho na Bolívia deram-se:

> ao longo dos últimos sessenta anos, tendo alcançado plena consistência doutrinária e tornando-se uma disciplina autônoma de outros ramos do direito, mantendo de qualquer forma, relações com todas elas. O Direito do Trabalho ou Direito Laboral diz respeito às suas fontes mais próximas, primeiramente como uma mera legislação do trabalho, de simples leis, que coincidiu com os efeitos da chamada Revolução Industrial na Europa do século passado e com o consequente desenvolvimento do movimento sindical[33].

---

[32] ERMIDA URIARTE, Oscar. *Las relaciones laborales en el Cone Sur*. Madri: Centro de Publicaciones del Ministério del Trabajo, 1995, p. 30-31.

[33] ARNES PÉREZ, Alfredo. El derecho del trabajo en la Constitucion de Bolívia. In: *El derecho del trabajo en las Constituciones de Iberoamerica*. Lima: Editorial Júris Laboral, 1999, p. 77.

Prevê o art. 11 da Convenção Interamericana de Direitos Humanos, de 1969, que:

> toda pessoa tem direito de ter sua honra respeitada e sua dignidade reconhecida. Ninguém pode ser objeto de interferência arbitrária ou abusiva em sua vida privada, sua família, seu lar ou sua correspondência, ou de ataques ilegais à sua honra ou reputação. Toda pessoa tem direito à proteção da lei contra tais interferências ou ataques.

O Brasil ratificou a Convenção Americana sobre Direitos Humanos, de 22 de novembro de 1969, promulgada pelo Decreto n. 678, de 6 de novembro de 1992. A referida norma internacional proíbe a escravidão e a servidão (art. 6º). Ninguém pode ser submetido a escravidão ou a servidão, e tanto estas como o tráfico de escravos e o tráfico de mulheres são proibidos em todas as formas (art. 6º, 1). Ninguém deve ser constrangido a executar trabalho forçado ou obrigatório. Nos países em que se prescreve, para certos delitos, pena privativa da liberdade acompanhada de trabalhos forçados, essa disposição não pode ser interpretada no sentido de que proíbe o cumprimento da dita pena, imposta por juiz ou tribunal competente. O trabalho forçado não deve afetar a dignidade nem a capacidade física e intelectual do recluso (art. 6º, 2). Todas as pessoas têm o direito de associar-se livremente com fins ideológicos, religiosos, políticos, econômicos, trabalhistas, sociais, culturais, desportivos ou de qualquer outra natureza. O exercício de tal direito só pode estar sujeito às restrições previstas pela lei, que sejam necessárias, numa sociedade democrática, no interesse da segurança nacional, da segurança ou da ordem pública, ou para proteger a saúde ou a moral públicas ou os direitos e liberdades das demais pessoas. Não se privam do exercício do direito de associação os membros das Forças Armadas e da Polícia (art. 16).

A Constituição portuguesa de 25 de abril de 1976 trata de direitos, liberdades e garantias dos trabalhadores. Faz enumeração de direitos sociais. Canotilho comenta que:

> a Constituição, em estreita conexão com o princípio democrático (nas suas dimensões política e econômica), consagrou uma "constituição econômica", que, embora não reproduza uma "ordem econômica" ou um "sistema econômico" "abstrato" e "puro", é fundamen-

talmente caracterizado pela ideia da democratização econômica e social[34].

Aponta Lobo Xavier aspectos históricos na elaboração da Constituição:

> A normalização política, que se verifica a partir de 25.11.1975, e da Constituição de 1976 – muito embora a lei fundamental institucionalizasse juridicamente uma transição para o socialismo – encerra o período revolucionário, marca a contenção do Partido Comunista Português, determina o renascer das diversas correntes político-sindicais e traz consigo a fatura inerente a anteriores destruições no tecido produtivo e às perturbações causadas pela vaga de nacionalizações. As subsequentes revisões da Constituição (1982 e 1989) iriam neutralizar esse socialismo forçado, que deixa de ser constitucionalmente consagrado, e promoveram um revigoramento da empresa privada. Por outro lado, ir-se-ia sucessivamente assistir ao abrandamento dos conflitos de trabalho e ao ensaio de formas de concertação[35].

Entende Monteiro Fernandes que deve ser traçada:

> uma linha divisória entre dois tipos de posturas constitucionais a esse respeito: o primeiro exprime, sobretudo, a projeção, no texto da lei fundamental, das tensões ideológicas e sociais que caracterizaram a atmosfera de sua elaboração, permanecendo em boa medida após as revisões (como exemplifica, no art. 55/1, a dispensável afirmação da liberdade sindical "como condição e garantia da construção da unidade (dos trabalhadores) para defesa dos seus direitos e interesses"; o segundo, verdadeiramente constitucional e estruturante, representa, nos seus diferentes traços, a fisionomia do "Estado Social" querido pelo legislador constituinte, e releva para o Direito do Trabalho a diversos títulos, como se notará[36].

---

[34] CANOTILHO, J. J. Gomes. *Direito constitucional.* Coimbra: Almedina, 1993, p. 475.

[35] XAVIER, Bernardo da Gama Lobo. *Curso de direito do trabalho.* Lisboa: Verbo, 1993, p. 76-77.

[36] FERNANDES, António Lemos Monteiro. *Direito do trabalho.* Coimbra: Almedina, 1999, p. 63-64.

Prevê o art. 56/3 que "compete às associações sindicais exercer o direito de contratação coletiva". Todos têm direito ao trabalho (art. 58/1). "É garantido aos trabalhadores a segurança no emprego, sendo proibido os despedimentos sem justa causa ou por motivos políticos ou ideológicos" (art. 53), o que mostra a aplicação da Convenção n. 158 da OIT. O art. 54 versa sobre comissões de trabalhadores. O art. 55 trata sobre liberdade sindical. O direito à greve e proibição do *lockout* é previsto no art. 57, de onde foi buscada inspiração para o nosso art. 9º da Constituição de 1988. Os direitos dos trabalhadores são previstos no art. 59.

A Constituição espanhola de 27 dezembro de 1978 prevê o pluralismo político entre os valores superiores do ordenamento jurídico (art. 1.1). A liberdade sindical (art. 7º) é consagrada no ponto em que "os sindicatos de trabalhadores e as associações empresariais contribuem para a defesa e promoção dos interesses econômicos e sociais que lhes sejam próprios". Mostra o direito da fundação de sindicatos, livre filiação e a não obrigatoriedade de filiação (art. 28.1). Isso indica a liberdade positiva de se filiar ao sindicato e manter-se filiado, a liberdade negativa de não se filiar ao sindicato. O art. 35.1 dispõe que todos têm o dever de trabalhar e o direito ao trabalho, à livre eleição da profissão ou ofício, à promoção por intermédio do trabalho, à remuneração suficiente para satisfazer suas necessidades e de sua família, sem que haja discriminação por sexo. É assegurada a negociação coletiva, tendo força vinculante suas decisões. Lei ordinária vai tratar do Estatuto dos Trabalhadores (art. 35.2). Haverá lei orgânica para regular os sindicatos (art. 28.1). O direito de greve será regulado para a garantia da manutenção dos serviços essenciais da comunidade em caso de greve (art. 28.2). O direito à negociação coletiva laboral e a força vinculante dos convênios serão estabelecidos em lei ordinária (art. 37.1). Lei ordinária tratará sobre o direito de adotar medidas nos conflitos coletivos e seus limites (art. 37.2). Veda qualquer prática discriminatória em razão de sexo (§ 1º do art. 37). Existe a liberdade da empresa no contexto da economia de mercado (art. 38). Martín Valverde, Gutiérrez e García Murcia afirmam que:

> todo o conjunto de normas constitucionais do trabalho têm como fonte de inspiração a ideia de "Estado social", invocada expressamente no art. 1.1 da Constituição. De todas as formas, os princípios jurídico-laborais da Constituição não figuram somente nas normas da Lei suprema que respondem aos postulados do "Estado social". Tais

normas constituem a inspiração específica, mas não exclusiva do ordenamento laboral; a chamada "Constituição Econômica" – regulação constitucional das bases do sistema econômico – influi também poderosamente na configuração deste ramo do Direito[37].

Montoya Melgar declara que:

a figura do Estado social de direito é fruto de uma operação de compromisso ou transação entre o liberalismo e um certo grau de socialização; entre o sistema capitalista e uma política de bem-estar social (*Welfare State*). "O Estado social de direito – se disse com palavras totalmente aplicáveis à nossa Constituição – é fruto do acordo entre a direita liberal civilizada e o socialismo democrático responsável"[38].

A Constituição chilena de 1980 foi editada durante o governo militar. A ideia é de livre mercado. Tem por objetivo priorizar o aspecto econômico. Prevê liberdade de trabalho e sua proteção, não discriminação, direito à sindicalização, à negociação coletiva e à greve.

O Paraguai promulgou em 20 de junho de 1992 sua Constituição. O Capítulo VIII, do Trabalho, está nos arts. 86 a 106. Todos os habitantes da República têm direito a um trabalho lícito, livremente escolhido e a realizar-se em condições dignas e justas. A lei protegerá o trabalho em todas as suas formas e os direitos que ela outorga ao trabalhador são irrenunciáveis (art. 86). Prevê o pleno emprego, a formação profissional e "preferência ao trabalhador nacional" (art. 87); não discriminação por motivos étnicos, de sexo, idade, religião, condição social ou preferências políticas ou sindicais, bem como amparo ao trabalho de pessoas com limitações ou incapacidade física ou mental (art. 88); proteção ao trabalho da mulher e à maternidade (art. 89); amparo ao menor trabalhador, com o objetivo de garantia do seu normal desenvolvimento físico, intelectual e moral (art. 90); limitação da jornada de trabalho e previsão dos

---

[37] MARTÍN VALVERDE, Antonio; GUTIÉRREZ, Fermín Rodríguez-Sañudo; GARCÍA MURCIA, Joaquín. *Derecho del trabajo*. Madri: Tecnos, 1993, p. 113.

[38] MONTOYA MELGAR, Alfredo. *Derecho del trabajo*. Madri: Tecnos, 1993, p. 85.

períodos de férias (art. 91); retribuição digna e salário mínimo (art. 92); previsão de benefícios adicionais (art. 93); direito à estabilidade nos limites da lei e à indenização na hipótese de despedida injustificada (art. 94); seguridade social (art. 95); liberdade sindical (art. 96); direito aos sindicatos da promoção de ações coletivas, negociação de convênios sobre condições de trabalho, incentivo às soluções conciliatórias, à concertação social e previsão de arbitragem, de forma facultativa (art. 97); direito de greve e de *lockout* em caso de conflitos de interesses (art. 98).

Na Argentina, a Constituição de 1º de maio de 1853 foi reformada várias vezes. Em 1949, adota o constitucionalismo social. Foi revogada por decreto no movimento militar de setembro de 1955, o que levou à reforma de 1957. A última reforma foi a de 1994. O art. 14 bis dispõe que o trabalho, em suas diversas formas, deve ser protegido pelas leis e estas devem assegurar ao trabalhador: condições dignas e equitativas de trabalho; jornada limitada; descanso e férias remunerados; retribuição justa; salário mínimo vital e móvel, igual remuneração por igual tarefa; participação nos lucros das empresas, com controle da produção e colaboração na direção; proteção contra a despedida arbitrária; estabilidade no emprego público; organização sindical livre e democrática, reconhecida por simples inscrição num registro especial. O trabalho forçado é mencionado no art. 17: "nenhum serviço pessoal é exigível, senão em virtude de lei ou de sentença fundada em lei". Leciona Santos di Maria que:

> na verdade, os argentinos percorreram, com suas constituições, a mesma trajetória da humanidade. Passamos do liberalismo clássico ao constitucionalismo social e daí ao que podemos denominar de "Constitucionalismo Pós-moderno", sem temor de uma afirmação equivocada. Incorporamos à nossa constituição formal os princípios da justiça social, da economia de mercado e das novas correntes ecologistas[39].

O Protocolo de São Salvador da Organização dos Estados Americanos trata de direitos econômicos, sociais e culturais. Entrou em vigor em

---

[39] SANTOS DI MARIA, Oscar. El derecho del trabajo en la Constitución de Argentina. In: *El derecho del trabajo en las Constituciones de Iberoamerica*. Lima. Editorial Júris Laboral, 1999, p. 23.

1999. Estabelece direitos sociais, compreendendo direito do trabalho, sindicais, à saúde, à previdência social, à educação. O art. 6º prevê estabilidade. Nos casos de demissão injustificada, o trabalhador tem direito a indenização ou a readmissão no emprego ou a qualquer outra prestação prevista na legislação nacional.

A Convenção Interamericana contra o Racismo, a Discriminação Racial e Formas Correlatas de Intolerância, firmada na Guatemala, em 5 de junho de 2013, foi promulgada pelo Decreto n. 10.932, de 10 de janeiro de 2022.

Parece que hoje o problema maior dos direitos fundamentais não é tanto o de justificá-los ou fundamentá-los, mas de protegê-los[40] para que não sejam violados. É preciso também que eles tenham eficácia e sejam garantidos.

---

[40] BOBBIO, Norberto. *A era dos direitos*. 10. ed. Rio de Janeiro: Campus, 1992, p. 24-25.

2
Evolução no Brasil

Inicialmente, as Constituições brasileiras versavam apenas sobre a forma do Estado, o sistema de governo. Posteriormente, passaram a tratar de todos os ramos do Direito e, especialmente, do Direito de Trabalho, como ocorre com nossa Constituição atual.

Direito Constitucional do Trabalho é a parte da Constituição que trata de regras de Direito do Trabalho. A matéria Direito do Trabalho qualifica as normas constitucionais.

Previa a Constituição republicana de 1891 no art. 78 que "a especificação das garantias e direitos expressos na Constituição não exclui outras garantias e direitos não enumerados, mas resultantes da forma de governo que ela estabelece e dos princípios que consigna".

A Constituição de 1934 tem certa inspiração na Lei Maior de Weimar. O art. 114 dispunha que "a especificação dos direitos e garantias expressos nesta Constituição não exclui outros, resultantes do regime e dos princípios que ela adota".

Estabelecia o art. 123 da Constituição de 1937 que:

> a especificação das garantias e direitos acima enumerados não exclui outras garantias e direitos, resultantes da forma de governo e dos princípios consignados na Constituição. O uso desses direitos e garantias terá por limite o bem público, as necessidades de defesa, do bem-estar, da paz e da ordem coletiva, bem como as exigências da segurança da Nação e do estado em nome dela constituído e organizado nesta Constituição.

O § 35 do art. 150 da Constituição de 1967 mencionava que "a especificação dos direitos e garantias expressas nesta Constituição não exclui outros direitos e garantias decorrentes do regime e dos princípios que ela adota".

29

O § 36 do art. 153 da Emenda Constitucional n. 1/69 previa que "a especificação dos direitos e garantias expressos nesta Constituição não exclui outros direitos e garantias decorrentes do regime e dos princípios que ela adota".

O § 2º do art. 5º da Constituição de 1988 prevê que "os direitos e garantias expressos nesta Constituição não excluem outros decorrentes do regime e dos princípios por ela adotados, ou dos tratados internacionais em que a República Federativa do Brasil seja parte".

Sob o aspecto dos direitos trabalhistas, a evolução das nossas Constituições está abaixo indicada.

A Constituição de 1824 apenas tratou de abolir as corporações de ofício (art. 179, XXV), pois deveria haver liberdade do exercício de ofícios e profissões. O inciso 24 do art. 179 previa que "nenhum gênero de trabalho, de cultura, indústria ou comércio pode ser proibido, uma vez que não se oponha aos costumes públicos, à segurança e saúde dos cidadãos". Eram abolidos os açoites, a tortura, a marca a ferro quente.

Reconheceu a Constituição de 1891 a liberdade de associação (§ 8º do art. 72), que tinha na época caráter genérico, determinando que a todos eram lícita a associação e reunião, livremente e sem armas, não podendo a polícia intervir, salvo para manter a ordem pública. Havia garantia do exercício de qualquer profissão moral, intelectual e industrial (§ 24 do art. 72).

A Constituição de 1934 é a primeira constituição brasileira a tratar especificamente do Direito do Trabalho. É a influência do constitucionalismo social, que em nosso país só veio a ser sentida em 1934. Garantia liberdade sindical (art. 120), isonomia salarial, salário mínimo, jornada de oito horas de trabalho, proteção do trabalho das mulheres e menores, repouso semanal, férias anuais remuneradas (§ 1º do art. 121). Adota um modelo pluralista.

A Carta Constitucional de 10 de novembro de 1937 marca uma fase intervencionista do Estado, decorrente do golpe de Getúlio Vargas. Era uma Constituição de cunho eminentemente corporativista, inspirada na *Carta del Lavoro*, de 1927, e na Constituição polonesa. Os fundamentos do corporativismo, segundo Marcelo Caetano, são:

> a atividade econômica deve guiar-se por padrões morais; não há duas classes sociais irredutivelmente opostas, mas número indefinido de

grupos econômicos operando em colaboração harmônica; a atuação social do indivíduo há de se desenvolver através do seu grupo econômico; o interesse nacional coloca-se acima de todos os interesses particulares; o Estado tem deveres a cumprir na vida econômica e social[1].

O próprio art. 140 da referida Carta era claro no sentido de que a economia era organizada em corporações, sendo consideradas órgãos do Estado, exercendo função delegada de poder público. O Conselho de Economia Nacional tinha por atribuição promover a organização corporativa da economia nacional (art. 61, *a*). Dizia Oliveira Viana, sociólogo e jurista – que foi o inspirador da nossa legislação trabalhista da época – que o liberalismo econômico era incapaz de preservar a ordem social, daí a necessidade da intervenção do Estado para regular tais situações. A Constituição de 1937 instituiu o sindicato único, imposto por lei, vinculado ao Estado, exercendo funções delegadas de poder público, podendo haver intervenção estatal direta em suas atribuições. Foi criado o imposto sindical, como uma forma de submissão das entidades de classe ao Estado, pois este participava do produto de sua arrecadação. Estabeleceu-se a competência normativa dos tribunais do trabalho, que tinha por objetivo principal evitar o entendimento direto entre trabalhadores e empregadores. A greve e o *lockout* foram considerados recursos antissociais, nocivos ao trabalho e ao capital e incompatíveis com os interesses da produção nacional (art. 139). O trabalho, "como meio de subsistência do indivíduo, constitui um bem que é dever do Estado proteger, assegurando-lhe condições favoráveis e meios de defesa" (art. 135).

Existiam várias normas esparsas sobre os mais diversos assuntos trabalhistas. Houve a necessidade de sistematização dessas regras. Para tanto, foi editado o Decreto-Lei n. 5.452, de 1º de maio de 1943, aprovando a Consolidação das Leis do Trabalho (CLT). O objetivo da CLT foi apenas o de reunir as leis esparsas existentes na época, consolidando-as. Não se trata de um código, pois este pressupõe um Direito novo. Ao contrário, a CLT apenas reuniu a legislação existente na época, consolidando-a.

A Constituição de 1946 é considerada uma norma democrática, rompendo com o corporativismo da Constituição anterior. Nela são verificados

---

[1] CAETANO, Marcelo. *Lições de direito corporativo*. Lisboa: SEP, 1935, p. 13.

os direitos a participação dos trabalhadores nos lucros (art. 157, IV), repouso semanal remunerado (art. 157, VI), estabilidade (art. 157, XII), greve (art. 158) e outros que estavam na norma constitucional anterior.

A Constituição de 1967 manteve os direitos trabalhistas estabelecidos nas Constituições anteriores, no art. 158, tendo praticamente a mesma redação do art. 157 da Constituição de 1946, com algumas modificações.

A Emenda Constitucional n. 1, de 17 de outubro de 1969, repetiu praticamente a Norma Ápice de 1967, no art. 165, no que diz respeito aos direitos trabalhistas.

Em 5 de outubro de 1988, foi aprovada a atual Constituição. O preâmbulo menciona a instituição de um Estado democrático, destinado a assegurar o exercício dos direitos sociais. O Título I trata dos Princípios Fundamentais. O Brasil rege-se, nas suas relações internacionais, pela prevalência dos direitos humanos (art. 4º, II). O Título II (arts. 5º a 17) versa sobre Direitos e Garantias Fundamentais. Na Norma Magna, os direitos trabalhistas foram incluídos no Capítulo II, "Dos Direitos Sociais", do Título II, "Dos Direitos e Garantias Fundamentais", ao passo que nas Constituições anteriores os direitos trabalhistas sempre eram inseridos no âmbito da ordem econômica e social. Para alguns autores, o art. 7º da Lei Maior vem a ser uma verdadeira CLT, tantos os direitos trabalhistas nele albergados.

Versa o art. 7º da Constituição sobre direitos individuais e tutelares do trabalho. O art. 8º trata do sindicato e suas relações. O art. 9º especifica regras sobre greve. O art. 10 determina disposição sobre a participação dos trabalhadores em colegiados. Menciona o art. 11 que nas empresas com mais de 200 empregados é assegurada a eleição de um representante dos trabalhadores para entendimentos com o empregador.

Os poderes constituídos, na esfera de atuação respectiva, deverão difundir os direitos fundamentais e os direitos humanos, tais como os previstos na Constituição Federal; no Estatuto da Criança e do Adolescente; na Convenção Americana sobre Direitos Humanos; nos Pactos Internacionais dos Direitos Civis e Políticos e dos Direitos Econômicos, Sociais e Culturais; na Convenção sobre a Eliminação de Todas as Formas de Discriminação Contra a Mulher; na Convenção Interamericana para Prevenir, Punir e Erradicar a Violência Contra a Mulher; na Convenção sobre os Direitos das Crianças e nos seus Protocolos Adicionais; e no Estatuto da Pessoa Idosa (art. 1º da Lei n. 14.583, de 16 de maio de 2023). Constarão nos contracheques mensais dos servidores públicos federais trechos dos instrumentos que consagram os direitos fundamentais e os direitos humanos, especialmente os que se referem às mulheres, às crianças, aos adolescentes e aos idosos (art. 2º). As emissoras públicas de rádio e de televisão deverão incluir em suas programações material alusivo aos direitos fundamentais e aos direitos humanos, sobretudo os referentes à proteção das mulheres, das crianças, dos adolescentes e dos idosos (art. 3º). Na publicidade dos atos, programas, obras, serviços e campanhas dos órgãos públicos, deverão ser exibidos trechos dos instrumentos que consagram os direitos fundamentais e os direitos humanos, notadamente os referentes à proteção das mulheres, das crianças, dos adolescentes e dos idosos (art. 4º).

3
Denominação

3.1 Direitos naturais

Kant definia direito natural como o direito que todo homem tem de obedecer apenas à lei de que ele mesmo é legislador.

Direito natural é o inerente à razão. É um direito referente à natureza do homem. Ele vale em si e por si.

Ulpiano dizia que o *ius naturale* era o que a natureza ensinou a todos os animais. Os animais, contudo, agem por instinto e não têm exatamente um direito a seguir.

Cícero fazia referência à lei natural, que não precisava ser promulgada pelo legislador para ter validade. O direito natural seria a suprema razão ínsita na natureza[1].

Emil Lask afirma que:

> o Direito Natural em sentido material é a crença, fundada nos mais gerais pressupostos histórico-filosóficos de caráter racionalista, de que toda a realidade, todo o conteúdo do direito pode ser elaborado, até o último resíduo, por via de mera construção, com ideias de validez universal sobre o direito[2].

O jusnaturalismo considera que os homens têm direitos naturais anteriores à formação da sociedade, simplesmente por serem humanos.

---
[1] CÍCERO. *De legibus*, 1, 6, 18.
[2] LASK, Emil. *Filosofia jurídica*. Buenos Aires, 1946, p. 34.

Direitos naturais são os anteriores ao reconhecimento pelo Estado.

Não se pode considerar, porém, o direito apenas em decorrência da razão ou da natureza das coisas.

3.2 Direitos do homem

Os autores anglo-americanos e latinos usam as denominações *direitos humanos* e *direitos do homem*.

A expressão *direitos do homem* é encontrada no *Leviatã*, de Thomas Hobbes (1651).

Em 1789, na França, falava-se em Declaração dos Direitos do Homem e do Cidadão. O cidadão não deixa de ser homem somente pelo fato de ter-se tornado cidadão.

Em 1948, foi editada a Declaração Universal dos Direitos do Homem.

Direitos do homem são os relativos ao homem. "São os que cabem ao homem enquanto homem." São definições tautológicas, que não explicam nada e incidem no vício de linguagem de repetir o mesmo pensamento com palavras sinônimas.

A expressão *direitos do homem* compreende dimensão jusnaturalista-universalista, sendo usada por todos os povos.

Pode-se dizer que não há direito que não diga respeito ao homem ou ao ser humano, ou seja a ele referente.

Direitos do homem implicam desprezar os direitos da mulher, que também tem direitos.

Direitos humanos são ligados com documentos de direito internacional, independentemente da previsão na Constituição de um país.

3.3 Direitos humanos

Leciona Goffredo Telles Junior que no momento em que:

> a fruição dos bens soberanos é assegurada por lei, emergem Direitos Subjetivos especiais, que são proclamados Direitos Humanos ou Direitos do Homem. É evidente que todos os Direitos Subjetivos são

direitos humanos... Mas as expressões consagradas de "Direitos Humanos" e "Direitos do Homem" foram reservadas para designar, especificamente, aqueles Direitos Subjetivos que se definem nos seguintes termos: "permissões jurídicas para a fruição de bens soberanos"[3].

A República Federativa do Brasil rege-se nas suas relações internacionais pelo princípio da prevalência dos direitos humanos (art. 4º, II, da Constituição).

Direitos humanos são direitos relativos ao ser humano. Têm mais característica genérica e não específica. São direitos universais.

A expressão "direitos humanos" seria um modo de substituir "direitos do homem" de forma neutra no plano sexual[4].

As declarações de direitos geralmente fazem referência a direitos humanos.

A Carta da Organização das Nações Unidas usa a expressão "direitos humanos" (preâmbulo e art. 56), assim como "liberdades fundamentais" (art. 55, c).

3.4 Direitos fundamentais

A palavra *fundamental* tem o sentido de básico, essencial, necessário, indispensável. Está adjetivando o direito, qualificando-o.

Os publicistas alemães utilizam a denominação *direitos fundamentais*[5]. Esses autores usam a palavra *Grundrecht*, que é proveniente da Constituição de Weimar, cuja parte II tratava dos "Direitos e deveres fundamentais dos alemães". São os direitos reconhecidos e positivados na Constituição de um país, nas leis, nos tratados internacionais. O art. 1º, alínea 3, da Constituição de 1949 prevê que "os direitos fundamentais aqui

---

[3] TELLES JUNIOR, Goffredo. *Iniciação na ciência do direito*. São Paulo: Saraiva, 2001, p. 343.
[4] UPRÉ DE BOULOIS, Xavier. *Droits et libertes fondamentaux*. Paris: PUF, 2010, p. 36.
[5] BONAVIDES, Paulo. *Curso de direito constitucional*. São Paulo: Malheiros, p. 514.

enunciados constituem disposições imediatamente aplicáveis, que ligam os poderes legislativo, executivo e judiciário".

Afirma João Caupers que a expressão *direitos fundamentais* vem sendo utilizada, desde longa data, com pequenas variantes na Constituição das então República Democrática Alemã e República Federal Alemã, República Popular de Angola, República Popular da China, República Popular de Moçambique, na da então URSS etc., embora se ressalve, o que parece lógico, que "esta homogeneidade terminológica não tem paralelo no conteúdo dos capítulos das diversas constituições que justificaram epígrafes semelhantes"[6].

Direitos fundamentais têm previsão nas Constituições.

A Constituição portuguesa de 1976 emprega a expressão *direitos fundamentais*. A Constituição da Espanha de 1978 tem o título primeiro denominado "Dos direitos e dos deveres fundamentais". As Constituições da Turquia de 1982 e da Holanda de 1983 fazem menção também a direitos fundamentais.

Jorge Miranda leciona que a denominação "direitos fundamentais" tem sido a preferida na doutrina e nos textos constitucionais[7].

A Carta dos Direitos Fundamentais da União Europeia de 2000, que foi revisada em 2007, emprega "direitos fundamentais".

Hanna Arendt afirma que os direitos fundamentais não são um dado, mas um construído, em constante processo de construção.

Os direitos fundamentais têm de ser avaliados sob dupla perspectiva, tanto do indivíduo, como da comunidade.

A dimensão subjetiva mostra que a pessoa tem o direito subjetivo de exercer os direitos fundamentais.

Dispõe o art. I da Declaração Universal de 1948 que "todos os homens nascem livres e iguais em dignidade e direitos. São dotados de razão e consciência e devem agir em relação uns aos outros com espírito de fra-

---

[6] CAUPERS, João. *Os direitos fundamentais dos trabalhadores e a Constituição*. Lisboa: Almedina, 1985, p. 11.

[7] MIRANDA, Jorge. *Manual de direito constitucional*. T IV. Direitos Fundamentais. Coimbra: Coimbra Editora, 1988, p. 48-49.

ternidade". O referido artigo tem concepção de Direito Natural, pois não pretende criar direitos ao ser humano, mas os reconhecer como naturais.

O § 1º do art. 5º da Constituição faz menção a "direitos e garantias fundamentais". O § 2º menciona "direitos e garantias". Direitos fundamentais são direitos individuais, direitos coletivos, direitos sociais, direito à nacionalidade e direitos políticos.

Os direitos fundamentais irão sempre atingir os direitos do ser humano. Serão estudados direitos fundamentais que são trabalhistas. Não se trata de direitos trabalhistas fundamentais, que seriam direitos básicos.

3.5 Liberdades públicas

É empregada no direito francês a expressão *liberdades públicas*[8]. Hoje, tem fundamento no art. 34 da Constituição francesa de 1958, que prevê que a lei estabelecerá regras concernentes às "garantias fundamentais asseguradas aos cidadãos para o exercício das liberdades públicas". Também é empregada a expressão *liberdades públicas* nos arts. 72 e 74.

A denominação não é usada em textos internacionais e se presta a confusão com *liberdade privada*. Mesmo quando a relação é particular ou é entre estes e o poder público, estamos diante de liberdades públicas.

No Direito francês, é empregada a expressão no plural (*liberdades públicas*) e não no singular. Liberdades públicas são as reconhecidas pelo Estado no seu ordenamento jurídico e não pelos particulares. O Estado as reconhece e as regulamenta.

Jean Rivero define liberdades públicas como:

> direitos do homem que reconhecem a este, nos diversos campos da vida social, o poder de escolher sozinho seu comportamento, poder organizado pelo direito positivo, que lhe confere uma proteção reforçada e o eleva ao nível constitucional em direito interno, ao nível supralegislativo em direito europeu[9].

---

[8] ISRAEL, Jean-Jacques. *Droit des libertes fondamentales*. Paris: LGDJ, 1998, p. 19-25.

[9] RIVERO, Jean. *Liberdades públicas*. São Paulo: Martins Fontes, 2006, p. 20.

Afirma Louis Favoreu que as liberdades públicas, no sentido do direito francês clássico, são essencialmente protegidas contra o poder executivo[10].

No direito brasileiro, a denominação liberdades públicas foi usada na vigência da Constituição anterior por Manoel Gonçalves Ferreira Filho, Ada Pellegrini Grinover e Anna Cândida da Cunha Ferraz na obra *Liberdades públicas*[11], que toma por base a denominação e teoria do direito francês.

A Convenção Europeia de Direitos do Homem e Liberdade Fundamentais usa a expressão liberdade fundamental.

3.6 Direitos da cidadania

Ricardo Lobo Torres usa a expressão *direitos da cidadania*, por ser denominação mais abrangente. É a única que "pode agasalhar todas as dimensões espaciais e temporais dos direitos"[12].

3.7 Direitos individuais

Direitos individuais são os direitos do indivíduo de forma isolada.

O Capítulo I do Título II da Constituição de 1988 faz referência a direitos e deveres individuais e coletivos.

---

[10] FAVOREU, Louis. Universalité dês droits fondamentaux et diversité culturelle. L´effectivité des droits fondamentaux dans les pays de la communauté francophone. Colloque International de l´TIE Maurice, 29 set./1º out. 1993, Auperlf-Uref, 1994, p. 48.

[11] São Paulo: Saraiva, 1978. Outros autores também usam a expressão: SOUZA, Zoraide Amaral de. *A associação sindical no sistema das liberdades públicas*. Rio de Janeiro: Lumen Júris, 1996; NOGUEIRA, Alberto. *Direito constitucional das liberdades públicas*. Rio de Janeiro: Renovar, 2003.

[12] TORRES, Ricardo Lobo. A cidadania multidimensional na era dos direitos. In: TORRES, Ricardo Lobo (Org.). *Teoria dos direitos fundamentais*. 2. ed. Rio de Janeiro: Renovar, 2001, p. 246.

3.8 Direitos subjetivos públicos

Direitos subjetivos públicos são os direitos que a pessoa pode exercer e são amparados pelo sistema público. Seria a concretização do direito objetivo, da previsão constitucional e legal.

Tem razão José Afonso da Silva quando afirma que a expressão a ser usada é direitos subjetivos, "quando ela é empregada no sentido de direitos oponíveis e exigíveis, isto é, quando considerada situação jurídica subjetiva de vantagem dotada de eficácia jurídica, porque devidamente garantida como capaz de ser efetivada em favor de seu titular"[13].

Direito subjetivo é o que depende do que foi positivado pelo legislador, que é o direito objetivo.

Os direitos subjetivos são prescritíveis, enquanto os direitos fundamentais são imprescritíveis.

3.9 Outras denominações

São usadas também as denominações *liberdades fundamentais*, *direitos fundamentais do homem* e *direitos humanos fundamentais*.

O direito de liberdade importa limitação ao Poder do Estado. Os direitos sociais implicam necessidade da participação do Estado para a sua implementação prática.

3.10 Constituições brasileiras

A Constituição de 1824 fazia referência a direitos políticos e individuais (art. 178).

A Lei Maior de 1891 mencionava declaração de direitos.

A Constituição de 1934 fazia referência no Título III a declaração de direito, que compreendia o capítulo direitos e garantias individuais.

---

[13] SILVA, José Afonso da. *Curso de direito constitucional positivo*. 26. ed. São Paulo: Malheiros, 2006, p. 177.

A Carta de 1937 tinha também um capítulo chamado de direitos e garantias individuais.

A Constituição de 1946 repetia a Carta de 1934 com uma declaração de direitos, que incluía um capítulo chamado de direitos e garantias individuais. O § 13 do art. 141 fazia referência expressa a direitos fundamentais do homem.

A Constituição de 1967 usou a expressão *direitos e garantias individuais* no capítulo IV. O inciso I do art. 149 fazia menção a direitos fundamentais do homem. O mesmo ocorreu com a Emenda Constitucional n. 1/69. O inciso I do art. 152 também mencionava *direitos fundamentais do homem*.

O Título II da Constituição de 1988 usa a denominação "Dos direitos e garantias fundamentais". Abrange o título o Capítulo I, que faz menção a direitos e deveres individuais e coletivos; o Capítulo II, que versa sobre direitos sociais; o Capítulo III, sobre nacionalidade; o Capítulo IV, sobre direitos políticos e o Capítulo V, sobre partidos políticos. O inciso II do art. 4.º da Constituição faz referência a direitos humanos. O art. 17 usa a expressão *direitos fundamentais da pessoa humana*. O art. 34, VII, *b*, faz menção a direitos da pessoa humana, ao tratar de intervenção federal. O inciso IV do § 4º do art. 60 faz menção a *direitos e garantias individuais*. Prevê o inciso II do § 1º do art. 68 que não pode ser objeto de lei delegada a competência para legislar sobre *direitos individuais*. O inciso XLI do art. 5º usa a expressão direitos e liberdades fundamentais. O inciso LXXI do art. 5º *direitos e liberdades constitucionais*. O inciso LXXI direitos e liberdades constitucionais. O § 1º do art. 5º menciona direitos e garantias fundamentais. O inciso XLI do art. 5º usa a expressão *direitos e liberdades fundamentais*. O art. 7º do ADCT usa a expressão direitos humanos.

José Afonso da Silva afirma que:

> direitos fundamentais do homem constitui a expressão mais adequada a este estudo, porque, além de referir-se a princípios que resumem a concepção do mundo e informa a ideologia política de cada ordenamento jurídico, é reservada para designar, no nível do direito positivo, aquelas prerrogativas e instituições que ele concretiza em garantias de uma convivência digna, livre e igual de todas as pessoas[14].

---

[14] SILVA, José Afonso da. *Curso de direito constitucional positivo*. 26. ed. São Paulo: Malheiros, 2006, p. 178.

4

Conceito

4.1 Conceito

Direitos fundamentais são os direitos do homem garantidos pela legislação do respectivo país. São os direitos vigentes numa ordem jurídica concreta[1]. São direitos sem os quais a pessoa não se realiza, não convive, nem mesmo sobrevive[2]. São os direitos ou posições jurídicas subjetivas das pessoas enquanto tais, individualmente ou institucionalmente consideradas, consagradas na Constituição[3].

José Castan Tobeñas afirma que direitos humanos são os direitos fundamentais da pessoa humana – considerada tanto em seu aspecto individual como comunitário – que correspondem a esta em razão de sua própria natureza (de essência ao mesmo tempo corpórea, espiritual e social) e que devem ser reconhecidos e respeitados por todo poder e autoridade, inclusive as normas jurídicas positivas, cedendo, não obstante isso, em seu exercício, ante as exigências do bem comum[4].

Define Alexandre de Moraes os direitos humanos fundamentais como:

---

[1] CANOTILHO, J. J. Gomes. *Direito constitucional e teoria da Constituição*. 3. ed. Coimbra: Almedina, 1998, p. 369.

[2] SILVA, José Afonso da. *Curso de direito constitucional positivo*. 26. ed. São Paulo: Malheiros, 2006, p. 178.

[3] MIRANDA, Jorge. *Manual de direito constitucional*. 2. ed. Coimbra: Coimbra Editora, 1993, t. IV, p. 7.

[4] CASTAN TOBEÑAS, José. *Los derechos del hombre*. Madri: Reus, 1976, p. 13.

o conjunto institucionalizado de direitos e garantias do ser humano que tem por finalidade básica o respeito a sua dignidade, por meio de sua proteção contra o arbítrio do poder estatal, e o estabelecimento de condições mínimas de vida e desenvolvimento da personalidade humana[5].

A Unesco define direitos humanos fundamentais, por um lado, como uma proteção de maneira institucionalizada dos direitos da pessoa humana contra os excessos do poder cometidos pelos órgãos do Estado e, por outro lado, como regras para se estabelecerem condições humanas de vida e desenvolvimento da personalidade humana[6].

Perez Luño assevera que direitos humanos representam o "conjunto de faculdades e instituições que, em cada momento histórico, concretizam as exigências da dignidade, da liberdade e da igualdade humanas, as quais devem ser reconhecidas positivamente pelos ordenamentos jurídicos a nível nacional e internacional". Direitos fundamentais são "aqueles direitos humanos garantidos pelo ordenamento jurídico positivo, na maior parte dos casos em sua normativa constitucional, e que gozam de uma tutela reforçada"[7].

Leciona Robert Alexy que direitos fundamentais são as posições que, do ponto de vista do direito constitucional, são tão relevantes, que seu reconhecimento ou não reconhecimento não pode ser deixado à livre disposição do legislador ordinário[8].

Direitos humanos são, portanto, o gênero. Direitos fundamentais são a espécie. Direitos humanos são inerentes à condição humana. Afirma Hannah Arendt que a essência dos direitos humanos é o direito a ter direitos[9].

---

[5] MORAES, Alexandre de. *Direitos humanos fundamentais*. 8. ed. São Paulo: Atlas, 2007, p. 20.

[6] *Les dimensions internationales des droits de l´homme*. Unesco, 1978, p. 11.

[7] PEREZ LUÑO, Antonio Enrique. *Los derechos fundamentales*: temas clave de la constitución española. Colección dirigida por Pedro de Vega. 6. ed. Madri: Tecnos, 1995, p. 46.

[8] ALEXY, Robert. *Theorie der Grundrechte*. 2. ed. Frankfurt: Suhrkamp, 1994, p. 407.

[9] ARENDT, Hannah. *The origins of totalitarianism*. New York: Harvester Books, 1973, p. 290 ss.

O homem tem o direito fundamental de ser reconhecido como pessoa humana.

Muitas vezes se observa que quanto mais os direitos fundamentais são protegidos, mais eles são violados.

4.2 Distinção

Leciona Jorge Miranda que:

> os direitos representam só por si certos bens, as garantias destinam-se a assegurar a fruição desses bens; os direitos são principais, as garantias acessórias e, muitas delas, adjectivas (ainda que possam ser objecto de um regime constitucional substantivo); os direitos permitem a realização das pessoas e inserem-se directa e imediatamente, por isso, as respectivas esferas jurídicas, as garantias só nelas se projectam pelo nexo que possuem com os direitos; na acepção jus racionalista inicial, os direitos declaram-se, as garantias estabelecem-se[10].

Ingo W. Sarlet afirma que direitos fundamentais são os direitos do ser humano reconhecidos e positivados na esfera do Direito Constitucional positivo de determinado Estado. Direitos humanos são os direitos reconhecidos nos documentos de direito internacional, tendo validade universal, para todos os povos e tempos, de tal sorte que revelam um inequívoco caráter supranacional (internacional). Prefere a expressão *direitos fundamentais*[11].

Direitos do homem seriam decorrentes do direito natural. São direitos inerentes à condição humana que ainda não foram positivados. São direitos anteriores ao reconhecimento no direito positivo do Estado ou no Direito Internacional.

Direitos humanos e direitos fundamentais não são, assim, sinônimos.

Ensina José Afonso da Silva que a expressão *direitos fundamentais do homem* é a mais adequada. O adjetivo fundamental expressa "situações

---

[10] MIRANDA, Jorge. *Manual de direito constitucional*. 4. ed. Coimbra: Coimbra Editora, 1990, p. 88-89.

[11] SARLET, Ingo W. *A eficácia dos direitos fundamentais*. 2. ed. Porto Alegre: Livraria do Advogado, 2001, p. 31-37.

jurídicas sem as quais a pessoa humana não se realiza, não convive e, às vezes, nem mesmo sobrevive". Os direitos humanos são fundamentais "no sentido de que a todos, por igual, devem ser, não apenas formalmente reconhecidos, mas concreta e materialmente efetivados"[12]. Não adianta ter um direito fundamental se ele não está efetivado ou, dependendo do caso, positivado.

---

[12] SILVA, José Afonso da. *Curso de direito constitucional positivo*. 26. ed. São Paulo: Malheiros, 2006, p. 178.

5

Teorias

As teorias que fundamentam os direitos humanos são: (a) a jusnaturalista; (b) a positivista; (c) a moralista; (d) a histórica.

5.1 Teoria jusnaturalista

Henri Ahrens conceitua direito natural como "a ciência que expõe os primeiros princípios do direito concebidos pela razão e fundados sobre a natureza do homem, considerado em si mesmo e nas relações com a ordem universal das coisas"[1].

A teoria jusnaturalista afirma que os direitos humanos têm uma ordem superior universal, imutável e inderrogável. Os direitos humanos fundamentais são decorrentes da natureza. Não são provenientes da criação dos legisladores, tribunais ou juristas. Não podem ser suprimidos como direitos dos homens. Existem naturalmente.

Os direitos do homem são inerentes à natureza humana. São anteriores e estão acima do Estado.

A Declaração da Independência dos Estados Unidos da América, de 1776, menciona:

> Consideramos evidentes estas verdades, que todos os homens foram criados iguais, foram dotados pelo Criador de certos direitos inalienáveis, entre os quais estão a vida, a liberdade e a busca da felicidade. Que, a fim de assegurar esses direitos, governos são instituídos entre

---

[1] AHRENS, Henri. *Cours de droit naturel ou de philosophie du droit*. 8. ed. Leipzig: F. A. Brockhaus, 1892, tomo 1, p. 1.

os homens, derivando seus justos poderes do consentimento dos governados; que, sempre que qualquer forma de governo se faça destruidora desses princípios, cabe ao povo o direito de alterá-la ou aboli-la e instituir novo governo, baseando-se em tais princípios e organizando-lhe os poderes pela forma que lhe pareça mais conveniente para realizar-lhe a segurança e a felicidade.

A Encíclica *Pacem in terris* do Papa João XXIII, de 1963, também mostra no item 9:

> Em uma convivência humana constituída e eficiente, é fundamental o princípio de que cada ser humano é pessoa, isto é, natureza dotada de inteligência e vontade livre. Por essa razão, possui em si mesmo direitos e deveres, que emanam direta e simultaneamente de sua própria natureza. Trata-se, por conseguinte, de direitos e deveres universais, invioláveis e inalienáveis[2].

O item 1.1 da Declaração e Programa de Ação de Viena, adotada pela Conferência Mundial dos Direitos Humanos, em 25 de junho de 1993, indica que "os direitos humanos e liberdades fundamentais são direitos naturais de todos os seres humanos; sua proteção e promoção são responsabilidades primordiais dos Governos". São direitos internacionais, que estariam acima da Constituição de cada país, do ordenamento jurídico de cada Estado, ou do fato de a legislação os prever. São direitos humanos ou direitos do homem. São inerentes à própria condição humana. Os direitos humanos estariam acima do ordenamento estatal e dos documentos normativos internacionais. Em matéria de direitos humanos, deve prevalecer sempre a regra mais favorável de proteção da dignidade humana em cada caso concreto[3].

Na verdade, os direitos humanos não são decorrentes da natureza, mas são inerentes à condição humana. O Estado deve respeitar esses direitos, que são positivados em cada ordenamento jurídico.

---

[2] PAPA JOÃO XXIII. *Encíclica Pacem in terris*. Documentos de João XXIII. São Paulo: Paulus, 1998, p. 324.

[3] Parece que adota essa fundamentação Fábio Konder Comparato (*A afirmação histórica dos direitos humanos*. 4. ed. São Paulo: Saraiva, 2005, p. 59-61 e 567).

5.2 Teoria positivista

A teoria positivista menciona que os direitos humanos têm de estar previstos na legislação, pois seria a manifestação da soberania popular. Somente seriam direitos humanos os expressamente previstos no ordenamento jurídico de cada Estado, devidamente positivado.

A Declaração Universal dos Direitos Humanos da ONU, de 10 de dezembro de 1948, dispõe que os direitos da pessoa humana devem ser "protegidos pelo império da lei, para que a pessoa não seja compelida, como último recurso, à rebelião contra a tirania e a opressão".

As fontes do direito não são apenas as previstas em lei, mas também as decorrentes dos costumes, dos contratos etc.

5.3 Teoria moralista

A teoria moralista declara que os direitos humanos fundamentais têm por base a própria experiência e consciência moral de um determinado povo, em razão do espírito razoável. Deriva da consciência das pessoas.

John Rawls afirma que a teoria da justiça é uma teoria dos sentimentos morais, que estabelece os princípios que governam nossa força moral[4].

Chaim Perelman assevera que a noção de direitos humanos implica a de direitos atribuíveis ao ser humano como tal, já que esses direitos são vinculados à qualidade de ser humano, não se estendendo mais além. A pessoa possui uma realidade que lhe é própria e merece o respeito enquanto sujeito moral livre, autônomo e responsável[5].

Neil MacCormick leciona que o direito de uma pessoa à liberdade, como o direito moral, é o direito de maior quantidade possível de liberdade concorde com a mesma liberdade para todos os demais[6].

---

[4] RAWLS, John. *Uma teoria da justiça*. Brasília: Universidade de Brasília, 1981, p. 60.
[5] PERELMAN, Chaim. *Ética e direito*. São Paulo: Martins Fontes, 1996, p. 400.
[6] MacCORMICK, Neil. *Derecho legal y socialdemocracia*. Madri: Tecnos, 1990, p. 45.

Moral é algo que tem variações no curso da história e em determinados momentos.

A moral se converte em Direito a partir do momento em que tem previsão no ordenamento jurídico do país.

5.4 Teoria histórica

Os direitos humanos seriam produto da história. São resultantes de lutas e conquistas no curso da história, visando ao combate à opressão do absolutismo estatal. Vão surgindo gradualmente, mediante conquistas que vão sendo feitas.

Destaca Gustav Radbruch que:

> a escola histórica coloca-se na posição de quem apenas observa os fatos históricos muito posteriormente à sua produção, e este ponto de vista, transformado em fonte de normas, em fonte de um dever ser, obriga os homens a considerarem-se vinculados historicamente ao passado, equivale afinal a fazer parar os movimentos da própria história. O erro de todo o historicismo consiste em transmudar num critério normativo de ação política o que é apenas uma "categoria do conhecimento histórico"[7].

Norberto Bobbio afirma que:

> a história humana é ambígua, dando respostas diversas segundo quem a interroga e segundo o ponto de vista adotado por quem a interroga [...]. A história humana é ambígua para quem se põe o problema de atribuir-lhe um "sentido". Nela, o bem e o mal se misturam, se contrapõem, se confundem[8].

5.5 Outras afirmações

Jorge Miranda, com base no art. 16, 1, da Constituição portuguesa:

---

[7] RADBRUCH, Gustav. *Filosofia do direito*. 3. ed. Coimbra: Armênio Amado, 1953, p. 81.
[8] BOBBIO, Norberto. *A era dos direitos*. 10. ed. Rio de Janeiro: Campus, 1992, p. 53-55.

aponta para um sentido material de direitos fundamentais: estes não são apenas os que as normas formalmente constitucionais enunciem; são ou podem ser também direitos provenientes de outras fontes, na perspectiva mais ampla, da Constituição material. Os direitos fundamentais não estariam enumerados taxativamente na Constituição.

Seria uma "enumeração aberta, sempre pronta a ser preenchida ou completada através de outros direitos ou, quanto a cada direito, através de novas faculdades para além daquelas que se encontrem definidas ou especificadas em cada momento". O referido artigo seria uma espécie de cláusula aberta[9].

Gomes Canotilho admite no art. 16 da Constituição portuguesa "outros direitos fundamentais constantes das leis e das regras aplicáveis de direito internacional"[10].

As normas infraconstitucionais poderiam criar outros direitos humanos. A jurisprudência poderia mostrar o conteúdo e o alcance desses direitos fundamentais.

5.6 Teorias mistas

Talvez a melhor justificação seja a utilização da teoria mista, da combinação das várias teorias, tendo aspectos históricos, positivistas etc.

---

[9] MIRANDA, Jorge. *Manual de direito constitucional.* Tomo IV. Direitos fundamentais. Coimbra: Coimbra Editora, 1988, p. 153.

[10] CANOTILHO, J. J. Gomes. *Direito constitucional e teoria da Constituição.* 7. ed. Coimbra: Almedina, 2003, p. 403-404.

6

Classificação

6.1 Classificação

Classificação, em epistemologia, é a operação que consiste em repartir os conceitos ou os objetos estudados em classes hierarquicamente organizadas, em gêneros e espécies[1].

Classificar significa dividir ou ordenar em classes. Dividir significa desmembrar um todo em partes.

Thomas Marshal[2] classifica em direitos civis os surgidos no século XVIII; políticos, os do século XIX; sociais, os que foram adquiridos no século XX.

A denominação *gerações* dos direitos humanos é atribuída a Karel Vasak, Diretor do Departamento Jurídico da UNESCO, quando ministrou, em 2 de julho de 1979, a aula inaugural da Décima Sessão do Instituto Internacional de Direitos Humanos de Estrasburgo, defendendo a ideia de "direitos humanos de terceira geração". Sua classificação compreende os direitos humanos de acordo com seis diferentes critérios: (1º) o da importância dos direitos; (2º) o da natureza intrínseca dos direitos; (3º) do sujeito (ou titular) dos direitos; (4º) o do caráter positivo ou negativo dos direi-

---

[1] CUVILLIER, Armand. *Pequeno vocabulário da língua filosófica*. São Paulo: Nacional, 1961, verbete classificação.

[2] MARSHALL, T. H. Citizenship and Social Class. In: MARSHALL, T. H. e BOTTOMORE, Tom. *Citizenship and Social Class*. Chicago: Pluto Classic (reimpr.), 1996, p. 3-51.

tos; (5º) o da perspectiva histórica; (6º) o da pertinência às gerações presentes e às gerações futuras.

Paulo Bonavides prefere a palavra *dimensões*[3], pois, se fosse geração, a posterior suprimiria a anterior. Uma tomaria o lugar da outra, o que não ocorre. Não se pode falar em gerações de direitos, pois, no caso, uma geração não substitui ou sucede outra, mas continua existindo. Há uma complementação. As dimensões seriam cumulativas e se complementariam. Não se excluem. Dimensão, porém, tem sentido de tamanho, grandeza. Não é exatamente disso que se trata.

Norberto Bobbio faz referência a fases[4]. O título do seu livro mostra que elas também poderiam ser eras. Uma era sucede, porém, outra, que desaparece.

Arion Sayão Romita faz menção a famílias ou naipes, porque uma família não substitui outra. Há uma interação entre uma família e outra. Uma recebe influência da outra[5]. Naipe tem sentido de categoria ou classe. Não se pode falar em naipe no sentido de que um direito é de primeira classe e o outro de segunda classe, secundário, pois cada uma das classes se complementa.

Seria melhor falar em grupos, pois haverá interação entre um grupo e outro.

Os direitos do primeiro grupo são os que pretendem valorizar o homem, assegurar liberdades abstratas, que formariam a sociedade civil. É o direito do indivíduo de não ser oprimido, de liberdade, à vida, de resistência. É uma proibição ao Estado. É oponível ao Estado. Visa limitar os abusos de poder do Estado. Implica um não agir por parte do Estado. Impõe abstenção do Estado, que não pode interferir na vida do particular. São direitos de cunho negativo. Dizem respeito ao Estado liberal. Há uma intervenção mínima do Estado na vida privada. São reconhecidos direitos civis e polí-

---

[3] BONAVIDES, Paulo. *Curso de direito constitucional*. 19. ed. São Paulo: Malheiros, 2006, p. 571-572.
[4] BOBBIO, Norberto. *A era dos direitos*: a era do direito. 10. ed. Rio de Janeiro: Campus, 1992, p. 32.
[5] ROMITA, Arion Sayão. *Direitos fundamentais nas relações de trabalho*. 2. ed. São Paulo: Atlas, 2007, p. 86-98.

ticos e incorporados direitos subjetivos naturais. São direitos de defesa. São liberdades negativas. O titular do direito é o indivíduo. São direitos de dimensão negativa. Estão previstos no *caput* do art. 5º da Constituição. A primeira dimensão de direitos são os direitos civis e políticos.

Os direitos do segundo grupo são os direitos econômicos, sociais e culturais, bem como os direitos coletivos e das coletividades. Decorrem do princípio da igualdade. É a ideia do Estado do Bem-Estar Social, com caráter individualista. São direitos decorrentes da intervenção do Estado no domínio econômico, do Estado Social. Visa-se corrigir questões sociais e econômicas decorrentes da Revolução Industrial. São direitos de crédito contra o Estado, exigindo prestações positivas. O Estado passa a intervir nas áreas econômica e social. No Brasil, são encontrados nos governos totalitários e nos militares. Na Europa, são observados no período pós--guerra. Estão, por exemplo, no art. 7º da Constituição.

Os direitos trabalhistas são de segunda geração, mas não podem ser considerados de segunda mão ou de segunda categoria. São vitais e fundamentais. Adicional de periculosidade, de insalubridade e de penosidade não constituem direitos fundamentais dos trabalhadores. O trabalhador tem o direito fundamental à saúde, ao meio ambiente de trabalho saudável.

Os direitos de sindicalização e greve são direitos fundamentais de segunda dimensão.

Celso Lafer afirma que os direitos do segundo grupo:

> buscam assegurar as condições para o pleno exercício do primeiro, eliminando ou atenuando os impedimentos ao pleno uso das capacidades humanas. Por isso, os direitos de crédito, denominados direitos econômico-sociais e culturais, podem ser encarados como direitos que tornam mais reais direitos formais: procuram garantir a todos o acesso aos meios de vida e de trabalho num sentido amplo[6].

São direitos pertencentes ao terceiro grupo os que pretendem proteger, além do interesse do indivíduo, os relativos ao meio ambiente, de ter um meio ambiente sadio, à qualidade de vida, ao patrimônio comum da huma-

---

[6] LAFER, Celso. *A reconstrução dos direitos humanos*: um diálogo com Hannah Arendt. São Paulo: Companhia das Letras, 2001, p. 127.

nidade, à comunicação, à paz. São direitos de solidariedade, decorrentes da ideia de fraternidade da Revolução Francesa de 1789. A Carta das Nações Unidas tem a regra da autodeterminação dos povos (art. 1º, § 2º, art. 55). O direito à autodeterminação dos povos também é previsto no Pacto Internacional sobre Direitos Econômicos, Sociais e Culturais (art. 1º) e sobre Direitos Civis e Políticos (art. 1º). É um direito que compreende titularidade coletiva. Pode ser o exemplo do meio ambiente de trabalho sadio (art. 200, VIII, da Constituição).

Os direitos do quarto grupo são os direitos à democracia, à informação e ao pluralismo[7]. Compreendem direitos relativos aos problemas da pesquisa biológica e de caráter genético[8]. Afirma Paulo Bonavides que:

> a democracia positivada enquanto direito da quarta geração há de ser, de necessidade, uma democracia direta. Materialmente possível graças aos avanços da tecnologia de comunicação, e legitimamente sustentável graças à informação correta e às aberturas pluralistas do sistema. Desse modo, há de ser também uma democracia isenta já das contaminações da mídia manipuladora, já do hermetismo de exclusão, de índole autocrática e unitarista, familiar aos monopólios do poder[9].

Norberto Bobbio, ao fazer referência às fases, menciona que a primeira fase é dos direitos à liberdade, que têm o sentido de limitar o poder do Estado, reservando para o indivíduo ou para os grupos particulares uma esfera de liberdade em relação ao Estado. São originários dos ideais burgueses da Revolução Francesa. A segunda fase diz respeito aos direitos políticos. A liberdade não seria considerada apenas no aspecto negativo, de impedimentos, mas no positivo, de participação dos membros de uma comunidade no poder político. A terceira fase seria a dos direitos sociais, em que se pretende bem-estar, e da igualdade não apenas formal, mas da liberdade por meio do Estado[10].

---

[7] BONAVIDES, Paulo. *Curso de direito constitucional.* 7. ed. São Paulo: Malheiros, 1997, p. 525.

[8] BOBBIO, Norberto. *A era dos direitos.* 10. ed. Rio de Janeiro: Campus, 1992, p. 6.

[9] BONAVIDES, Paulo. *Curso de direito constitucional.* São Paulo: Malheiros, 2000, p. 525.

[10] BOBBIO, Norberto. *A era dos direitos.* 10. ed. Rio de Janeiro: Campus,

CLASSIFICAÇÃO

Os direitos fundamentais típicos são os previstos na Constituição, leis, tratados. Direitos fundamentais atípicos são os que ainda não foram positivados na legislação.

Direitos fundamentais específicos são os previstos nos incisos do art. 7º da Constituição.

Direitos fundamentais inespecíficos são os destinados a qualquer pessoa, como o direito à intimidade, à vida privada, à honra, de liberdade religiosa, o direito de expressão etc.

Direitos fundamentais em sentido formal são os positivados na Constituição. Estão expressamente previstos na Constituição. Direitos fundamentais em sentido material são os que não estão previstos na Constituição, mas que por seu conteúdo, sua característica ou importância são considerados direitos fundamentais em sentido formal.

Fábio Konder Comparato afirma que as liberdades materiais têm por objetivo a igualdade de condições sociais, meta a ser alcançada não só por meio de leis, mas também pela aplicação de políticas ou programas de ação estatal[11].

Existem direitos fundamentais não escritos, que estão implícitos, ou são decorrentes do regime ou dos princípios constitucionais.

Direitos fundamentais objetivos são os que foram estabelecidos na norma constitucional. Direitos fundamentais subjetivos são a faculdade que a pessoa tem de exigi-los em razão de que estão previstos no ordenamento jurídico.

Direitos fundamentais explícitos são os especificados na Constituição de forma clara. Direitos fundamentais implícitos são os decorrentes do regime e dos princípios que a Constituição adota. Implícito tem o sentido de subentendido, o que está envolvido, mas não de modo claro.

Eficácia vertical dos direitos fundamentais é a relação entre o Poder Público e os particulares. Diz respeito à limitação imposta pelo ordenamento jurídico tanto aos governantes quanto aos governados. É a obrigação que o Estado tem de respeitar os direitos à vida, à propriedade, à liberdade e à igualdade formal.

1992, p. 32-33.

[11] COMPARATO, Fábio Konder. *Direito público*: estudos e pareceres. São Paulo: Saraiva, 1996, p. 59.

Eficácia horizontal compreende a relação com terceiros ou nas relações privadas. Ocorre entre os particulares, como entre o empregado e o empregador.

Eficácia horizontal mediata ou indireta mostra que a garantia e proteção dos direitos fundamentais só pode ser feita por intermédio da edição e implementação de leis que garantam e protejam os direitos fundamentais. A aplicabilidade da norma somente seria atingida com a implementação pelo legislador. Não seria possível aplicá-la nos direitos privados, pois desrespeitaria a autonomia da vontade.

A eficácia horizontal direta ou imediata ocorreria também em relação aos direitos privados, não havendo necessidade de intervenção do legislador para garantir tal eficácia. É adotada em Portugal, Espanha, Itália e Argentina.

Geralmente, a classificação mais divulgada dos direitos fundamentais considera direitos liberais, direitos democráticos e direitos socialistas. Quanto à forma de atuação do direito, pode ser dividida em: (a) *direitos de autonomia*, que tem fundamento liberal. O direito de greve não pode, por exemplo, ser considerado liberal; (b) *direitos de participação* (associação, reunião, sufrágio etc.); (c) *direitos sociais*, que seriam direitos de crédito a prestações do Estado e de outras entidades públicas ou privadas: direito à saúde, à segurança social, à proteção no desemprego involuntário, à instrução etc.[12].

6.2 Natureza jurídica

A natureza jurídica dos direitos fundamentais é de direito público.

Os direitos fundamentais passaram a estar previstos nas Constituições. Têm, portanto, natureza constitucional.

Não podem ser consideradas normas supranacionais, como afirmam Leon Duguit[13] e Pontes de Miranda[14], pois dependem da soberania interna

---

[12] CAUPERS, João. *Os direitos fundamentais dos trabalhadores e a constituição*. Lisboa: Almedina, 1985, p. 22-23.

[13] DUGUIT, Leon. *Traité du droit constitucionnel*. 3. ed. Paris: Ancienne Librairie Fontémoing, p. 603 ss.

[14] MIRANDA, Pontes. *Comentários à Constituição de 1967 com a Emenda n. 1 de 1969*. São Paulo: Revista dos Tribunais, t. IV, p. 617 ss.

de cada país no sentido da positivação dos direitos fundamentais, tanto na Constituição, como nas leis.

6.3 Função

Leciona Canotilho que os direitos fundamentais cumprem:

> a função de direitos de defesa dos cidadãos sob uma dupla perspectiva: (1) constituem, num plano jurídico-objectivo, normas de competência negativa para os poderes públicos, proibindo fundamentalmente as ingerências destes na esfera jurídica individual; (2) implicam, num plano jurídico-subjetivo, o poder de exercer positivamente direitos fundamentais (liberdade positiva) e de exigir omissões dos poderes públicos, de forma a evitar agressões lesivas por parte dos mesmos (liberdade negativa)[15].

6.4 Características

São características dos direitos humanos: historicidade, universalidade, imprescritibilidade, inalienabilidade, irrenunciabilidade, inviolabilidade, efetividade, independência, complementaridade.

Os direitos humanos são históricos, pois foram sendo estabelecidos no curso do tempo. Surgem com a revolução burguesa e vão aumentando no passar do tempo.

A característica da universalidade diz respeito ao fato de que são devidos a todos os homens, independentemente da nacionalidade, da classe social, da condição econômica, do país em que vivem etc.

Em geral, os direitos fundamentais são imprescritíveis. O inciso XLII do art. 5º mostra quando a Constituição quer estabelecer que o crime é imprescritível. Quanto aos direitos trabalhistas, o inciso XXIX do art. 7º da Constituição mostra que os direitos trabalhistas são prescritíveis. Logo,

---

[15] CANOTILHO, J. J. Gomes. *Direito constitucional*. Coimbra: Almedina, 1993, p. 541.

os direitos fundamentais na Constituição também são prescritíveis, salvo o mencionado.

Os direitos humanos são irrenunciáveis. Eles até podem deixar de ser exercidos, mas são irrenunciáveis, pois representam garantias mínimas e fundamentais da pessoa humana.

São direitos inalienáveis, pois não podem ser transferidos de uma pessoa para outra. Normalmente, não têm característica econômico-patrimonial.

Os direitos fundamentais devem ser garantidos às pessoas. Deve haver um sistema de garantias dos direitos fundamentais, pois eles podem ser violados e precisam ser reparados. Não basta, portanto, que o direito seja reconhecido. Ele deve ser também garantido.

Segundo Canotilho:

> No campo dos direitos fundamentais, tal regra quer dizer interpretação mais favorável aos direitos fundamentais. Significa isto que, em caso de dúvida, deve prevalecer a interpretação que, conforme os casos, restrinja menos o direito fundamental, lhe dê maior proteção, amplie mais o seu âmbito, o satisfaça em maior grau[16].

A eficácia dos direitos fundamentais ocorre quando eles não são prestados diretamente pelo Estado, mas estão inseridos na relação entre os particulares.

---

[16] CANOTILHO, J. J. Gomes. *Direito constitucional e teoria da Constituição*. 7. ed. Coimbra: Almedina, 2003, p. 28.

7

Ordem Social

7.1 Ordem social

Surge nova teoria pregando a necessidade de separação entre o econômico e o social, o que é verificado hoje na Constituição de 1988, que não mais trata dos dois temas de forma reunida, mas separadamente. Da mesma forma, preconiza-se um Estado neoliberalista, com menor intervenção estatal nas relações entre as pessoas.

O Título VIII da Constituição faz referência à ordem social. Ordem se opõe a desordem. Social se contrapõe a individual.

Menciona o art. 193 da Constituição que a ordem social tem como base o primado do trabalho, e como objetivo o bem-estar e a justiça sociais. Bem-estar é a satisfação física das pessoas, de conforto.

A ordem social inclui a seguridade social, a educação, a cultura e o desporto, a ciência e a tecnologia, a comunicação social, o meio ambiente, a família, a criança, o adolescente e o idoso.

Nas Constituições anteriores, era feita referência à "Ordem Econômica e Social".

A base da ordem social é o primado do trabalho. A finalidade ou objetivo é o bem-estar e a justiça social.

7.2 Direitos sociais

A expressão *direito social* é pleonástica. Todos os direitos são sociais. Não há um direito mais social do que outro, pois o direito é feito para regular a vida na sociedade.

Os direitos sociais compreendem prestações do Estado ou exigências de atividade do Estado. Têm por objetivo proteger o economicamente fraco, o trabalhador. Estabelecem direitos para o trabalhador e garantias para que haja a efetivação desses direitos.

Dispõe o art. 6º da Constituição que são direitos sociais a educação, a saúde, a alimentação, o trabalho, a moradia, o transporte, o lazer, a segurança, a previdência social, a proteção à maternidade e à infância, a assistência aos desamparados, "na forma desta Constituição". O dispositivo tem a redação da Emenda Constitucional n. 90/2015, que acrescentou a palavra *transporte*.

Os direitos sociais, segundo Jorge Miranda, decorrem da sociabilidade do ser humano e têm em vista objetivos de promoção, de comunicação e de cultura[1]. Mostra o art. 6º que outros direitos podem ser considerados sociais desde que previstos na Constituição, ainda que não especificamente nos arts. 1º a 6º.

O direito à moradia também é considerado pelo STF um direito fundamental, o que justifica sua impenhorabilidade, de acordo com o art. 1º da Lei n. 8.009/90[2].

Os direitos sociais são inerentes a todos os cidadãos e não apenas aos trabalhadores, na forma estabelecida na Constituição.

Afonso Arinos entende que os direitos sociais têm aspecto social dos direitos individuais e se refere aos direitos sociais como integrantes dos direitos individuais[3].

Os direitos sociais são classificados em: (a) relativos ao trabalhador; (b) relativos à seguridade, compreendendo os direitos à saúde, à previdência e à assistência social; (c) relativos à educação e à cultura; (d) relativos à família, criança, adolescente e idoso; (e) relativos ao meio ambiente.

---

[1] MIRANDA, Jorge. *Manual de direito constitucional.* 2. ed. Coimbra: Coimbra Editora, 1993, t. IV, p. 87.
[2] STF, RE 352.940/SP, rel. Min. Carlos Velloso, j. 25-4-2005, *Informativo do STF* n. 385, p. 3.
[3] ARINOS, Afonso. *Direito constitucional. Teoria da Constituição. As Constituições do Brasil.* Rio de Janeiro: Forense, p. 48-51.

Direitos sociais podem ser divididos em direitos trabalhistas, direito da Seguridade Social, direitos relativos à educação e cultura, à família, criança, adolescente e idoso, relativos ao meio ambiente.

Alain Supiot, junto com um grupo de especialistas, em estudo encomendado pela Comissão de Bruxelas, divide os direitos sociais em quatro círculos concêntricos:

• o primeiro círculo é o dos *direitos sociais "universais"*, garantidos a todos, independentemente de qualquer trabalho. Essa cobertura "universal" tem um perímetro variável de acordo com os países europeus. Ela se realiza mais ou menos em matéria de seguro-saúde; fica em estado de formulação de princípio para o que concerne o direito à formação profissional;

• o segundo círculo é o dos *direitos fundados no trabalho não profissional*, como de cuidar do outro, autoformação, trabalho beneficente etc. Numerosos textos vinculam direitos ou vantagens sociais ao exercício de uma atividade socialmente útil, em que são exemplos: vantagens na aposentadoria vinculadas à educação de crianças; cobertura para acidentes do trabalho para certas atividades beneficentes etc.;

• o terceiro círculo é o do *direito comum da atividade profissional*, do qual certos fundamentos já fazem parte do direito comunitário, como a higiene e a segurança;

• o quarto círculo é o do *direito próprio do trabalho assalariado* (o *emprego*), que deveria conter somente disposições ligadas diretamente à subordinação e dar lugar a uma gradação dos direitos em razão da intensidade dessa subordinação[4].

Os direitos sociais também são direitos fundamentais.

O direito social fundamental é o direito ao trabalho.

Direito ao trabalho tem natureza jurídica. Dever de trabalhar tem sentido ético.

Direito ao trabalho é "o direito que todo homem tem de viver, proporcionando-se, pelo próprio trabalho, os recursos necessários"[5].

---

[4] SUPIOT, Alain. *Au-delà de l'emploi*: transformations du travail et devenir du Droit du Travail en Europe. Paris: Flammarion, 1999, p. 89.

[5] COLLIARD, Claude-Albert. *Libertés publiques*. 4. ed. Paris: Dalloz, 1972, p. 641.

O direito ao trabalho compreende o direito à existência. Objetiva proporcionar sobrevivência e velar pela dignidade da pessoa. O trabalho faz com que a pessoa mantenha a mente ocupada. Proporciona utilidade à pessoa. Valoriza-a perante a sociedade. Permite que a pessoa tenha acesso a bens de consumo.

Direito ao trabalho seria uma liberdade pública se o Estado garantisse ao cidadão emprego a qualquer momento.

O preâmbulo da Constituição francesa de 1946 mostra que "todos têm o dever de trabalhar e o direito de obter emprego".

O trabalho é dividido em: (a) direito ao trabalho; (b) direito ao emprego; (c) liberdade sindical; (d) direito de greve.

8
Direitos Fundamentais

O conceito de direitos fundamentais era um conceito político, consistindo numa limitação ao poder do Estado.

Canotilho afirma que há direitos fundamentais formalmente constitucionais, pois são estabelecidos por normas formalmente constitucionais. Há direitos que não são formalmente constitucionais e, portanto, são chamados de materialmente fundamentais[1].

Os direitos contidos no art. 5º da Constituição não são exaustivos, mas meramente exemplificativos, pois o § 2º da mesma norma dispõe que "os direitos e garantias expressos nesta Constituição não excluem outros decorrentes do regime e dos princípios por ela adotados, ou dos tratados internacionais em que a República Federativa do Brasil seja parte". Os direitos e garantias fundamentais não estão apenas no art. 5º da Constituição, mas podem estar em outros dispositivos dela, desde que estejam previstos na Constituição. A Constituição não faz qualquer limitação no sentido de que estariam os direitos e garantias fundamentais apenas em seu art. 5º. O regime e os princípios adotados pela Constituição mostram que existem outros direitos fundamentais.

Comentando o art. 144 da Constituição de 1946, adverte Carlos Maximiliano que a Constituição:

> não pode especificar todos os direitos, nem mencionar todas as liberdades. A lei ordinária, a doutrina e a jurisprudência completam a obra. Nenhuma inovação se tolera em antagonismo com a índole do regime, nem com os princípios firmados pelo código supremo. Portanto, não

---

[1] CANOTILHO, J. J. Gomes. *Direito constitucional*. Coimbra: Almedina, 1991.

é constitucional apenas o que está escrito no estatuto básico, e, sim, o que se deduz do sistema por ele estabelecido, bem como o conjunto das franquias dos indivíduos e dos povos unilateralmente consagrados[2].

Leciona Paulino Jacques que:

> o Legislador-Constituinte, ao referir os termos "regime" e "princípios", quis ensejar o reconhecimento e a garantia de outros direitos que as necessidades da vida social e as circunstâncias dos tempos pudessem exigir. É uma cláusula, por conseguinte, consagradora do princípio da "equidade" e da "construção jurisprudencial", que informa todo o direito anglo-americano, e que, por via dele, penetram no nosso sistema jurídico. Também entre nós, não é a lei a única fonte do direito, porque o "regime", quer dizer, a forma de associação política (democracia social), e os "princípios" da Constituição (república federal presidencialista) geram direitos[3].

Dispõe o § 1º do art. 5º da Constituição que "as normas definidoras dos direitos e garantias fundamentais têm aplicação imediata". A expressão *direitos e garantias fundamentais* parece que se refere a todo o Título II da Constituição (Dos Direitos e Garantias Fundamentais). Entretanto, o inciso XXI do art. 7º da Constituição, que trata do aviso-prévio por tempo de serviço, não é autoaplicável. O mesmo ocorre com o adicional de penosidade previsto no inciso XXIII do art. 7º da Lei Maior e com o inciso XI do mesmo artigo, que trata da participação nos lucros e principalmente na gestão. A expressão citada diz respeito apenas ao art. 5º da Constituição e não a todos os dispositivos dos arts. 5º a 17 da Constituição, porque há dispositivos que não têm aplicabilidade imediata.

No Mandado de Injunção n. 20-4, julgado em 19 de maio de 1994, o STF afirmou que o inciso VII do art. 37 da Constituição é norma de eficácia limitada, dependente de lei, na época, complementar. O STF declarou a inconstitucionalidade por omissão da norma e comunicou a decisão ao

---

[2] MAXIMILIANO, Carlos. *Comentários à Constituição brasileira*. 5. ed. Rio de Janeiro: Freitas Bastos, 1954, v. III, p. 175.

[3] JACQUES, Paulino. *Curso de direito constitucional*. 9. ed. Rio de Janeiro: Forense, 1983, p. 453.

Congresso Nacional. O direito de greve dos servidores públicos só pode ser exercido na forma da lei[4]. Outro mandado de injunção julgado pelo STF declarou o Congresso Nacional em mora para a edição da lei para regular o inciso VII do art. 37 da Constituição[5].

Entende o STF que, enquanto não for editada a lei específica para o funcionário público fazer greve, deve ser observada a Lei n. 7.783/89 quanto aos limites de greve no serviço público.

Afirma o STF que as cláusulas pétreas não são apenas as contidas no art. 5º da Constituição. Em julgamento de matéria tributária, o STF entendeu que a alínea *b* do inciso III do art. 150 da Constituição é uma cláusula pétrea, que não pode ser alterada por emenda constitucional[6]. O IPMF, ao ser instituído, deveria respeitar o princípio da anterioridade, que foi entendido como cláusula pétrea da Constituição. Ponderou o Ministro Celso de Mello que admitir que a União, no exercício de sua competência residual, ainda que por emenda constitucional, pudesse excepcionar a aplicação desta garantia individual do contribuinte, implica conceder ao ente tributante poder que o constituinte expressamente lhe subtraiu ao vedar a deliberação de proposta de emenda à constituição tendente a abolir os direitos e garantias individuais constitucionalmente assegurados[7]. No mesmo caso, o Ministro Carlos Velloso fez referência que os direitos e garantias sociais, direitos atinentes à nacionalidade e direitos políticos como pertencentes à categoria de direitos e garantias individuais[8].

Em outro caso, o STF entende que matéria relativa a salário-maternidade também é cláusula pétrea:

> DIREITO CONSTITUCIONAL, PREVIDENCIÁRIO E PROCESSUAL CIVIL. LICENÇA-GESTANTE. SALÁRIO. LIMITAÇÃO. AÇÃO DIRETA DE INCONSTITUCIONALIDADE DO ART. 14 DA EMENDA CONSTITUCIONAL N. 20, DE 15-12-1998. ALEGAÇÃO

---

[4] *RDA* n. 201 [1995], p. 166 e s.
[5] MI 29-4, rel. Min. Celso de Mello, *LTr* 58-94. No mesmo sentido, MI 485-MT, rel. Min. Maurício Corrêa, *DJU* 23-8-2002, p. 71.
[6] ADIn 939-7/DF, rel. Min. Sydney Sanches, *DJU* 18-3-1994.
[7] Serviço de Jurisprudência do STF, *Ementário* n. 1.730-10.
[8] *Ementário* n. 1.730-10.

DE VIOLAÇÃO AO DISPOSTO NOS ARTIGOS 3º, IV, 5º, I, 7º, XVIII, E 60, § 4º, IV, DA CONSTITUIÇÃO FEDERAL.

1. O legislador brasileiro, a partir de 1932 e mais claramente desde 1974, vem tratando o problema da proteção à gestante, cada vez menos como um encargo trabalhista (do empregador) e cada vez mais como de natureza previdenciária.

Essa orientação foi mantida mesmo após a Constituição de 5.10.1988, cujo artigo 6º determina: a proteção à maternidade deve ser realizada "na forma desta Constituição", ou seja, nos termos previstos em seu art. 7º, XVIII: "licença à gestante, sem prejuízo do emprego e do salário, com a duração de cento e vinte dias".

2. Diante desse quadro histórico, não é de se presumir que o legislador constituinte derivado, na Emenda 20/98, mais precisamente em seu art. 14, haja pretendido a revogação, ainda que implícita, do art. 7º, XVIII, da Constituição Federal originária.

Se esse tivesse sido o objetivo da norma constitucional derivada, por certo a EC n. 20/98 conteria referência expressa a respeito. E, à falta de norma constitucional derivada, revogadora do art. 7º, XVIII, a pura e simples aplicação do art. 14 da EC 20/98, de modo a torná-la insubsistente, implicará um retrocesso histórico, em matéria social-previdenciária, que não se pode presumir desejado.

3. Na verdade, se se entender que a Previdência Social, doravante, responderá apenas por R$ 1.200,00 (hum mil e duzentos reais) por mês, durante a licença da gestante, e que o empregador responderá, sozinho, pelo restante, ficará sobremaneira, facilitada e estimulada a opção deste pelo trabalhador masculino, ao invés da mulher trabalhadora.

Estará, então, propiciada a discriminação que a Constituição buscou combater, quando proibiu diferença de salários, de exercício de funções e de critérios de admissão, por motivo de sexo (art. 7º, inc. XXX, da CF/88), proibição, que, em substância, é um desdobramento do princípio da igualdade de direitos, entre homens e mulheres, previsto no inciso I do art. 5º da Constituição Federal.

Estará, ainda, conclamado o empregador a oferecer à mulher trabalhadora, quaisquer que sejam suas aptidões, salário nunca superior a R$ 1.200,00, para não ter de responder pela diferença.

Não é crível que o constituinte derivado, de 1998, tenha chegado a esse ponto, na chamada Reforma da Previdência Social, desatento a tais consequências. Ao menos não é de se presumir que o tenha feito, sem o dizer expressamente, assumindo a grave responsabilidade.

4. A convicção firmada, por ocasião do deferimento da Medida Cautelar, com adesão de todos os demais Ministros, ficou agora, ao ensejo deste julgamento de mérito, reforçada substancialmente no parecer da Procuradoria Geral da República.

5. Reiteradas as considerações feitas nos votos, então proferidos, e nessa manifestação do Ministério Público federal, a Ação Direta de Inconstitucionalidade é julgada procedente, em parte, para se dar, ao art. 14 da Emenda Constitucional n. 20, de 15.12.1998, interpretação conforme à Constituição, excluindo-se sua aplicação ao salário da licença-gestante, a que se refere o art. 7º, inciso XVIII, da Constituição Federal[9].

Mutatis mutandis, os direitos e garantias individuais contidos no art. 5º da Constituição também são exemplificativos. É possível, portanto, verificar outros no curso da Constituição, por exemplo, o direito à saúde (arts. 196 a 200), os direitos da criança e do adolescente (art. 227 e seus parágrafos).

Como o § 2º do art. 5º da Constituição faz referência aos "tratados em que a República Federativa do Brasil seja parte", há necessidade de que o Brasil tenha ratificado o referido tratado.

Na 86ª reunião da Conferência Internacional do Trabalho, realizada em Genebra, em 18 de junho de 1998, foi adotada a Declaração da OIT sobre os princípios e direitos fundamentais no trabalho e seu seguimento. O item 2º da Declaração afirma que:

> todos os Membros, ainda que não tenham ratificado as convenções internacionais reconhecidas como fundamentais, têm um compromisso derivado do fato de pertencer à Organização de respeitar, promover e tornar realidade, de boa-fé e de conformidade com a Constituição, os princípios relativos aos direitos fundamentais que são objeto dessas convenções, isto é: (a) a liberdade sindical e o reconhecimento efetivo do direito de negociação coletiva; (b) a eliminação de todas as formas de trabalho forçado ou obrigatório; (c) a abolição efetiva do trabalho infantil; (d) a eliminação da discriminação em matéria de emprego e ocupação.

---

[9] STF, Pleno, ADIn 1.946-DF, rel. Min. Sydney Sanches, j. 33-4-2003, *DJU* 16-5-2003.

A Cúpula Mundial de Desenvolvimento Social, reunida em Copenhague, em março de 1995, considerou as seguintes convenções da OIT como sendo básicas sobre direitos fundamentais:

- Convenção n. 29, sobre trabalho forçado, de 1930;
- Convenção n. 87, sobre liberdade sindical e proteção do direito de sindicalização, de 1948;
- Convenção n. 98, sobre direito de sindicalização e negociação coletiva, de 1949;
- Convenção n. 100, sobre igualdade de remuneração, de 1951;
- Convenção n. 105, sobre abolição do trabalho forçado, de 1957;
- Convenção n. 111, sobre discriminação no emprego e ocupação, de 1958;
- Convenção n. 138, sobre idade mínima de admissão no emprego, de 1973.

É possível incluir nessa lista a Convenção n. 182, sobre as piores formas de trabalho das crianças, de 1999.

Os direitos fundamentais dos trabalhadores são os contidos nos arts. 7º a 11 da Constituição.

9
Liberdade de Trabalho

Escravo vem de *"slav"*, que era uma etnia europeia que perdeu a liberdade depois de Carlos Magno tomar a região. A palavra gerou *"sclavus"* em latim medieval. Deu origem a *"slave"* em inglês, *"esclavo"* em espanhol e *"esclave"* em francês.

Em 1850, a Lei Eusébio de Queiroz repreendeu o tráfico de escravos. A Lei do Ventre Livre, de 28 de setembro de 1871, tornava livres os filhos de escravos nascidos a partir da referida data.

A Lei dos Sexagenários, de 1885, concede a liberdade aos escravos com mais de 60 anos. A escravidão foi abolida com a Lei Áurea, de 13 de maio de 1888.

Kant afirma que:

> o homem não é uma coisa; não é, portanto, um objeto passível de ser utilizado como simples meio, mas, pelo contrário, deve ser considerado sempre em todas as suas ações como fim em si mesmo. Não posso, pois, dispor do homem em minha pessoa para o mutilar, degradar ou matar[1].

Fazia referência o art. 427 do Tratado de Versalhes ao princípio de que o trabalho não pode ser considerado como mercadoria ou artigo de comércio (1). Implica, portanto, a liberdade de trabalho.

O inciso III do art. 1º da Constituição dispõe que constitui um dos fundamentos da República Federativa do Brasil a dignidade da pessoa

---

[1] *Fundamentação da metafísica dos costumes.* Os pensadores. São Paulo: Abril Cultural, v. XXV, 1974, p. 62.

humana. Dignidade tem o sentido de nobreza, grandeza, honra, honestidade, honradez, decência, decoro, pudor.

Reza o art. 170 da Lei Maior que a ordem econômica tem por fim assegurar a todos existência digna. O § 7º do art. 226 faz referência a que o planejamento familiar se funda no princípio da dignidade da pessoa humana. O art. 227 da Constituição impõe à família, à sociedade e ao Estado o dever de assegurar a criança e ao adolescente o direito à dignidade. Mostra o art. 230 da Constituição que a família, o Estado e a sociedade têm o dever de amparar as pessoas idosas, defendendo a sua dignidade.

A dignidade da pessoa humana é uma forma de efetivação do Direito e um limite mínimo ao legislador.

Não há mais trabalho escravo ou servidão.

Garante o inciso III do art. 5º da Lei Magna que ninguém será submetido a tratamento desumano ou degradante.

A liberdade de trabalho compreende a dignidade da pessoa humana (art. 1º, III, Constituição), os valores sociais do trabalho (art. 1º, IV, Constituição), a valorização do trabalho humano (art. 170, da Constituição), a existência digna (art. 170 da Lei Maior), a busca do pleno emprego (art. 170, VIII, da Norma Ápice), que era a ideia de Keynes.

Prevê o inciso XIII do art. 5º da Constituição que é livre o exercício de qualquer trabalho, ofício ou profissão, atendidas as qualificações profissionais que a lei estabelecer. A lei vai apenas estabelecer qualificações profissionais, não podendo restringir o exercício de trabalho, ofício ou profissão.

10
Trabalho Análogo ao de Escravo

10.1 Histórico

Aristóteles dizia que deveria haver escravos para que os nobres pudessem se dedicar a cultura e ao pensamento de coisas mais importantes. Uns homens valem para mandar e outros para servir.

A Bíblia faz menção a escravidão na Epístola de Paulo aos Gálatas, no Novo Testamento, Capítulo 5, versículo 1: "para a liberdade foi que Cristo nos libertou. Permanecei, pois, firmes e não vos submetais, de novo, a jugo de escravidão".

No Brasil, a Lei dos Sexagenários, Decreto n. 3.270, de 28 de setembro de 1885, libertava os escravos que tivessem 60 anos de idade. Eles deveriam prestar serviços para os seus senhores por mais três anos a título de indenização pela alforria.

A Lei n. 2.040, de 28 de setembro de 1871, denominada Lei do Ventre Livre, estabelecia que os filhos de escravas deixariam de ser escravos a partir do momento em que atingissem a maioridade. Ao completarem oito anos, poderiam passar para o Estado, que pagaria ao senhor uma indenização no valor de 600.000 réis e os colocaria numa instituição de caridade para trabalhar.

A escravatura foi abolida no Brasil pela Lei Áurea em 13 de maio de 1888 (Lei n. 3.353).

Entretanto, o trabalho escravo ainda é utilizado em certas regiões do país, tais como no sul do Pará, no sul do Maranhão, no Mato Grosso do Sul e em outros locais.

Em 2004, fiscais do trabalho foram assassinados em Unaí (MG), em razão de averiguar as condições de trabalho nas fazendas de plantação de feijão da região.

Outro exemplo é de empresa de brinquedos que contratou outra empresa, que, ainda, subcontratou uma cooperativa. Nesse caso, os trabalhadores ficavam trancados em galpões, sob o comando de um homem armado. Recebiam R$ 30,00 a R$ 90,00 por mês, ou seja, menos do que o salário mínimo. Foi feito acordo com o Ministério Público, no qual a empresa de brinquedos pagou os direitos trabalhistas dos operários.

Tem havido trabalho em condições análogas às de escravo em relação a índios e menores, principalmente na agricultura e em carvoarias.

10.2 Denominação

São encontradas as denominações *trabalho escravo*, *trabalho forçado* e *trabalho em condições análogas às de escravo*.

10.3 Conceito

Trabalho escravo é espécie de trabalho forçado. Este, portanto, é o gênero[1]. Trabalho escravo era o que dizia respeito à escravidão, à pessoa não ser livre. Era o feito pelos escravos. Todo trabalho escravo é forçado.

Trabalho forçado é não só o que a pessoa presta de forma não espontânea, mas também nos casos em que o trabalhador é enganado pelo empregador com falsas promessas[2].

Trabalho degradante é o aviltante, infamante. É o caracterizado por péssimas condições de trabalho. Não há a observância de normas de segurança e medicina do trabalho, de higiene. Não são fornecidos água, alimentação, sanitários, condições de higiene, de dormir.

---

[1] SENTO-SÉ, Jairo Lins Albuquerque. *Trabalho escravo no Brasil*. São Paulo: LTr, 2001, p. 26.

[2] MELO, Luiz Antonio Camargo de. Premissas para um eficaz combate ao trabalho escravo. *Revista do Ministério Público do Trabalho*. São Paulo: LTr, n. 26, p. 13, set. 2003.

Trabalho decente, ao contrário, é o que respeita a dignidade da pessoa humana; o que respeita os direitos do trabalhador.

Trabalho em condições análogas à condição de escravo é o "exercício do trabalho humano em que há restrição, em qualquer forma, à liberdade do trabalho, e/ou quando não são respeitados os direitos mínimos para o resguardo da dignidade do trabalhador"[3].

Exemplos de trabalho em condições análogas às de escravo são o aliciamento de trabalhadores em outros Estados ou Municípios com a utilização de intermediação de mão de obra (art. 207 do Código Penal); o fato de o trabalhador prestar serviços sob a vigilância armada de capangas do fazendeiro, que retém seus documentos; utilização do sistema de servidão por dívidas, principalmente quando o empregado é obrigado a comprar nos próprios armazéns do empregador (*truck system*), que é vedado pelo § 2º do art. 462 da CLT; alojamentos sem condições de higiene e sem água potável; falta de fornecimento de equipamentos de proteção individual, inclusive de forma gratuita; descumprimento de normas de segurança e medicina do trabalho.

O trabalhador é coagido a permanecer no trabalho. A coação pode ser: (a) moral: geralmente os trabalhadores têm pouca instrução, são obrigados a comprar no armazém do empregador e ficam envolvidos em dívidas; (b) psicológica: os trabalhadores são ameaçados com violência para permanecerem trabalhando no local; (c) física: os trabalhadores são submetidos a castigos físicos em razão de não trabalharem ou de não cumprirem as ordens do empregador.

10.4 Direito internacional

A Convenção de Genebra, aprovada em 25 de setembro de 1926, pela Assembleia da Liga das Nações, trata da escravidão e do tráfico de escravos.

---

[3] BRITO FILHO, José Cláudio Monteiro de. Trabalho com redução à condição análoga à de escravo: análise a partir do tratamento decente e de seu fundamento, a dignidade da pessoa humana. In: VELLOSO, Gabriel; FAVA, Marcos (Coord.). *Trabalho escravo contemporâneo*: o desafio de superar a negação. São Paulo: LTr, 2006, p. 133.

Tem por objetivo "completar e desenvolver a obra realizada pelo Ato de Bruxelas, e de encontrar um meio de dar efeito prático, no mundo inteiro, às intenções expressas no tocante ao tráfico de escravos e à escravidão, pelos signatários da Convenção de St-Germain-en-Laye". A escravidão é o estado ou condição de um indivíduo sobre o qual se exercem, total ou parcialmente, os atributos do direito de propriedade (art. 1º, § 1º). O tráfico de escravos compreende todo ato de captura, aquisição ou cessão de um indivíduo com o propósito de escravizá-lo; todo ato de aquisição de um escravo com o propósito de vendê-lo ou trocá-lo; todo ato de cessão, por meio de venda ou troca, de um escravo adquirido para ser vendido ou trocado; assim como, em geral, todo ato de comércio ou de transporte de escravos (art. 1º, § 2º). As partes contratantes visam impedir e reprimir o tráfico de escravos (art. 2º, *a*) e promover a abolição completa da escravidão sob todas as suas formas, progressivamente e logo que possível (art. 2º, *b*).

Prevê o art. IV da Declaração Universal dos Direitos Humanos que "ninguém será mantido em escravidão ou servidão; a escravidão e o tráfico de escravos serão proibidos em todas as suas formas". "Toda pessoa tem direito ao trabalho, à livre escolha de emprego, a condições justas e favoráveis de trabalho e à proteção contra o desemprego" (art. XXIII, 1).

A Convenção Suplementar sobre Abolição da Escravidão, do Tráfico de Escravos e de Instituições e Práticas Análogas à Escravidão, adotada pela conferência de plenipotenciários, convocada pelo Conselho Econômico e Social das Nações Unidas, em 1956, considerou como similares à escravidão:

> a) a servidão por dívidas, isto é, o estado ou a condição resultante do fato de que um devedor se haja comprometido a fornecer, em garantia de uma dívida, seus serviços pessoais ou os de alguém sobre o qual tenha autoridade, se o valor desses serviços não for equitativamente avaliado no ato da liquidação da dívida, ou se a duração desses serviços não for limitada nem sua natureza definida;
>
> b) a servidão, isto é, a condição de qualquer um que seja obrigado pela lei, pelo costume ou por um acordo, a viver e trabalhar numa terra pertencente a outra pessoa, e a fornecer a essa outra pessoa, contra remuneração ou gratuitamente, determinados serviços, sem poder mudar sua condição;
>
> c) toda instituição ou prática, em virtude da qual:

I – uma mulher é, sem que tenha o direito de recusa, prometida ou dada em casamento, mediante remuneração em dinheiro ou espécie, entregue a seus pais, tutor, família, ou a qualquer outra pessoa ou grupo de pessoas;

II – o marido de uma mulher, a família ou clã deste tem o direito de cedê-la a um terceiro, a título oneroso ou não;

III – a mulher pode, por morte do marido, ser transmitida por sucessão a outra pessoa;

d) toda instituição ou prática, em virtude da qual uma criança, ou adolescente de menos de 18 anos é entregue, quer por seus pais ou um deles, quer por seu tutor, a um terceiro, mediante remuneração ou sem ela, com o fim de exploração da pessoa ou do trabalho da referida criança ou adolescente.

A Convenção n. 29 da OIT, de 1930, trata da abolição do trabalho forçado. Foi aprovada pelo Decreto Legislativo n. 24, de 29 de maio de 1956, e promulgada pelo Decreto n. 41.721, de 25 de junho de 1957. O § 1º do art. 2º da referida norma afirma que a expressão *trabalho forçado ou obrigatório* "designará todo trabalho ou serviço exigido de um indivíduo sob ameaça de qualquer penalidade e para o qual ele não se ofereceu de espontânea vontade". O trabalho forçado não é, portanto, voluntário. Em segundo lugar, se não for cumprido na forma estabelecida, há a fixação de uma penalidade pelo tomador dos serviços. A expressão *trabalho forçado ou obrigatório* não compreende trabalho ou serviço exigido em virtude das leis sobre o serviço militar obrigatório ou de caráter penitenciário, desde que este esteja sob a fiscalização e o controle das autoridades públicas e não seja posto à disposição de particulares (art. 2.2).

A Convenção n. 105 da OIT, de 1957, versa também sobre a abolição do trabalho forçado. Foi aprovada pelo Decreto Legislativo n. 20, de 30 de abril de 1965, e promulgada pelo Decreto n. 58.822, de 14 de julho de 1966. Qualquer membro da Organização Internacional do Trabalho que ratifique a convenção se compromete a adotar medidas eficazes, no sentido da abolição imediata e completa do trabalho forçado ou obrigatório.

10.5 Constituição

A Constituição estabelece que um dos fundamentos da República Federativa do Brasil é a dignidade da pessoa humana (art. 1º, III). Indica que a pessoa não pode ser submetida a tratamento desumano ou degradante (art. 5º, III). O trabalho é um direito social (art. 6º). A ordem econômica é fundada na valorização do trabalho humano e visa assegurar a todos existência digna (art. 170). É livre o exercício de qualquer trabalho, ofício ou profissão (art. 5º, XIII). O pleno emprego é um dos objetivos da ordem econômica (art. 170, VIII). A ordem social tem como base o primado do trabalho (art. 193). Logo, não se pode falar em trabalho forçado ou escravo.

A letra *c* do inciso XLVII do art. 5º da Constituição dispõe que não haverá penas de trabalhos forçados.

10.6 O crime

A Lei n. 10.803, de 11 de dezembro de 2003, deu nova redação ao art. 149 do Código Penal, tratando do crime relativo à redução à condição análoga à de escravo:

> Art. 149. Reduzir alguém a condição análoga à de escravo, quer submetendo-o a trabalhos forçados ou a jornada exaustiva, quer sujeitando-o a condições degradantes de trabalho, quer restringindo, por qualquer meio, sua locomoção em razão de dívida contraída com o empregador ou preposto:
>
> Pena – reclusão, de dois anos a oito anos, e multa, além da pena correspondente à violência.
>
> § 1º Nas mesmas penas incorre quem:
>
> I – cerceia o uso de qualquer meio de transporte por parte do trabalhador, com o fim de retê-lo no local de trabalho;
>
> II – mantém vigilância ostensiva no local de trabalho ou se apodera de documentos ou objetos pessoais do trabalhador, com o fim de retê-lo no local de trabalho.

Identificando o crime, há condições de se saber como é o trabalho escravo ou forçado.

O crime referido era chamado de plágio, do latim *plagium*, que tem o sentido de desvio de escravo. Plagiário é o que toma para si escravo alheio.

TRABALHO ANÁLOGO AO DE ESCRAVO

A lei faz referência a reduzir a pessoa à condição análoga à de escravo, pois juridicamente não existe mais o instituto da escravatura no país. É uma forma ilegal e abusiva de exploração da pessoa humana.

O verbo *reduzir* é empregado no sentido de limitar a liberdade da pessoa, de transformá-la na condição análoga à de escravo.

O trabalho forçado é caracterizado pela submissão ao trabalho contra a vontade da pessoa, mediante o estabelecimento de penalidades. Submeter tem o sentido de obrigar, compelir, por intermédio de violência, ameaça ou outro meio qualquer que diminua a capacidade de resistência da pessoa.

Jornada exaustiva é a superior a oito horas ou ao módulo semanal de 44 horas (art. 7º, XIII, da Constituição). Exceção é o sistema de compensação, que permite ao empregado trabalhar mais duas horas por dia além da sua jornada, totalizando no máximo dez horas diárias, para não trabalhar em outros dias da semana (§ 2º do art. 59 da CLT).

Ocorrendo necessidade imperiosa, poderá a duração do trabalho exceder o limite legal ou convencionado, seja para fazer frente a motivo de força maior, seja para atender à realização ou conclusão de serviços inadiáveis, ou cuja inexecução possa acarretar prejuízo manifesto (art. 61 da CLT). O excesso poderá ser exigido independentemente de acordo ou contrato coletivo e deverá ser comunicado, dentro de dez dias, à autoridade competente em matéria do trabalho, ou, antes desse prazo, justificado no momento da fiscalização sem prejuízo dessa comunicação. Sempre que ocorrer interrupção do trabalho, resultante de causas acidentais, ou de força maior, que determinem a impossibilidade de sua realização, a duração do trabalho poderá ser prorrogada pelo tempo necessário até o máximo de duas horas, durante o número de dias indispensáveis à recuperação do tempo perdido, desde que não exceda 10 horas diárias, em período não superior a 45 dias por ano, sujeita essa recuperação a prévia autorização da autoridade competente (§ 3º).

O regulamento da Lei n. 5.889/73, determinado pelo Decreto n. 73.626/74, no seu art. 5º, estabelece que a jornada de trabalho do trabalhador rural não pode exceder oito horas. Deve-se, porém, observar o módulo semanal de 44 horas (art. 7º, XIII, da Lei Maior). O *caput* do art. 59 da CLT estabelece que a duração normal do trabalho poderá ser acrescida de horas suplementares, em número não excedente de duas.

Sujeitar a pessoa a condições degradantes de trabalho é determinar o trabalho em condições péssimas de higiene, com falta de alimentação, de água potável ou de local adequado para dormir. Violam-se a moral da pessoa e a sua dignidade.

Todos têm direito ao meio ambiente ecologicamente equilibrado, bem de uso comum do povo e essencial à sadia qualidade de vida, impondo-se ao Poder Público e à coletividade o dever de defendê-lo e preservá-lo para as presentes e futuras gerações (art. 225 da Constituição). Cabe também ao Poder Público fiscalizar as empresas para que seus trabalhadores prestem serviços num ambiente saudável.

Ao sistema de saúde compete, além de outras atribuições, nos termos da lei, colaborar na proteção do meio ambiente, nele compreendido o do trabalho (art. 200, VIII, da Lei Maior).

O art. 200 da CLT exige que o empregador tenha no ambiente de trabalho: água potável, alojamento e profilaxia de endemias (inciso V); higiene, com instalações sanitárias, mediante separação de sexos, chuveiros, lavatórios, vestiários e armários individuais, refeitórios ou condições de conforto, fornecimento de água potável, condições de limpeza dos locais de trabalho (inciso VII). Esses são requisitos mínimos para que o empregado possa prestar serviços.

A restrição à locomoção do trabalhador ocorre quando o empregador obriga o empregado a adquirir mercadorias no armazém da fazenda por preços superiores aos do mercado. Restringir é impor obstáculo ou empecilho ao direito da pessoa de ir e vir. O trabalhador sempre fica devendo mais e não consegue pagar a dívida, não podendo sair do local de trabalho.

A Convenção n. 95 da OIT estabelece no art. 7º que:

> 1. Quando em uma empresa forem instaladas lojas para vender mercadorias aos trabalhadores ou serviços a ela ligados e destinados a fazer-lhes fornecimentos, nenhuma pressão será exercida sobre os trabalhadores interessados para que eles façam uso dessas lojas ou serviços. 2. Quando o acesso a outras lojas ou serviços não for possível, a autoridade competente tomará medidas apropriadas no sentido de obter que as mercadorias sejam fornecidas a preços justos e razoáveis, ou que as obras ou serviços estabelecidos pelo empregador não sejam explorados com fins lucrativos, mas sim no interesse dos trabalhadores.

O § 2º do art. 462 da CLT veda à empresa manter armazém para venda de mercadorias aos empregados ou serviços destinados a proporcionar-lhes prestações *in natura*, exercendo qualquer coação ou induzimento no sentido de que os empregados se utilizem do armazém ou dos serviços. É o sistema do *truck system*. Estabelece o § 3º do mesmo artigo que sempre que não for possível o acesso dos empregados a armazém ou serviços não mantidos pela empresa, é lícito à autoridade competente determinar a adoção de medidas adequadas, visando a que as mercadorias sejam vendidas e os serviços prestados a preços razoáveis, sem intuito de lucro e sempre em benefício dos empregados. É vedado às empresas limitar, por qualquer forma, a liberdade dos empregados de dispor de seu salário (§ 4º do art. 462 da CLT).

O pagamento do empregado não pode ser feito por vales, fichas etc. Determina o art. 463 da CLT que o pagamento do salário deve ser feito em moeda corrente nacional.

O art. 9º da Lei n. 5.889/73 só permite o desconto no salário do trabalhador rural das seguintes parcelas, calculadas sobre o salário mínimo: (a) até o limite de 20% pela ocupação de moradia; (b) até 25% pelo fornecimento de alimentação sadia e farta, atendidos os preços vigentes na região; (c) adiantamentos em dinheiro.

O empregador não poderá limitar o transporte do empregado com a finalidade de retê-lo no local de trabalho, principalmente naquelas localidades rurais que são muito distantes das cidades. A pessoa fica privada da sua liberdade de locomoção, pois para chegar à cidade tem de andar muitos quilômetros.

A condição análoga ao trabalho escravo fica evidenciada quando o empregador mantiver vigilância ostensiva no local de trabalho, visando que o empregado não fuja.

O mesmo pode ocorrer em relação ao fato de o empregador se apoderar de documentos ou objetos pessoais do trabalhador, com o fim de retê-lo no local de trabalho.

Exemplos podem ser a retenção da carteira de trabalho do empregado ou de seus documentos, como de sua carteira de identidade, impedindo que possa trabalhar em outro local, por não ter como se identificar.

Certos objetos pessoais do trabalhador podem não ter valor comercial, mas para ele são inestimáveis. O fato de o empregador se apoderar desses objetos implica que o trabalhador não pode sair do local de trabalho sem antes reavê-los.

10.7 Resultados da utilização do trabalho escravo

O empregador diminui o custo com o trabalho com a utilização de trabalho escravo ou forçado, pois não paga salários ou recolhe encargos sociais sobre a prestação de serviços, aumentando seu lucro à custa da exploração do trabalhador.

Essa empresa faz concorrência desleal em relação a outras empresas que não se utilizam do mesmo procedimento. Seus produtos podem ser colocados no mercado com preço inferior ao do concorrente.

A ideia do *marchandage*, da exploração do homem pelo próprio homem, não pode existir. O trabalhador tem de ser livre no exercício do seu trabalho (art. 5º, XIII, da Lei Maior), devendo receber pela prestação dos serviços.

10.8 Direitos

A utilização de trabalhadores na condição análoga à de escravo implica violação aos direitos trabalhistas e nulidade da forma de contratação (art. 9º da CLT).

O trabalhador terá direito a todos os direitos trabalhistas previstos na legislação laboral.

O empregador, além de pagar os referidos direitos, ficará sujeito às multas trabalhistas pelo descumprimento da legislação do trabalho.

A jurisprudência já entendeu que:

> Promiscuidade de empregadores – Fraude ao contrato de trabalho – Condições análogas à da servidão. A promiscuidade entre os empregadores se caracteriza pela existência de diversas pessoas a se beneficiarem da prestação laboral do trabalhador, sem que nenhuma delas arque com as obrigações sociais advindas da contratação, dificultando a identificação do real empregador. Esta situação constitui grave fraude ao contrato de trabalho, vez que, não especificado o responsável pelas obrigações sociais para com o obreiro, nenhum deles as cumpre, ou cumpre apenas de maneira incompleta, pagando-lhe de forma ínfima o que lhe é devido. Além do mais, relegam-no ao completo desamparo das garantias legais, tais como formalização do vínculo empregatício, para proporcionar-lhe aposentadoria como contribuinte empregado,

assistência previdenciária, gozo de férias etc.; atribuição de trabalho compatível com o sexo, idade, condições físicas e jornada legal; amparo à trabalhadora gestante e à maternidade, dentre os demais direitos previstos na Constituição da República e na legislação trabalhista. Enfim, reduzem o trabalhador a condições análogas à da servidão, situação repulsiva que deve ser coibida severamente[4].

Trabalho forçado. Configuração. Os fatos devidamente comprovados nos autos demonstram de maneira incontestável o descuido continuado do empregador com o meio ambiente do trabalho, afetando potencialmente todos os seus empregados, que, ao contrário do que alega a peça recursal, estavam impossibilitados do livre exercício do direito de ir e vir, e o que é mais degradante, estavam submetidos à condição subumana como bem retratam as fotos e a fita VHS residentes nos autos. Está, assim, configurada a prática de dano coletivo[5].

Ação Civil Pública. Indenização por dano à coletividade. [...] Importa no dever de indenizar por dano causado à coletividade o empregador que submete trabalhadores à condição degradante de escravo[6].

10.9 Seguro-desemprego

O trabalhador que vier a ser identificado como submetido a regime de trabalho forçado ou reduzido a condição análoga à de escravo, em decorrência de ação de fiscalização do Ministério do Trabalho e Emprego, será dessa situação resgatado e terá direito à percepção de três parcelas de seguro-desemprego no valor de um salário mínimo cada uma (art. 2º-C da

---

[4] TRT 3ª R., 8ª T., RO 00453.2004.100.03.00-0, j. 20-10-2004, rel. Juiz Paulo Maurício Ribeiro Pires, *DJ* MG 30-10-2004, p. 16.
[5] TRT 8ª R., 4ª T., RO 862/2003, rel. Juíza Francisca Formigosa, *DOE* PA 8-5-2003 – *Revista de Direito do Trabalho*. São Paulo: Revista dos Tribunais, ano 29, n. 112, p. 340, out./dez. 2003.
[6] TRT 8ª R., 1ª T., RO 861/2003, j. 1°-4-2003, rel. Juíza Maria Valquiria Norat Coelho, *Revista do Direito do Trabalho*. São Paulo: Revista dos Tribunais, ano 29, n. 112, p. 334.

Lei n. 7.998/90). O dispositivo exige que a identificação seja decorrente de fiscalização do Ministério do Trabalho e Emprego e não em outros casos.

Será encaminhado o trabalhador pelo Ministério do Trabalho e Emprego para qualificação profissional por meio do Sistema Nacional de Emprego (SINE).

O trabalhador não poderá receber o seguro-desemprego, em circunstâncias similares, nos 12 meses seguintes à percepção da última parcela.

10.10 Conclusão

O Ministério Público do Trabalho vem ajuizando ações civis públicas contra empresas que se utilizam do trabalho análogo ao escravo. Tem conseguido excelentes resultados. Houve caso em que a empresa que mantinha escravos foi obrigada a pagar as verbas trabalhistas a seus empregados e deixar de praticar o trabalho escravo, além de ter de pagar propaganda em veículo de comunicação, mostrando que não se deve utilizar o referido tipo de trabalho.

As operações têm sido feitas com o auxílio da polícia federal e da fiscalização do trabalho, que autua o empregador e lhe aplica multa pela infração à legislação trabalhista.

As propriedades rurais e urbanas de qualquer região do país onde houver exploração de trabalho escravo na forma da lei serão expropriadas e destinadas à reforma agrária e a programas de habitação popular, sem qualquer indenização ao proprietário e sem prejuízo de outras sanções previstas em lei (art. 243 da Constituição). Todo e qualquer bem de valor econômico apreendido em decorrência da exploração de trabalho escravo será confiscado e reverterá a fundo especial com destinação específica, na forma da lei. Há necessidade de a matéria ser regulamentada por lei ordinária federal.

11
Não Discriminação

O princípio da igualdade é a primeira e mais fundamental das limitações do poder legiferante[1].

No âmbito histórico, o Direito do Trabalho foi o primeiro a tratar de forma diferenciada o empregado, justamente porque ele não é igual ao patrão. A superioridade jurídica foi prevista por meio da lei, em razão da inferioridade econômica do trabalhador. Foram estabelecidas pela lei certas limitações ao empregador.

A Declaração dos Direitos do Homem e do Cidadão de 1789 dispunha que os homens nascem e ficam livres e iguais em direitos (art. 1º). A lei é a expressão da vontade geral. Todos os cidadãos têm direito de concorrer pessoalmente, ou por seus representantes, a sua formação. Ela deve ser a mesma para todos, seja quando protege, seja quando pune. Todos os cidadãos são iguais a seus olhos, são igualmente admissíveis a todas as dignidades, praças e empregos públicos, segundo a sua capacidade, e sem outra distinção que aquela das suas virtudes e de seus talentos (art. 6º).

O § 13 do art. 179 da Constituição de 1824 dispunha que "a lei será igual para todos, quer proteja, quer castigue". Parece que teve influência da Declaração dos Direitos do Homem e do Cidadão de 1789. O § 2º do art. 72 determinava que "todos são iguais perante a lei. A República não admite privilégios de nascimento, desconhece foros de nobreza e extingue as ordens honoríficas existentes e todas as suas prerrogativas e regalias, bem como os títulos nobiliárquicos e de conselho".

---

[1] CAMPOS, Francisco Campos. *Direito constitucional*. Rio de Janeiro: Freitas Bastos, v. II, 1956, p. 30.

O § 2º do art. 72 da Constituição de 24 de fevereiro de 1891 previa que "todos são iguais perante a lei".

A Constituição do Uruguai, de 1966, prevê a igualdade de todos perante a lei, não reconhecendo qualquer espécie de diferenciação entre os indivíduos que não derive dos talentos ou virtudes de cada um (art. 8º).

Prevê a Constituição da Argentina que todos são iguais perante a lei, não sendo admitida para fins de ingresso outra condição que não a idoneidade (art. 16), sendo garantida igual remuneração para igual trabalho (art. 14).

A Constituição francesa estabelece que todos os cidadãos são iguais perante a lei, sem distinção por razão de origem, raça ou religião (art. 1º).

A Constituição italiana dispõe que todos os cidadãos têm a mesma dignidade social e são iguais perante a lei, sem distinção de sexo, de raça, de idioma, de religião, de opinião política ou de condições pessoais e sociais, cabendo ao Estado remover os obstáculos de ordem econômica e social que limitem de fato a liberdade e a igualdade dos cidadãos e impeçam o pleno desenvolvimento da personalidade humana e a participação de todos os trabalhadores na organização política, econômica e social do país (art. 3º). Há a igualdade de direitos, de trabalho e de retribuição para a mulher trabalhadora (art. 37).

A Declaração Universal dos Direitos do Homem menciona que:

• "todas as pessoas nascem livres e iguais em dignidade e direitos. São dotadas de razão e consciência e devem agir em relação umas às outras com espírito de fraternidade" (art. I);

• "Toda pessoa tem capacidade de gozar os direitos e as liberdades estabelecidas nesta Declaração, sem distinção de qualquer espécie, seja de raça, cor, sexo, língua, religião, opinião política ou de outra natureza, origem nacional ou social, riqueza, nascimento, ou qualquer outra condição" (art. II);

• "Todos são iguais perante a lei e têm direito, sem qualquer distinção, a igual proteção da lei. Todos têm direito a igual proteção contra qualquer discriminação que viole a presente Declaração e contra qualquer incitamento a tal discriminação" (art. VII).

- Todos têm direito igual a proteção contra qualquer discriminação que viole a presente Declaração e contra qualquer incitamento a tal discriminação! (art. VII).
- É garantido o "direito a igual remuneração por igual trabalho" (art. XXIII, 2).

Dispõe o art. 14 da Constituição da Espanha que os espanhóis são iguais perante a lei, sem que possa prevalecer discriminação alguma por razão de nascimento, raça, sexo, religião, opinião ou qualquer outra condição ou circunstância pessoal ou social.

Antonyo Baylos Grau e Juan Terradillos afirmam que:

> o princípio da igualdade jurídica, que é consagrado no artigo 14 da Constituição, é um critério conformador do ordenamento jurídico e de valor superior, que se manifesta, tomando como fundamental o próprio modelo constitucional de Estado, tendência dirigida à consecução da igualdade substancial (art. 9.2 CE), na proibição específica de discriminação e na correspondente intervenção frente a condutas anti-igualitárias especialmente rechaçadas[2].

O art. 35 da Constituição também prevê que em nenhum caso pode haver discriminação em razão de sexo.

A Constituição da Alemanha prevê que todos serão iguais perante a lei. Homens e mulheres têm os mesmos direitos. O Estado deverá promover uma efetiva igualdade entre mulheres e homens, agindo no sentido de eliminar as desvantagens existentes. Não poderá ser prejudicado ou privilegiado em razão de sexo, ascendência, raça, língua, pátria e procedência, crença, convicções religiosas ou políticas. Ninguém poderá ser prejudicado em razão de deficiência (art. 3º).

O art. 13 da Constituição de Portugal prevê que todos os cidadãos têm a mesma dignidade social e são iguais perante a lei (1). Ninguém pode ser privilegiado, beneficiado, prejudicado, privado de qualquer direito ou isento de qualquer dever em razão de ascendência, sexo, raça, língua,

---

[2] *Derecho penal do trabalho.* Madrid: Trotta, 1997, p. 127.

território de origem, religião, convicções políticas ou ideológicas, instrução, situação econômica ou condição social (art. 13, 2).

O art. 16 da Constituição argentina afirma que a nação não admite prerrogativas de sangue, nem de nascimento: não há nela foros pessoais nem títulos de nobreza. Todos os habitantes são iguais perante a lei e admissíveis nos empregos sem outra condição que a idoneidade.

O art. 1º da Constituição do México prevê que é proibida toda discriminação motivada por origem étnica ou nacional, o gênero, a idade, as capacidades diferentes, a condição social, as condições de saúde, de religião, as opiniões, as preferências, o estado civil ou qualquer outra que atente contra a dignidade humana e tenha por objeto anular ou menoscabar os direitos e liberdades das pessoas.

O art. 46 da Constituição do Paraguai dispõe que todos os habitantes são iguais em dignidade e direitos. Não se admitem discriminações. O Estado removerá os obstáculos e impedirá os fatores que as mantenham ou as propiciem. As proteções que estabeleçam desigualdades injustas não serão consideradas como fatores discriminatórios se não igualitários.

The Age Discrimination in Employment Act of 1967 (ADES) protege as pessoas com mais de 40 anos de discriminação no mercado de trabalho.

Constituem objetivos fundamentais da República Federativa do Brasil promover o bem de todos sem preconceitos de origem, raça, sexo, cor, idade e quaisquer outras formas de discriminação (art. 3º, IV, da Constituição).

Dispõe o *caput* do art. 5º da Constituição que "todos são iguais perante a lei, sem distinção de qualquer natureza, garantindo-se aos brasileiros e aos estrangeiros residentes no País a inviolabilidade do direito à vida, à liberdade, à igualdade, à segurança e à propriedade". É o princípio da isonomia ou da igualdade perante a lei.

Isonomia vem do grego *isos* (igual) + *nomos* (lei). Compreende a lei igual para todos. São as pessoas governadas pela mesma lei[3].

---

[3] NASCENTES, Antenor. *Dicionário da língua portuguesa*. Rio de Janeiro: Imprensa Nacional, 1964. 2º t., verbete *isonomia*.

NÃO DISCRIMINAÇÃO

Discriminar vem do latim *discriminare*. Tem o sentido de diferenciar, discernir, distinguir, estabelecer diferença, separar. Discriminação significa tratar diferentemente os iguais.

Pode-se dizer que os critérios legais que proíbem discriminações são decorrentes da aplicação ampla do princípio da isonomia.

A não discriminação decorre do princípio da igualdade. É a igualdade na lei.

A discriminação direta é a clara, explícita. Ocorre quando é usado um critério expressamente proibido no ordenamento jurídico, como de discriminação por motivo de cor ou sexo (Lei n. 9.029/90). A discriminação indireta ou reflexa acentua ou mantém a discriminação. O critério estabelecido não é proibido por lei, mas atinge determinada pessoa de outra forma. Elas são decorrentes do direito americano da teoria do impacto desproporcional (*disparate impact doctrine*), que é feita por medidas legislativas. A discriminação oculta é proveniente do direito francês, em que há intenção em ocultar a discriminação, que é disfarçada por meio de instrumentos neutros. A discriminação positiva é feita por meio de políticas públicas, como do sistema de cotas nas universidades, do sistema de cotas nas empresas para deficientes, aprendizes etc. É realizada por meio de ações afirmativas, visando remediar discriminações.

Compreende a discriminação negativa o tratamento desigual para pessoas que têm os mesmos direitos. Caracteriza distinções sem fundamento e injustiça. Não tem fundamento admissível.

Discriminação explícita é a feita de forma direta, de maneira escrita ou verbal.

Discriminação implícita é a que não ocorre de forma direta, mas pode ser subentendida.

Discriminação oculta é a feita de forma camuflada.

Homens e mulheres "são iguais em direitos e obrigações, nos termos desta Constituição" (art. 5º, I). A Constituição, sob certos aspectos, realmente encerra certas contradições. O inciso I do art. 5º da Lei Maior estabelece que homens e mulheres são iguais em direitos e obrigações, nos termos da Constituição. Logo, se outro dispositivo constitucional previr desigualdade, não se poderá falar em inconstitucionalidade do referido mandamento. A Constituição pode estabelecer regras diferenciadas, como a do § 7º do art. 201, que trata do tempo de contribuição e da idade para aposentadoria entre homem e mulher. A lei ordinária não pode discriminar.

A distinção feita na Constituição para homens e mulheres é determinada na própria Lei Maior, que distingue duas situações. O fato de se proclamar a igualdade entre homens e mulheres poderia servir de base para rever esta questão, mas nunca de se dizer que feriria o princípio da igualdade.

Ingo W. Sarlet afirma que "não há como negar que os direitos à vida, bem como os direitos de liberdade e de igualdade correspondem diretamente às exigências mais elementares da dignidade da pessoa humana"[4].

Aristóteles afirmou que o injusto é desigual, o justo é igual[5].

Alf Ross assevera que a "justiça é igualdade"[6].

Rui Barbosa afirma na *Oração aos moços* que:

> a regra da igualdade consiste senão em aquinhoar desigualmente os desiguais, na medida em que sejam desiguais. Nessa desigualdade social, proporcionada à desigualdade natural, é que se acha a verdadeira lei da igualdade. Tratar como desiguais a iguais, ou a desiguais com igualdade, seria desigualdade flagrante, e não igualdade real[7].

Leciona Celso Antônio Bandeira de Mello que:

> é agredida a igualdade quando fator diferencial adotado para qualificar os atingidos pela regra não guarda relação de pertinência lógica com a inclusão ou exclusão do benefício diferido ou com a inserção ou arredamento do gravame imposto[8].

De revés, ocorre imediata e intuitiva rejeição da validade à regra que, ao apartar situações para fins de regulá-la diversamente, calça-se em

---

[4] SARLET, Ingo W. *A eficácia dos direitos fundamentais*. 2. ed. Porto Alegre: Livraria do Advogado, 2001, p. 83-122, 94-99.

[5] *Ética a Nicômaco*, v. 6., p. 1131a.

[6] *Direito e justiça*. São Paulo: Edipro, 2000, § 62, p. 313.

[7] BARBOSA, Rui. *Oração aos moços*. Rio de Janeiro: Casa de Rui Barbosa, 1956, p. 32.

[8] MELLO, Celso Antônio Bandeira de. *O conteúdo jurídico do princípio da igualdade*. 6. ed. São Paulo: Malheiros, 1999, p. 38.

fatores que não guardam pertinência com a desigualdade de tratamento jurídico dispensado[9].

Leciona Alexandre de Moraes que:

a igualdade se configura como uma eficácia transcendente, de modo que toda situação de desigualdade persistente à entrada em vigor da norma constitucional deve ser considerada não recepcionada, se não demonstrar compatibilidade com os valores que a Constituição, como norma suprema, proclama[10].

Assevera John Rawls que:

as imerecidas desigualdades requerem uma compensação e, desde que as desigualdades de nascimento e dons naturais são imerecidas, terão de ser de algum modo compensadas. Assim, o princípio afirma que, visando tratar igualmente todas as pessoas e proporcionar uma autêntica igualdade de oportunidades, a sociedade terá de conceder maior atenção aos que tiverem menos dons naturais e aos que nascerem em posições sociais menos favorecidas. A ideia é compensar as desvantagens rumo à igualdade[11].

Boaventura de Souza Santos afirma que "temos o direito a ser iguais quando a diferença nos inferioriza; temos o direito a ser diferentes quando a igualdade nos descaracteriza"[12].

Violará o princípio constitucional da igualdade se o legislador ordinário determinar tratamentos desiguais para duas situações iguais.

---

[9] MELLO, Celso Antônio Bandeira de. *O conteúdo jurídico do princípio da igualdade*. 2. ed. São Paulo: Revista dos Tribunais, 1984, p. 47.

[10] MORAES, Alexandre. *Direitos humanos fundamentais*. 8. ed. São Paulo: Atlas, 2007, p. 83.

[11] RAWLS, John. *Uma teoria da justiça*. Brasília: Universidade de Brasília, 1981, p. 96.

[12] Por uma concepção multicultural de direitos humanos. SOUZA SANTOS, Boaventura de (Org.). *Reconhecer para libertar*: os caminhos do cosmopolitismo cultural. Rio de Janeiro: Civilização Brasileira, 203, p. 458.

O STF já julgou:

> O princípio da isonomia, que se reveste de autoaplicabilidade, não é – enquanto postulado fundamental de nossa ordem-jurídica – suscetível de regulamentação ou de complementação normativa. Esse princípio – cuja observância vincula, incondicionalmente, todas as manifestações do Poder Público – deve ser considerado, em sua precípua função de obstar discriminações e de extinguir privilégios (*RDA* 55/114), sob duplo aspecto: (a) o da igualdade na lei e (b) o da igualdade perante a lei. A igualdade na lei – que opera numa fase de generalidade puramente abstrata – constitui exigência destinada ao legislador que, no processo de sua formação, nela não poderá incluir fatores de discriminação, responsáveis pela ruptura da ordem isonômica. A igualdade perante a lei, contudo, pressupondo lei já elaborada, traduz imposição destinada aos demais poderes estatais, que, na aplicação da norma legal, não poderão subordiná-la a critérios que ensejam tratamento seletivo ou discriminatório. A eventual inobservância desse postulado pelo legislador imporá ao ato estatal por ele elaborado e produzido a eiva de inconstitucionalidade[13].

Em outro julgado, o STF afirmou:

> Ao recorrente por não ser francês, não obstante trabalhar para a empresa francesa, no Brasil, não foi aplicado o Estatuto do Pessoal da Empresa, que concede vantagens aos empregados, cuja aplicabilidade seria restrita ao empregado de nacionalidade francesa. Ofensa ao princípio da igualdade. CF, 1967, artigo 153, § 1º; CF 1988, artigo 5º, *caput*. A discriminação que se baseia em atributo, qualidade, nota intrínseca ou extrínseca do indivíduo, como o sexo, a raça, a nacionalidade, o credo religioso etc. é inconstitucional. Precedente do STF: Ag. 110.846 (Ag Rg)-PR, Célio Borja, *RTJ* 119/465. Fatores que autorizariam a desigualização não ocorrentes no caso. RE conhecido e provido[14].

Não deve haver distinção entre nacionais e estrangeiros. Os arts. 352 a 371 da CLT tratam da nacionalização do trabalho, mas trazem discriminações entre nacionais e estrangeiros. Logo, estão revogados, pois são con-

---

[13] MI 58, rel. Min. Celso de Mello, *DJ* 19-4-1991.

[14] STF, RE 161.243-6-DF, Ac. 2ª T., j. 29-10-1996, rel. Min. Carlos Velloso, *LTr* 61-04/509.

trários à previsão do princípio da igualdade. A Constituição de 1988 não mais prevê que a porcentagem de estrangeiros seja regulada na lei ordinária, como previa no inciso XII do art. 165 da Emenda Constitucional n. 1/69[15].

A Convenção n. 111 da OIT, de 1958, estabelece em seu art. 1º que a nacionalidade não deve alterar a igualdade de oportunidade para obtenção de emprego ou ocupação, bem como o tratamento a ser dispensado nessa ocasião. O Brasil aprovou a referida norma internacional pelo Decreto Legislativo n. 104, de 24 de novembro de 1964, depositando o instrumento de ratificação em 26 de novembro de 1965. A promulgação foi feita pelo Decreto n. 62.150, de 19 de janeiro de 1968. Poder-se-ia argumentar que as disposições dos arts. 352 a 371 da CLT seriam incompatíveis com a Convenção n. 111 da OIT, pois a lei posterior revoga a anterior, sendo que as disposições da referida norma são incompatíveis com aqueles comandos legais da CLT, tendo a norma internacional, depois de ratificada, força de norma supralegal, conforme entendimento do STF.

Considera a Convenção n. 111 da OIT discriminação: (a) toda distinção, exclusão ou preferência fundada na raça, cor, sexo, religião, opinião política, ascendência nacional ou origem racial, que tenha por efeito destruir ou alterar a igualdade de oportunidade ou de tratamento em matéria de emprego ou profissão; (b) qualquer outra distinção exclusão ou preferência que tenha por efeito destruir ou alterar a igualdade de oportunidade ou tratamento em matéria de emprego ou profissão que poderá ser especificado pelo membro interessado depois de consultadas as organizações representativas de empregadores e trabalhadores, quando estas existam, e outros organismos adequados (art. 1º, 1).

Como a nacionalidade prevista no art. 1º da Convenção n. 111 da OIT não deve alterar a igualdade de oportunidade para a obtenção de emprego ou ocupação, bem como o tratamento a ser dispensado nessa ocasião, poder-se-ia argumentar que as disposições dos arts. 352 a 362 seriam incompatíveis com a Convenção n. 111 da OIT, pois a lei posterior revoga a anterior, visto que as disposições da referida norma são incompatíveis com aqueles comandos legais da CLT, tendo a norma internacional, depois de ratificada, força de lei federal.

---

[15] No mesmo sentido, MAGANO, Octavio Bueno. *Manual de direito do trabalho*: direito tutelar do trabalho. 2. ed. São Paulo: LTr, 1992, p. 153.

O estrangeiro não pode, portanto, ser tratado de forma diferenciada em relação ao brasileiro, em razão do princípio da igualdade contido no art. 5º da Lei Maior.

Entretanto, para que não haja tratamento diferenciado, o estrangeiro tem de estar residindo no Brasil, pois a palavra *residentes*, contida no *caput* do art. 5º da Constituição, diz respeito a validade e gozo dos direitos fundamentais dentro do território brasileiro[16]. Não há, portanto, exclusão do estrangeiro em trânsito pelo território brasileiro. Assevera Ekmekdjian que estão abrangidos na proteção constitucional tanto os estrangeiros residentes no país, quanto aqueles em trânsito no país, pois ambos são titulares dos direitos humanos[17].

A Carta dos Direitos Fundamentais da União Europeia foi aprovada em 7 de dezembro de 2000. Proíbe a discriminação em razão de sexo, raça, cor ou origem étnica ou social, características genéticas, língua, religião ou convicções, opiniões políticas ou outras, pertença a uma minoria nacional, riqueza, nascimento, deficiência, idade ou orientação sexual (art. 21, 1). É proibida toda discriminação em razão de nacionalidade (art. 25, 2).

No art. 7º da Constituição são verificados incisos que tratam da proibição da discriminação:

• XXX – proibição de diferença de salários, de exercício de funções e de critério de admissão por motivo de sexo, idade, cor ou estado civil;

• XXXI – proibição de qualquer discriminação no tocante a salário e critérios de admissão do trabalhador portador de deficiência;

• XXXII – proibição de distinção entre trabalho manual, técnico e intelectual ou entre os profissionais respectivos.

É inviolável a liberdade de consciência e de crença, sendo assegurado o livre exercício dos cultos religiosos e garantida, na forma da lei, a proteção aos locais de culto e as suas liturgias (art. 23 da Lei n. 12.288/2010).

A implementação de políticas voltadas para a inclusão da população negra no mercado de trabalho será de responsabilidade do poder público, observando-se:

---

[16] *RTJ* 3/566.
[17] EKMEKDJIAN, Miguel Ángel. *Tratado de derecho constitucional*. Buenos Aires: Depalma, 1993, t. 1, p. 473-475.

NÃO DISCRIMINAÇÃO

• o instituído neste Estatuto;

• os compromissos assumidos pelo Brasil ao ratificar a Convenção Internacional sobre a Eliminação de Todas as Formas de Discriminação Racial, de 1965;

• os compromissos assumidos pelo Brasil ao ratificar a Convenção n. 111, de 1958, da Organização Internacional do Trabalho (OIT), que trata da discriminação no emprego e na profissão;

• os demais compromissos formalmente assumidos pelo Brasil perante a comunidade internacional (art. 38 da Lei n. 12.288/2010).

O poder público promoverá ações que assegurem a igualdade de oportunidades no mercado de trabalho para a população negra, inclusive mediante a implementação de medidas visando à promoção da igualdade nas contratações do setor público e o incentivo à adoção de medidas similares nas empresas e organizações privadas (art. 39 da Lei n. 12.288/2010). A igualdade de oportunidades será lograda mediante a adoção de políticas e programas de formação profissional, de emprego e de geração de renda voltados para a população negra.

Assegura-se igualdade de direitos entre o trabalhador com vínculo empregatício permanente e o trabalhador avulso (art. 7º, XXXIV, da Constituição). O avulso não é empregado, mas tem os mesmos direitos do último.

A existência de processo penal em curso contra o empregado não pode ser motivo para a não contratação do empregado, pois o inciso LVII do art. 5º da Constituição mostra a presunção de inocência de todo cidadão. A não contratação é uma forma de prejulgar que o empregado é culpado, quando pode ser absolvido no processo.

Não se distingue entre o trabalho realizado no estabelecimento do empregador e o executado no domicílio do empregado, desde que esteja caracterizada a relação de emprego (art. 6º da CLT).

Em matéria salarial, a todo trabalho de igual valor corresponderá salário igual, sem distinção de sexo (art. 5º). Sendo idêntica a função, a todo trabalho de igual valor, prestado ao mesmo empregador, na mesma localidade, corresponderá salário igual, sem distinção de sexo, nacionalidade ou idade (art. 461 da CLT). Na falta de estipulação do salário ou não havendo prova sobre a importância ajustada, o empregado terá direito a perceber salário igual ao daquele que, na mesma empresa, fizer serviço equivalente, ou do que for habitualmente pago para serviço semelhante (art. 460 da CLT).

Proíbe o art. 1º da Lei n. 9.029/95 a adoção de qualquer prática discriminatória e limitativa para efeito de acesso à relação de emprego, ou sua manutenção, por motivo de sexo, origem, raça, cor, estado civil, situação familiar ou idade.

O TST julgou caso em que a empresa dispensava os trabalhadores que atingissem os 60 anos. Reconheceu que houve discriminação:

> Recurso de revista. Dispensa discriminatória por idade. Nulidade. Abuso de direito. Reintegração. Se das premissas fáticas emergiu que a empresa se utiliza da prática de dispensar seus funcionários quando estes completam 60 anos, imperioso se impõe ao julgador coibir tais procedimentos irregulares, efetivados sob o manto do "poder potestativo", para que as dispensas não se efetivem sob a pecha discriminatória da maior idade. Embora o caso vertente não tivesse à época de sua ocorrência previsão legal especial (a Lei n. 9.029 que trata da proibição de práticas discriminatórias foi editada em 13.4.1995 e a dispensa do reclamante ocorreu anteriormente), cabe ao prolator da decisão o dever de valer-se dos princípios gerais de direito, da analogia e dos costumes, para solucionar os conflitos a ele impostos, sendo esse, aliás, o entendimento consagrado pelo artigo 8º da CLT, que admite que a aplicação da norma jurídica em cada caso concreto, não desenvolve apenas o dispositivo imediatamente específico para o caso, ou o vazio de que se ressente, mas sim, todo o universo de normas vigentes, os precedentes, a evolução da sociedade, os princípios, ainda que não haja omissão na norma. Se a realidade do ordenamento jurídico trabalhista contempla o direito potestativo de resilição unilateral do contrato de trabalho, é verdade que o exercício deste direito guarda parâmetros éticos e sociais como forma de preservar a dignidade do cidadão trabalhador. A despedida levada a efeito pela reclamada, embora cunhada no seu direito potestativo de resilição contratual, estava prenhe de açula pelo seu conteúdo discriminatório, sendo nula de pleno direito, em face da expressa disposição do art. 9º da CLT, não gerando qualquer efeito, tendo como consequência jurídica a continuidade da relação de emprego, que se efetiva através da reintegração. Efetivamente, é a aplicação da regra do § 1º do art. 5º da Constituição Federal, que impõe a aplicação imediata das normas definidoras dos direitos e garantias fundamentais, pois, como apon-

tado pelo v. acórdão, a prática da dispensa discriminatória por idade confrontou o princípio da igualdade contemplado no *caput* do artigo 5º da Constituição Federal. Inocorrência da vulneração ao princípio da legalidade e não configurada divergência jurisprudencial. Recurso de revista não conhecido relativamente ao tema[18].

Já julguei caso de reintegração de professor dispensado por idade, que retornou ao emprego.

A mulher não pode ser discriminada no trabalho. É crime a exigência de teste, exame, perícia, laudo, atestado, declaração ou qualquer outro procedimento relativo à esterilização ou a estado de gravidez (art. 2º, I, da Lei n. 9.029/95).

O art. 373-A da CLT também mostra a impossibilidade de discriminação nas hipóteses que menciona:

> I – publicar ou fazer publicar anúncio de emprego no qual haja referência ao sexo, à idade, à cor ou situação familiar, salvo quando a natureza da atividade a ser exercida, pública e notoriamente, assim o exigir:
>
> II – recusar emprego, promoção ou motivar a dispensa do trabalho em razão de sexo, idade, cor, situação familiar, salvo quando a natureza da atividade seja notória e publicamente incompatível;
>
> III – considerar o sexo, a idade, a cor ou situação familiar como variável determinante para fins de remuneração, formação profissional e oportunidades de ascensão profissional;
>
> IV – exigir atestado ou exame de qualquer natureza, para comprovação de esterilidade ou gravidez, na admissão ou permanência no emprego;
>
> V – impedir o acesso ou adotar critérios subjetivos para deferimento de inscrição ou aprovação em concurso, em empresas privadas, em razão de sexo, idade, cor, situação familiar ou estado de gravidez.

A Lei n. 5.473/68 determina a nulidade de toda disposição ou providência que resulte em discriminações entre brasileiros de ambos os sexos, para o provimento de cargos sujeitos à seleção nas empresas privadas e no

---

[18] 5ª T., RR 462.888, j. 10-9-2003, rel. Juiz Convocado André Luís Moraes de Oliveira, *DJU* 26-9-2003.

serviço público federal, estadual ou municipal, incluídas as autarquias, sociedades de economia mistas e empresas concessionárias de serviço público.

Se existe qualificação exigida para determinado emprego, não se trata de discriminação, mas de necessidade para o desenvolvimento do serviço.

As medidas especiais de proteção ou de assistência previstas em convenções ou recomendações da OIT não são consideradas como discriminação (art. 5.1 da Convenção n. 111 da OIT).

O país pode, depois de consultadas as organizações representativas de empregadores e trabalhadores, quando estas existam, definir como não discriminatórias quaisquer outras medidas especiais que tenham por fim salvaguardar as necessidades particulares de pessoas em relação às quais a atribuição de uma proteção ou assistência especial seja, de uma maneira geral, reconhecida como necessária, por motivos tais como o sexo, a invalidez, os encargos de família ou de nível social ou cultural (art. 5º, 2, da Convenção n. 111 da OIT).

12

Deficientes Físicos

12.1 Histórico

Na antiguidade, os deficientes eram exterminados por serem considerados prejudiciais à sobrevivência do grupo.

Os índios costumavam matar o recém-nascido que tivesse deficiência física.

Os hebreus consideravam a deficiência física uma punição de Deus. Não permitiam que os deficientes participassem dos cultos religiosos.

A Lei das XII Tábuas permitia que os patriarcas matassem os filhos defeituosos.

Em Esparta, os recém-nascidos deficientes eram lançados do alto do Taigeto (abismo com mais de 2.400 metros de altura, que era próximo da cidade).

Os hindus consideravam os cegos pessoas que tinham sensibilidade aguçada, em razão da falta de visão. Os deficientes visuais eram estimulados ao ingresso nas funções religiosas.

Aristóteles entendia que os deficientes de guerra tinham de ser protegidos, por meio de um sistema parecido com a Previdência Social, em que a contribuição era feita por todos para sustentar os heróis de guerra e suas famílias.

No feudalismo, os senhores feudais colocavam os deficientes em casas de assistência que eram por eles mantidas.

Em 1547, Henrique II, na França, instituiu a coleta de taxas para estabelecer assistência social obrigatória para pessoas com deficiência.

12.2 Denominação

São encontradas várias denominações ou palavras usadas para explicar o tema, como: *excepcional, retardado, desvalido, aleijado, minusválido, indivíduo de capacidade limitada, mancos*. Às vezes, a palavra ou expressão empregada tem característica pejorativa.

As expressões mais empregadas atualmente são *pessoas portadoras de deficiência, pessoas portadoras de necessidades especiais, pessoas com deficiência*.

A denominação *pessoa portadora de deficiência* indica o fato de a pessoa ter uma deficiência. Deficiente ou deficiência é ter falta de algo, carência de algo, parecendo expressão incompleta. Deficiente é antônimo de eficiente. Deficiente é também a pessoa que não é eficiente. Não se pode falar em pessoa portadora de deficiência, pois a deficiência não é portada. Logo, a denominação não seria adequada. Luiz Alberto David Araújo afirma que a "expressão 'pessoas portadoras de deficiência' tem o condão de diminuir o estigma da deficiência, ressaltando o conceito de pessoa; é mais leve, mais elegante, e diminui a situação de desvantagem que caracteriza esse grupo de indivíduos"[1]. O inciso XXXI do art. 7º da Constituição usa, por exemplo, a expressão "trabalhador portador de deficiência", assim como outros dispositivos constitucionais.

A expressão *pessoas com necessidades especiais* seria a mais apropriada para tratar da existência de indivíduos que são tão ou mais capazes que outras pessoas no desempenho de sua atividade de trabalho[2]. O portador de necessidade especial poderia ser um superdotado, que não tem deficiência ou, como afirma Antonio Rulli Neto, "pode ser, por exemplo, um acidentado que, temporariamente, tem sua capacidade de locomoção reduzida"[3]. A expressão poderia também ter característica

---

[1] ARAÚJO, Luiz Alberto David. *A proteção constitucional das pessoas portadoras de deficiência*. 3. ed. Brasília: Corde, 2001.

[2] SILVA NETO, Manoel Jorge e. *Proteção constitucional dos interesses trabalhistas difusos, coletivos e individuais homogêneos*. São Paulo: LTr, 2001, p. 189.

[3] RULLI NETO, Antonio. *Direitos do portador de necessidades especiais*: guia para o portador de deficiência e para o profissional do direito. 2. ed. São Paulo: Fiúza, 2002, p. 32.

de discriminação, em razão de que a pessoa necessita de condições especiais.

Portador também tem característica de pessoa com doença ou que porta vírus, como o da AIDS. Assim, a terminologia *pessoa com deficiência* seria mais adequada. É encontrada em algumas declarações internacionais.

Pessoas com necessidades especiais é a expressão gênero, que abrange idosos, deficientes, gestantes etc.

Nem toda pessoa deficiente é incapaz para o trabalho. Nem toda pessoa incapaz é deficiente.

12.3 Conceitos

A Declaração dos Direitos das Pessoas Deficientes declara que pessoa deficiente é qualquer pessoa incapaz de assegurar a si mesma, total ou parcialmente, as necessidades de uma vida individual ou social normal, em decorrência de uma deficiência, congênita ou não, em suas capacidades físicas ou mentais.

A ONU aprovou a Convenção sobre os direitos das Pessoas com Deficiência. O art. 1º define pessoas com deficiência como as que "têm impedimentos de natureza física, intelectual ou sensorial, os quais, em interação com diversas barreiras, podem obstruir sua participação plena e efetiva na sociedade e com as demais pessoas". Essa Convenção foi aprovada com quórum de mais de 2/3 em cada casa do Congresso Nacional, tendo natureza de emenda constitucional (§ 3º do art. 5º da Constituição).

A Convenção n. 159 da OIT dispõe sobre a obrigação dos países signatários de instituir uma política nacional sobre reabilitação profissional no emprego das pessoas deficientes, com a finalidade de promover oportunidades de ocupação para estas pessoas no mercado regular de trabalho. Foi aprovada pelo Decreto Legislativo n. 51, de 25 de agosto de 1989, e promulgada pelo Decreto n. 129, de 22 de maio de 1991. Pessoa portadora de deficiência é aquela "cuja possibilidade de conseguir, permanecer e progredir no emprego é substancialmente limitada em decorrência de uma reconhecida desvantagem física ou mental" (art. 1.1). Os países devem introduzir, nos seus ordenamentos jurídicos, políticas de readaptação profissional e emprego de pessoas com deficiência, visando garantir que adequadas medidas de readaptação profissional sejam colocadas à disposição de deficientes, promovendo oportunidades de emprego, tendo por base também o princípio da igualdade de oportunidades de emprego. A Recomendação 168 da OIT trata de diretrizes para a adoção de políticas para inclusão de pessoas com deficiência no mercado de trabalho.

O inciso III do art. 2º da Lei n. 10.098, de 19 de dezembro de 2000, que versa sobre critérios para a promoção da acessibilidade, define as pessoas com deficiência como as que têm impedimento de longo prazo de natureza física, mental, intelectual ou sensorial, o qual, em interação com uma ou mais barreiras, pode obstruir sua participação plena e efetiva na sociedade em igualdade de condições com as demais pessoas.

Cibele Linero Goldfarb define pessoa portadora de deficiência, na esfera do Direito do Trabalho, como a que:

> por possuir alguma limitação física, sensorial, mental ou múltipla, enfrenta maiores dificuldades para se inserir no mercado de trabalho e nele se manter e se desenvolver, especialmente quando comparada às pessoas que não portam tais limitações, necessitando, pois, de medidas compensatórias com vistas a efetivar a igualdade de oportunidades e o acesso ao emprego[4].

A Organização Mundial de Saúde conceitua deficiência (*impairment*) como:

> qualquer perda ou anormalidade de estrutura ou função psicológica fisiológica ou anatômica. Incapacidade (*disability*) corresponde a qualquer redução ou falta (resultante de uma deficiência) de capacidades para exercer uma atividade de forma, ou dentro dos limites considerados normais para o ser humano. Desvantagem (*handicap*) representa um impedimento sofrido por um dado indivíduo, resultante de uma deficiência ou de uma incapacidade, que lhe limita ou lhe impede o desempenho de uma atividade conside-

---

[4] GOLDFARB, Cibele Linero. *Pessoas portadoras de deficiência e a relação de emprego*. Curitiba: Juruá, 2007, p. 35-36.

DEFICIENTES FÍSICOS

rada normal para esse indivíduo, considerando a idade, o sexo e os fatores socioculturais[5].

O Programa de Ação Mundial das Nações Unidas define incapacidade analisando a relação entre as pessoas e seu ambiente:

> ocorre quando essas pessoas enfrentam barreiras culturais, físicas ou sociais que as impedem o acesso aos mais diversos sistemas da sociedade que estão à disposição dos demais cidadãos. A incapacidade é, portanto, a perda ou a limitação das oportunidades de participar de uma vida em comunidade em pé de igualdade com os demais[6].

O inciso I do art. 3º do Decreto n. 3.298 de, 20 de dezembro de 1999, que promulgou a Convenção Interamericana para eliminação de todas as formas de discriminação contra as pessoas portadoras de deficiência define deficiência como toda perda ou anormalidade de uma estrutura ou função psicológica, fisiológica ou anatômica que gere incapacidade para o desempenho de atividade, dentro do padrão considerado normal para o ser humano.

Deficiência permanente é a que ocorreu ou se estabilizou durante um período de tempo suficiente para não permitir recuperação ou ter probabilidade de que se altere, apesar de novos tratamentos (art. 3º, II, do Decreto n. 3.298).

Incapaz é a pessoa que não pode fazer alguma coisa, que não tem certa capacidade. Incapacidade é "uma redução efetiva e acentuada da capacidade de integração social, com necessidade de equipamentos, adaptações, meios ou recursos especiais para que a pessoa portadora de deficiência possa receber ou transmitir informações necessárias ao seu bem-estar pessoal e ao desempenho de função ou atividade a ser exercida" (art. 3º, III, do Decreto n. 3.298).

Pessoa com deficiência é a que tem impedimento de longo prazo de natureza física, mental, intelectual ou sensorial, o qual, em interação

---

[5] OMS – Classificação Internacional das Deficiências, Incapacidades e Desvantagens, Ministério do Emprego e da Segurança Social, Secretariado Nacional de Reabilitação, Lisboa, 1989.

[6] Programa de Ação Mundial para as pessoas com deficiência. Brasil: Corde, 1996, p. 10.

com uma ou mais barreiras, pode obstruir sua participação plena e efetiva na sociedade em igualdade de condições com as demais pessoas (art. 2º da Lei n. 13.146/2015). O Decreto n. 9.296/2018 regulamenta a referida lei.

Deficiência física é a alteração completa ou parcial de um ou mais segmentos do corpo humano, acarretando o comprometimento da função física, apresentando-se sob a forma de paraplegia, paraparesia, monoplegia, monoparesia, tetraplegia, tetraparesia, triplegia, triparesia, hemiplegia, hemiparesia, ostomia, amputação ou ausência de membro, paralisia cerebral, nanismo, membros com deformidade congênita ou adquirida, exceto as deformidades estéticas e as que não produzam dificuldades para o desempenho de funções (art. 4º, I, do Decreto n. 3.298).

Deficiência auditiva é a perda bilateral, parcial ou total, de quarenta e um decibéis (dB) ou mais, aferida por audiograma nas frequências de 500HZ, 1.000HZ, 2.000Hz e 3.000Hz (art. 4º, II).

Deficiência visual é a cegueira, na qual a acuidade visual é igual ou menor que 0,05 no melhor olho, com a melhor correção óptica; a baixa visão, que significa acuidade visual entre 0,3 e 0,05 no melhor olho, com a melhor correção óptica; os casos nos quais a somatória da medida do campo visual em ambos os olhos for igual ou menor que 60°; ou a ocorrência simultânea de quaisquer das condições anteriores (art. 4º, III).

Deficiência mental é o funcionamento intelectual significativamente inferior à média, com manifestação antes dos dezoito anos e limitações associadas a duas ou mais áreas de habilidades adaptativas, tais como: a) comunicação; b) cuidado pessoal; c) habilidades sociais; d) utilização dos recursos da comunidade; e) saúde e segurança; f) habilidades acadêmicas; g) lazer; e h) trabalho.

Deficiência múltipla é a associação de duas ou mais deficiências.

Toda pessoa com deficiência tem direito à igualdade de oportunidades com as demais pessoas e não sofrerá nenhuma espécie de discriminação (art. 4º da Lei n. 13.146/2015).

John F. Kennedy afirmou: "admito que o deficiente seja vítima do destino, mas não posso admitir que seja vítima da indiferença". As políticas públicas para o deficiente têm de ser analisadas justamente para que não se configure essa indiferença e também discriminação.

12.4 Normas internacionais

A Recomendação n. 99 da OIT, de 1955, prevê a adaptação e a readaptação profissional de inválidos, pretendendo assegurar a tais trabalhadores meios de ingresso no mercado de trabalho, além de orientação na obtenção e mudança de emprego.

Trata a Recomendação n. 168 da OIT de estabelecer diretrizes relativas à necessidade de adoção de políticas para inclusão das pessoas portadoras de deficiência no mercado de trabalho.

A Convenção Interamericana para a Eliminação de todas as formas de discriminação contra as pessoas portadoras de deficiência foi aprovada pelo Decreto Legislativo n. 198, de 13 de junho de 2001, e promulgada pelo Decreto n. 3.956, de 8 de outubro de 2001.

Em 20 de dezembro de 1971, foi promulgada na Assembleia Geral das Nações Unidas a Declaração de Direitos do Deficiente Mental. Todas as pessoas portadoras de deficiência mental têm direito ao gozo, no maior grau possível, de todos os direitos das demais pessoas, incluindo o direito à atenção médica e ao tratamento físico exigidos conforme o caso, o direito à educação, à capacitação profissional, à reabilitação e à orientação que permitam o desenvolvimento das aptidões e possibilidades.

A Declaração de Direitos das Pessoas Portadoras de Deficiência foi aprovada pela Assembleia Geral da ONU em 1975. Versa sobre o direito da pessoa deficiente à segurança econômica e social, além de vida digna.

A Assembleia Geral das Nações Unidas também aprovou em 3 de dezembro de 1983 a Resolução 37/52, que prevê o Programa de Ação Mundial para as Pessoas com Deficiência. Objetiva a igualdade e a plena capacitação de pessoas portadoras de deficiência na vida social e no desenvolvimento. Esclarece que "muitas deficiências poderiam ser evitadas com a adoção de medidas contra nutrição deficiente, contaminação ambiental, falta de higiene, insuficiente assistência pré-natal e pós-natal, enfermidades transmissíveis pela água e acidentes de toda natureza"[7].

---

[7] Programa de ação mundial para as pessoas com deficiência. Brasília: Corde, 1996, p. 12.

A Declaração Sociolaboral do MERCOSUL estabelece que "as pessoas portadoras de necessidades especiais serão tratadas de forma digna e não discriminatória favorecendo-se sua inserção social e no mercado de trabalho" (art. 2º).

O Conselho Permanente da Organização dos Estados Americanos aprovou em 26 de maio de 1999 a Convenção Interamericana para eliminação de todas as formas de discriminação contra as pessoas portadoras de deficiência. O Decreto n. 3.956, de 8 de outubro de 2001, promulgou a referida norma internacional.

A Carta dos Direitos Fundamentais da União Europeia, de 7 de dezembro de 2000, esclarece que "a União reconhece e respeita o direito das pessoas com deficiência a beneficiarem-se de medidas destinadas a assegurar a autonomia, a integração social e profissional e a participação na vida da comunidade".

A Convenção Internacional sobre Direitos das Pessoas com Deficiência foi assinada em Nova York em 30 de março de 2007. O Decreto n. 6.949, de 25 de agosto de 2009, promulga a convenção sobre Direitos das Pessoas com Deficiência. O Decreto Legislativo n. 186/2008 a aprovou. O art. 1º prevê o propósito de promover, proteger e assegurar o desfrute pleno e equitativo de todos os direitos humanos e liberdades fundamentais pelas pessoas com deficiência, promovendo o respeito à sua dignidade. A norma internacional tem por princípio a independência da pessoa, inclusive a liberdade de fazer as próprias escolhas e de ter sua autonomia individual (art. 3º). É reconhecida a todas as pessoas a igualdade perante e sob a lei, fazendo jus, sem qualquer discriminação, a igual proteção e igual benefício da lei. Deverão ser proibidos quaisquer atos de discriminação por motivo de deficiência e garantia às pessoas com deficiência igual e efetiva proteção legal contra a discriminação por qualquer motivo. A fim de promover a igualdade e eliminar a discriminação, deverão adotar todos os passos necessários para assegurar que a adaptação razoável seja provida. As medidas específicas que forem necessárias para acelerar ou alcançar a efetiva igualdade das pessoas com deficiência não deverão ser consideradas discriminatórias (art. 5º).

Discriminação por motivo de deficiência significa qualquer diferenciação, exclusão ou restrição baseada em deficiência, com o propósito ou efeito de impedir ou impossibilitar o reconhecimento, o desfrute ou o exercício, em igualdade de oportunidades com as demais pessoas, de todos os direitos humanos e liberdades fundamentais nos âmbitos político, econômico, social, cultural, civil ou qualquer outro. Abrange todas as formas de discriminação, inclusive a recusa de adaptação razoável (art. 2º).

Os Estados Partes da Convenção reconhecem que todas as pessoas são iguais perante e sob a lei e que fazem jus, sem qualquer discriminação, a igual proteção e igual benefício da lei (art. 5º, 1). Os Estados proibirão qualquer discriminação baseada na deficiência e garantirão às pessoas com deficiência igual e efetiva proteção legal contra a discriminação por qualquer motivo (art. 5º, 2). A fim de promover a igualdade e eliminar a discriminação, os Estados adotarão todas as medidas apropriadas para garantir que a adaptação razoável seja oferecida (art. 5º, 3).

Pessoa com deficiência é a que tem impedimentos de longo prazo de natureza física, mental, intelectual ou sensorial, os quais, em interação com diversas barreiras, podem obstruir sua participação plena e efetiva na sociedade em igualdade de condições com as demais pessoas (art. 20, § 2º, I, da Lei n. 8.742/93, art. 4º, II do Decreto n. 6.214/2007).

A fim de possibilitar às pessoas com deficiência viver de forma independente e participar plenamente de todos os aspectos da vida, os Estados tomarão as medidas apropriadas para assegurar às pessoas com deficiência o acesso, em igualdade de oportunidades com as demais pessoas, ao meio físico, ao transporte, à informação e comunicação, inclusive aos sistemas e tecnologias da informação e comunicação, bem como a outros serviços e instalações abertos ao público ou de uso público, tanto na zona urbana como na rural. Essas medidas, que incluirão a identificação e a eliminação de obstáculos e barreiras à acessibilidade, serão aplicadas, entre outros, a: a) edifícios, rodovias, meios de transporte e outras instalações internas e externas, inclusive escolas, residências, instalações médicas e local de trabalho; b) informações, comunicações e outros serviços, inclusive serviços eletrônicos e serviços de emergência (art. 9º, 1).

Em matéria de trabalho e emprego, os Estados reconhecem o direito das pessoas com deficiência ao trabalho, em igualdade de oportunidades com as demais pessoas. Esse direito abrange o direito à oportunidade de se manter com um trabalho de sua livre escolha ou aceitação no mercado laboral, em ambiente de trabalho que seja aberto, inclusive e acessível a pessoas com deficiência. Os Estados salvaguardarão e promoverão a realização do direito ao trabalho, inclusive daqueles que tiverem adquirido uma deficiência no emprego, adotando medidas apropriadas, incluídas na legislação, com o fim de, entre outros:

a) proibir a discriminação baseada na deficiência com respeito a todas as questões relacionadas com as formas de emprego, inclusive condições de recrutamento, contratação e admissão, permanência no emprego, ascensão profissional e condições seguras e salubres de trabalho;

b) proteger os direitos das pessoas com deficiência, em condições de igualdade com as demais pessoas, às condições justas e favoráveis de trabalho, incluindo iguais oportunidades e igual remuneração por trabalho de igual valor, condições seguras e salubres de trabalho, além de reparação de injustiças e proteção contra o assédio no trabalho;

c) assegurar que as pessoas com deficiência possam exercer seus direitos trabalhistas e sindicais, em condições de igualdade com as demais pessoas;

d) possibilitar às pessoas com deficiência o acesso efetivo a programas de orientação técnica e profissional e a serviços de colocação no trabalho e de treinamento profissional e continuado;

e) promover oportunidades de emprego e ascensão profissional para pessoas com deficiência no mercado de trabalho, bem como assistência na procura, obtenção e manutenção do emprego e no retorno ao emprego;

f) promover oportunidades de trabalho autônomo, empreendedorismo, desenvolvimento de cooperativas e estabelecimento de negócio próprio;

g) empregar pessoas com deficiência no setor público;

h) promover o emprego de pessoas com deficiência no setor privado, mediante políticas e medidas apropriadas, que poderão incluir programas de ação afirmativa, incentivos e outras medidas;

i) assegurar que adaptações razoáveis sejam feitas para pessoas com deficiência no local de trabalho;

j) promover a aquisição de experiência de trabalho por pessoas com deficiência no mercado aberto de trabalho;

k) promover reabilitação profissional, manutenção do emprego e programas de retorno ao trabalho para pessoas com deficiência.

Os Estados assegurarão que as pessoas com deficiência não serão mantidas em escravidão ou servidão e que serão protegidas, em igualdade de condições com as demais pessoas, contra o trabalho forçado ou compulsório (art. 27, 2).

A OIT considera que não são discriminatórias as medidas especiais que demandem tratamento diferenciado para quem tem necessidades particulares por razões de gênero, de deficiência mental, sensorial ou física[8].

12.5 Legislações

A Emenda Constitucional n. 12, de 17 de outubro de 1978, estabelecia em artigo único que os deficientes não poderiam ser discriminados, inclusive quanto à admissão ao trabalho ou ao serviço público e a salários (inciso III).

Em vários dispositivos, a Constituição de 1988 faz referência às pessoas portadoras de deficiência. É de competência comum da União, dos Estados, do Distrito Federal e dos Municípios cuidar da saúde e assistência pública, da proteção e garantia das pessoas portadoras de deficiência (art. 23, II). Há competência concorrente da União, dos Estados e do Distrito Federal para legislar sobre proteção e integração social das pessoas portadoras de deficiência (art. 24, XIV). Não poderá haver nenhuma discriminação no tocante a salário e critérios de admissão ao trabalhador portador de deficiência (art. 7º, XXXI). Na Subcomissão dos Direitos dos Trabalhadores, na Comissão de Ordem Social e na Comissão de Sistematização da Assembleia Constituinte, não havia texto sobre o tema. O preceito constitucional tem por objetivo que o deficiente possa ter meios de subsistência, inclusive de sua família, exercendo atividade remunerada, retirando, de certa forma, esse dever do Estado. A habilitação e a reabilitação das pessoas portadoras de deficiência e a promoção de sua integração à vida comunitária são objetivos da assistência social (art. 203, IV). A pessoa portadora de deficiência tem direito a um salário mínimo de benefício mensal se comprovar não possuir meios de prover à própria manutenção, ou de tê-la provida por sua família, conforme dispuser a lei (art. 203, V). Trata-se de

---

[8] *Informe global da OIT*, 2007.

regra de Assistência Social. Em matéria de educação, o Estado criará programas de prevenção e atendimento especializado para os portadores de deficiência física, sensorial ou mental, bem como de integração social do adolescente portador de deficiência, mediante o treinamento para o trabalho e a convivência, e a facilitação do acesso aos bens e serviços coletivos, com a eliminação de preconceitos e obstáculos arquitetônicos (art. 227, § 1º, II). A lei disporá sobre normas de construção dos logradouros e dos edifícios de uso público e de fabricação de veículos de transporte coletivo, a fim de garantir acesso adequado às pessoas portadoras de deficiência (art. 227, § 2º). A lei disporá sobre a adaptação dos logradouros, dos edifícios de uso público e dos veículos de transporte coletivo atualmente existentes a fim de garantir acesso adequado às pessoas portadoras de deficiência (art. 244).

Prescreve o inciso VIII do art. 37 da Constituição que a lei reservará um porcentual de cargos e empregos públicos para as pessoas portadoras de deficiência. Luiz Alberto David Araújo e Vidal Serrano Nunes Junior ponderam que o constituinte buscou reparar alguns séculos de política de abandono para esse grupo de pessoas ao garantir vagas reservadas, sendo evidente, ainda, que o candidato não poderá habilitar-se para qualquer vaga, mas apenas para aquelas a que a pessoa estiver apta, o que significa dizer que a deficiência do candidato não poderá ser a ponto de impedir o seu exercício funcional[9].

A Lei n. 7.853, de 20 de dezembro de 1989, dispõe sobre o apoio às pessoas portadoras de deficiência. Institui a Coordenadoria Nacional para Integração das Pessoas Portadoras de Deficiência (Corde).

A não discriminação em relação aos deficientes físicos é uma forma de protegê-los e de não haver discriminação quanto a seu trabalho, pois, muitas vezes, essas pessoas têm outros sentidos mais desenvolvidos em razão, por exemplo, de terem perdido um órgão.

A Lei n. 10.098/2000 trata de normas gerais e critérios básicos para a promoção de acessibilidade de portadores de deficiência ou com mobilidade reduzida. O Decreto n. 5.296/2004 regulamenta a lei.

---

[9] ARAÚJO, Luiz Alberto David; NUNES JUNIOR, Vidal Serrano. *Curso de direito constitucional*. 10. ed. São Paulo: Saraiva, 2006, p. 498.

DEFICIENTES FÍSICOS

Antigamente, só havia proteção ao deficiente em algumas normas coletivas, que tratavam, *v. g.*, de garantia de emprego para o acidentado, o que se verifica atualmente no art. 118 da Lei n. 8.213/91 que prevê garantia de emprego ao acidentado de 12 meses a contar da cessação do auxílio-doença acidentário.

Ao adolescente portador de deficiência é assegurado trabalho protegido, segundo o art. 66 da Lei n. 8.069/90 (Estatuto da Criança e do Adolescente).

Dispunha o art. 55 da Lei n. 3.807/60 que as empresas que dispusessem de 20 ou mais empregados eram obrigadas a reservar de 2% a 5% de cargos, para atender aos casos de readaptados ou reeducados profissionalmente, na forma do regulamento. As instituições de previdência social admitirão a seus serviços os segurados reeducados ou readaptados profissionalmente na forma do regulamento (parágrafo único).

Reza o art. 93 da Lei n. 8.213/91 que a empresa com 100 ou mais empregados está obrigada a preencher de 2% a 5% dos seus cargos com beneficiários reabilitados ou pessoas portadoras de deficiência, habilitadas. É a adoção do sistema de cotas na legislação em relação ao deficiente. Representa também uma forma de política de inclusão social. Somadas a porcentagem de contratação de aprendizes (art. 429 da CLT) e a de pessoas reabilitadas ou portadoras de deficiência, a empresa tem um grande porcentual a destinar para pessoas específicas. Num contexto de globalização, tais porcentuais podem diminuir as condições de concorrência da empresa no mercado.

Não há dúvida de que a questão é social e necessita de consideração. A empresa tem uma função social, porém ela não pode arcar sozinha com tais hipóteses, principalmente quando sistemas legais de outros países não têm as referidas obrigações.

Já se decidiu que:

> DANO MORAL COLETIVO. DESCUMPRIMENTO DAS NORMAS DE PROTEÇÃO AO TRABALHO DAS PESSOAS PORTADORAS DE DEFICIÊNCIA.
> A empresa com cem ou mais empregados que deixa de preencher os cargos com pessoas portadoras de deficiência ou beneficiários reabilitados proporcionalmente ao número de empregados, nos termos do art. 93 da Lei n. 8.213/91, incorre em conduta reprovável socialmente, pelo

que está sujeita à condenação ao pagamento de indenização por dano moral coletivo, notadamente considerando a função social da empresa e o fato de que aproximadamente 10% da população brasileira são pessoas que portam alguma espécie de deficiência[10].

Reza o § 1º do art. 93 da Lei n. 8.213/91 que a dispensa de trabalhador reabilitado da Previdência Social ao final de contrato por prazo determinado de mais de 90 dias e a dispensa imotivada em contrato por prazo indeterminado somente poderão ocorrer após a contratação de outro trabalhador com deficiência ou beneficiário reabilitado da Previdência Social. Esse dispositivo estabelece espécie de garantia de emprego, pois o deficiente não pode ser dispensado até que se contrate outro deficiente ou reabilitado para a função. A norma pretende evitar a diminuição do porcentual mínimo exigido em lei. Se as vagas ultrapassam o porcentual previsto na lei, o empregador pode fazer dispensas em relação ao excedente.

A determinação do § 1º do art. 93 da Lei n. 8.213/91 não é uma garantia individual ou para uma pessoa específica, mas para um grupo de pessoas deficientes.

Estabeleceu situação compreendendo condição suspensiva: admissão de empregado de condição semelhante. Trata-se de hipótese de garantia de emprego indireta em que não há prazo certo. A dispensa do trabalhador reabilitado ou dos deficientes só poderá ser feita se a empresa tiver o número mínimo estabelecido pelo art. 93 da Lei n. 8.213/91. Enquanto a empresa não atinge o número mínimo previsto em lei, haverá garantia de emprego para as referidas pessoas. Admitindo a empresa deficientes ou reabilitados em porcentual superior ao previsto no art. 93 da Lei n. 8.213/91, poderá demitir outras pessoas em iguais condições até atingir o referido limite. Poderá, porém, a empresa dispensar os reabilitados ou deficientes por justa causa.

Representa o § 1º do art. 93 da Lei n. 8.213/91 hipótese de limitação ao poder potestativo de dispensa do empregador.

---

[10] TRT da 12ª R., 1ª T., 05157/2006, RO V 03050-2004-030-12-00-7, rel. juíza Viviane Colucci, *DJ* SC 4-5-2006.

DEFICIENTES FÍSICOS

A pessoa com deficiência deve ser habilitada. Se não houver habilitados no mercado, não há como a empresa os admitir e cumprir a regra do art. 93 da Lei n. 8.213/91.

A lei faz referência a empregado reabilitado ou deficiente contratado por prazo determinado de mais de 90 dias. Assim, se o contrato de prazo determinado for de até 90 dias, como ocorre com o contrato de experiência, não há direito a garantia de emprego.

O cálculo das cotas é feito com base no número de empregados da empresa e não de cada estabelecimento. A empresa pode ter um número menor de empregados em cada estabelecimento do previsto no art. 93 da Lei n. 8.213, mas o cálculo é feito com base no número total de empregados da empresa. A lei não estabeleceu distinção em relação a atividade exercida pela empresa para excluir a aplicação das cotas.

Em 2012, a Prefeitura Municipal do Guarujá colocou deficientes de locomoção para atender o público na recepção, o que eles podem fazer muito bem, pois não dependem de locomoção.

O cego não pode dirigir veículo automotor, mas pode atender telefone e fazer outras funções, o que faz muito bem.

Houve caso de justo impedimento para a contratação de deficiente, em que a empresa demonstrou que envidou esforços na busca por candidatos para preenchimento das vagas para deficientes físicos habilitados e/ou reabilitados do INSS, mas que, todavia, não obteve êxito na tentativa de admissão desses trabalhadores. Foram enviados ofícios ao Sine, ao Sindicato dos Trabalhadores Rurais de Unaí e ao INSS. O cumprimento da obrigação legal se tornou impossível em virtude da inexistência de apresentação ou indicação de trabalhadores portadores de deficiência ou reabilitados. A interpretação da lei não pode levar ao impossível.

O art. 93 da Lei n. 8.213/91 faz referência a cargos. Empresa privada não tem cargo. Cargo é privativo de funcionário público. Entretanto, a lei não faz distinção em relação ao tipo de cargo. Logo, não trata de postos de trabalho passíveis que comportem a admissão de deficientes, mas do total de postos existentes na empresa. No mesmo sentido o seguinte julgado:

AÇÃO DECLARATÓRIA DE ANULAÇÃO DE DÉBITO FISCAL. Cota para deficientes. A determinação de observância da cota de deficientes e/ou reabilitados é endereçada a toda empresa com mais de 100 empregados, não fazendo qualquer exceção. Pretender que o percentual previsto na lei, em comento, para contratação de portadores de deficiência somente seja calculado sobre o total de postos funcionais compatíveis a portadores de deficiência existentes na empresa e não sobre o total de cargos ali existentes, não é possível admitir, já que é função do legislador criar o direito. Caso fosse julgada procedente a pretensão, o Poder Judiciário estaria se valendo da condição de legislador, incluindo exceção na norma que não existe. APELO PROVIDO[11].

Ao Ministério do Trabalho e Emprego incumbe estabelecer a sistemática de fiscalização, bem como gerar dados e estatísticas sobre o total de empregados e as vagas preenchidas por pessoas com deficiência e por beneficiários reabilitados da Previdência Social, fornecendo-os, quando solicitados, aos sindicatos, às entidades representativas dos empregados ou aos cidadãos interessados.

Na Espanha, Palomeque López e De La Rosa lecionam que:

> o art. 41 da Lei dos Portadores de Deficiências (minusválidos), como um instrumento a mais na política de amparo e proteção constitucionalmente traçada (art. 49 da Constituição Espanhola), estabelece a possibilidade de empregar pessoas portadoras de deficiências que não possam, de forma provisória ou definitiva, exercer uma atividade laboral em condições habituais, nos Centros Especiais de Emprego e sob a fórmula de uma relação de emprego de caráter especial...[12].

O art. 8º da Lei n. 22.431/81 da Argentina dispõe que as empresas devem contratar pelo menos 4% do total de seu pessoal de portadores de deficiência, que são chamados de "descapacitados".

Lei venezuelana de 1993 prevê a contratação de pelo menos 2% de empregados portadores de deficiência, nas empresas que possuírem um quadro de mais de 50 empregados.

Na Itália, há a previsão de que os empregadores com mais de 35 empregados são obrigados a admitir pelo menos 15% de trabalhadores que tenham algum tipo de deficiência.

---

[11] TRT 2ª R., rel. Maria Aparecida Duenhas, *DJ* 27-5-2011.
[12] PALOMEQUE LÓPEZ, Manuel Carlos; DE LA ROSA, Manuel Alvarez. *Derecho del trabajo*. Madri: Ramón Areces, 1993, p. 818.

Na Alemanha há a obrigatoriedade de contratar de 6% a 10% de trabalhadores portadores de deficiência, se a empresa tiver mais de 10 empregados.

Na França, existe lei de 30 de junho de 1975 que trata de pessoas portadoras de deficiência. Afirma Rivero e Savatier que:

> a despeito de se pretender constituir um estatuto geral dos portadores de deficiência, ela deixou subsistir regimes particulares para determinadas categorias, especialmente inválidos de guerra ou vítimas de acidentes do trabalho. Uma lei de 10 de julho de 1987 procurou unificar as regras aplicáveis, em matéria de emprego e de reclassificação profissional, às diferentes categorias de pessoas em tal estado e de torná-las mais eficazes[13].

As empresas com mais de 10 empregados têm de reservar 10% dos postos de trabalho para deficientes.

O legislador estabelece situação de igualdade na lei para efeito de tratar pessoas que são naturalmente desiguais.

A proteção dos deficientes, por intermédio da legislação, é uma forma de dar dignidade ao ser humano, permitindo também que essas pessoas possam ser cidadãos e exercitar a cidadania.

Deve ter o deficiente a possibilidade de igualdade de oportunidade para poder trabalhar.

O deficiente obtém a sua dignidade por meio da sua inserção no mercado de trabalho, no qual pode trabalhar e receber remuneração pelo trabalho que faz. O deficiente passa a ser útil, pois também pode prover a si e a sua família.

Não pode o deficiente físico ser considerado um marginal, um inútil, um pária na sociedade. Pelo trabalho dignifica-se e torna-se útil dentro da própria sociedade. A realidade mostra que muitas vezes o deficiente no trabalho dedica-se muito mais que qualquer outro, visando superar as dificuldades que tem.

---

[13] RIVERO, Jean; SAVATIER, Jean. *Droit du travail*. Paris: PUF, 1993, p. 458.

13
Direito à Vida Privada

A palavra intimidade é proveniente do latim *intimu*, superlativo de *desus, interus, interior, interno*. Íntimo é o mais profundo, secreto, recôndito. O trabalhador tem direito à intimidade. Prevê o art. XII da Declaração Universal dos Direitos do Homem de 1948 que "ninguém sofrerá intromissões arbitrárias na sua vida privada, na sua família, no seu domicílio ou na sua correspondência, nem ataques à sua honra e reputação. Contra tais intromissões ou ataques toda pessoa tem direito à proteção da lei". O art. 17 do Pacto da ONU sobre Direitos Civis e Políticos e o art. 11 da Convenção Americana de 1969 sobre os Direitos do Homem também trataram do tema.

O art. 8º da Convenção Europeia de 1950 sobre os Direitos do Homem estabelece que "qualquer pessoa tem direito ao respeito de sua vida privada e familiar, do seu domicílio e de sua correspondência".

O Pacto de São José da Costa Rica, de 1969, dispõe no art. 12, 2, que "ninguém pode ser objeto de ingerências arbitrárias ou abusivas em sua vida privada, na sua família, em seu domicílio ou em sua correspondência nem de ofensas ilegais à sua honra e reputação".

A Convenção de aplicação dos acordos de Schengen, cidade de Luxemburgo, de junho de 1985, trata da livre circulação de pessoas, com suspensão gradual de controles nas fronteiras comuns na *área Schengen* pelos países acordantes, ou seja, em França, Alemanha Ocidental, Países Baixos, Bélgica e Luxemburgo. Ela criou o "sistema de informação Schengen", destinado a reunir os dados de pessoas e objetos, utilizado pelos Estados signatários principalmente para o controle das fronteiras. Entendeu o Conselho constitucional que esse sistema não constituía atentado inconstitucional à "liberdade pessoal" (n. 91-294 DC, 25 de julho de 1991)[1]. Permite a abertura das fronteiras e a livre circulação de pessoas na União Europeia, com exceção de Irlanda e Reino Unido. O Tratado de Lisboa, de 13 de dezembro de 2007, modificou as regras jurídicas do espaço Schengen, reforçando a noção de um "espaço de liberdade, segurança e justiça", estabelecendo o método comunitário.

Dispôs a Diretiva Comunitária n. 95/46/CE do Parlamento europeu e do Conselho, de 24 de outubro de 1995, sobre a proteção das pessoas naturais quanto ao tratamento de dados de caráter pessoal e quanto à livre circulação dos referidos dados[2].

A diretiva:

> visa permitir a livre circulação desses dados no âmbito do mercado interno, de maneira que os Estados não possam oferecer-lhe oposição em razão da falta de proteção às pessoas, e principalmente aos seus direitos privados. Todos os Estados da comunidade europeia devem, pois, ter uma proteção aos direitos da pessoa. Mas a diretiva concerne somente os dados de competência da Comunidade europeia, essencialmente os de natureza econômica. Ela exclui a segurança pública, a defesa e a segurança do Estado, isto é, as atividades de polícia e de defesa.

Assevera que o:

> Conselho constitucional considerou que a legislação quanto à informática, aos bancos de dados e às liberdades continha "disposições que protegiam a liberdade individual" e que, nessa qualidade, têm um valor constitucional. Mas, nem a centralização, feita por um serviço administrativo, das informações necessárias à detecção e à prevenção das infrações relacionadas à corrupção (n. 92-316 DC de 20 de janeiro de 1993), nem o acesso dos órgãos de seguridade social e da Agência nacional para o emprego aos bancos de dados do Estado em relação aos estrangeiros (n. 93-325 DC de 13 de agosto de 1993) foram julgados contrários, em princípio, a essas disposições[3].

---

[1] HEYMANN-DOAT, Arlette. *Libertes publiques et droits de l'homme*. Paris: LGDJ, 2000, p. 191.

[2] TEYSSIÉ, Bernard. *Code de droit social européen*. Paris: Litec, 1999, p. 426.

[3] HEYMANN-DOAT, Arlette. *Libertes publiques et droits de l'homme*. Paris: LGDJ, 2000, p. 191-192.

Na Espanha, há necessidade de autorização escrita do empregado para o registro de dados que revelem ideologia, religião e crenças do trabalhador. Se houver uso ilegítimo do registro de dados, é possível o recurso à Agência de Proteção de Dados e, depois, à jurisdição competente, além de outras sanções, dependendo da hipótese[4].

A Constituição brasileira de 1988 assegura o direito de resposta, proporcional ao agravo, além da indenização por dano material, moral ou à imagem (art. 5º, V).

São invioláveis a intimidade, a vida privada, a honra e a imagem das pessoas, assegurado o direito a indenização pelo dano material ou moral decorrente da sua violação (art. 5º, X, da Lei Maior).

A vida privada da pessoa natural é inviolável, e o juiz, a requerimento do interessado, adotará as providências necessárias para impedir ou fazer cessar ato contrário a esta norma (art. 21 do Código Civil).

O art. 27 da Lei n. 6.533 estabelece que "nenhum artista ou técnico em espetáculo de diversão será obrigado a interpretar ou participar de trabalho passível de pôr em risco sua integridade física ou moral".

O empregador deverá tomar cuidado de não fazer um controle vexatório e quanto a dados pessoais do empregado, pois um dos princípios da República Federativa do Brasil é a dignidade da pessoa humana (art. 1º, III, da Constituição). Dignidade vem do latim *dignitas* ou *dignitates*, que significa qualidade moral, respeitabilidade, prestígio, consideração, estima, nobreza, excelência, o que merece respeito ou reverência. O princípio da dignidade da pessoa humana tem a ver com a existência de trabalho escravo. Compreende o direito à vida. É um mínimo necessário a ser protegido pelo ordenamento jurídico. O art. 170 da Constituição mostra que a ordem econômica tem por objetivo assegurar a todos existência digna.

Dispõe a Constituição italiana de 27 de dezembro de 1947 que "todos os cidadãos têm a mesma dignidade social" (art. 3º). A Constituição da República Federal da Alemanha de 1949 afirma que "a dignidade do homem

---

[4] MARTIN VALVERDE, Antonio; GUTIERREZ, Fermin Rodriguez-Sañudo; GARCIA MURCIA, Joaquim. *Derecho del trabajo*. Madri: Tecnos, 1993, p. 504-505.

é inviolável. Respeitá-la e protegê-la é dever de todos os Poderes do Estado" (art. 1º). A Constituição Portuguesa reza que "Portugal é uma República soberana, baseada na dignidade da pessoa humana e na vontade popular e empenhada na construção de uma sociedade livre, justa e solidária". A Constituição da Espanha de 1978 mostra que "a dignidade da pessoa, os direitos invioláveis que lhe são inerentes, o livre desenvolvimento da personalidade, o respeito à lei e os direitos alheios são o fundamento da ordem política e da paz social" (art. 10).

Elias Guastavino estabelece a classificação dos dados, segundo sua natureza, em três categorias: (a) dados de que nenhum interesse público legitima o armazenamento; (b) dados que só podem ser recolhidos de maneira transitória e contingente, para, em seguida, serem cancelados; (c) dados que podem ser perfeitamente registrados, desde que não sirvam para individualizar nenhuma pessoa, e que sejam úteis apenas para, *v. g.*, fins estatísticos.[5]

A intimidade da pessoa é um direito relativo à personalidade. Determina o inciso X do art. 5º da Constituição que são invioláveis a intimidade, a vida privada, a honra e a imagem das pessoas, assegurado o direito à indenização pelo dano material ou moral decorrente de sua violação. O inciso XII do art. 5º da Lei Maior prevê que:

> é inviolável o sigilo da correspondência e das comunicações telegráficas, de *dados* e das comunicações telefônicas, salvo no último caso, por ordem judicial, nas hipóteses e na forma que a lei estabelecer para fins de investigação criminal ou instrução processual penal.

O sigilo de comunicação de dados, como o *e-mail*, é também inviolável. Entretanto, essa regra não pode ser entendida de forma absoluta, principalmente diante da má-fé do empregado. Em casos de interesses relevantes, que podem, posteriormente, ser examinados pela Justiça, o empregador poderá monitorar os *e-mails* do empregado, desde que digam respeito ao serviço.

Entendo que o empregador poderá verificar a utilização de *e-mails*, visando constatar se o computador não está sendo usado, no horário de

---

[5] GUASTAVINO, Elias P. *Responsabilidad civil y otros problemas jurídicos en computación*. Buenos Aires: La Rocca, 1987, p. 57.

serviço, para fins pessoais do empregado, ainda mais quando há proibição expressa para uso pessoal do equipamento. O computador e o servidor são de propriedade do empregador. O *e-mail* deve ser utilizado para o serviço e não para outros fins.

Na França, Heymann-Doat afirma que deve ser considerado que:

> o princípio do segredo das correspondências colocado pela lei de 10 de julho de 1991 se aplica às mensagens eletrônicas. Mas ele pode ser facilmente violado. Para evitar este fato, é necessário utilizar um código. A criptografia durante muito tempo esteve reservada à Defesa nacional. A lei de 26 de julho de 1996 sobre as telecomunicações, em seu artigo 17, submetia a utilização e o fornecimento de recursos ou de serviços de criptografia, acima de um certo nível, a uma declaração ou autorização. As senhas para a decodificação deviam ser confiadas a um "terceiro de confiança" para preservar os interesses da defesa nacional e da segurança interna ou externa do Estado. O decreto de 17 de março de 1999 libera o uso de recursos de criptologia até 128 elementos binários (*bits*)[6].

Já decidiu o TST que:

> Os sacrossantos direitos do cidadão à privacidade e ao sigilo de correspondência, constitucionalmente assegurados, concernem à comunicação estritamente pessoal, ainda que virtual (e-mail particular). Assim, apenas o e-mail pessoal ou particular do empregado, socorrendo-se de provedor próprio, desfruta da proteção constitucional e legal de inviolabilidade. Solução diversa impõe-se em se tratando do chamado e-mail corporativo, instrumento de comunicação virtual mediante o qual o empregado louva-se de terminal de computador e de provedor da empresa, bem assim do próprio endereço eletrônico que lhe é disponibilizado igualmente pela empresa. Destina-se este a que nele trafeguem mensagens de cunho estritamente profissional. Em princípio, é de uso corporativo, salvo consentimento do empregador. Ostenta, pois, natureza jurídica equivalente à de uma ferramenta de trabalho proporcionada pelo empregador ao empregado para a consecução do serviço. A estreita e cada vez mais intensa vinculação que

---

[6] HEYMANN-DOAT, Arlette. *Libertes publiques et droits de l'homme*. Paris: LGDJ, 2000, p. 199-200.

passou a existir, de uns tempos a esta parte, entre Internet e/ou correspondência eletrônica e justa causa e/ou crime exige muita parcimônia dos órgãos jurisdicionais na qualificação da ilicitude da prova referente ao desvio de finalidade na utilização dessa tecnologia, tomando-se em conta, inclusive, o princípio da proporcionalidade e, pois, os diversos valores jurídicos tutelados pela lei e pela Constituição Federal. A experiência subministrada ao magistrado pela observação do que ordinariamente acontece revela que, notadamente o *e-mail* corporativo, não raro sofre acentuado desvio de finalidade, mediante a utilização abusiva ou ilegal, de que é exemplo o envio de fotos pornográficas. Constitui, assim, em última análise, expediente pelo qual o empregado pode provocar expressivo prejuízo ao empregador. Se se cuida de *e-mail* corporativo, declaradamente destinado somente para assuntos e matérias afetas ao serviço, o que está em jogo, antes de tudo, é o exercício do direito de propriedade do empregador sobre o computador capaz de acessar à Internet e sobre o próprio provedor. Insta ter presente também a responsabilidade do empregador, perante terceiros, pelos atos de seus empregados em serviço (Código Civil, art. 932, inc. III), bem como que está em xeque o direito à imagem do empregador, igualmente merecedor de tutela constitucional. Sobretudo, imperativo considerar que o empregado, ao receber uma caixa de e-mail de seu empregador para uso corporativo, mediante ciência prévia de que nele somente podem transitar mensagens profissionais, não tem razoável expectativa de privacidade quanto a esta, como se vem entendendo no Direito Comparado (EUA e Reino Unido). Pode o empregador monitorar e rastrear a atividade do empregado no ambiente de trabalho, em e-mail corporativo, isto é, checar suas mensagens, tanto do ponto de vista formal quanto sob o ângulo material ou de conteúdo. Não é ilícita a prova assim obtida, visando a demonstrar justa causa para a despedida decorrente do envio de material pornográfico a colega de trabalho. Inexistência de afronta ao art. 5º, incisos X, XII e LVI, da Constituição Federal. Agravo de Instrumento do Reclamante a que nega provimento[7].

Nenhum direito é absoluto. Deve ser examinado no conjunto das normas jurídicas e dentro da razoabilidade. O abuso não pode coibir o uso. O direito de uma pessoa termina onde começa o de outra.

---

[7] TST, 1ª T., RR 613/2000-013-10.00.7, j. 18-5-2005, rel. Min. João Oreste Dalazen, *LTr* 69-06/722.

Afirma Alexandre de Moraes que:

> os direitos e garantias fundamentais consagrados pela Constituição Federal não são ilimitados, uma vez que encontram seus limites nos demais direitos igualmente consagrados pela Carta Magna (Princípio da relatividade ou convivência das liberdades públicas).
>
> Dessa forma, quando houver conflito entre dois ou mais direitos ou garantias fundamentais, o intérprete deve utilizar-se do princípio da concordância prática ou da harmonização de forma a coordenar e combinar os bens jurídicos em conflito, evitando o sacrifício total de uns em relação aos outros, realizando uma redução proporcional de âmbito de alcance de cada qual (contradição dos princípios), sempre em busca do verdadeiro significado da norma e da harmonia do texto constitucional com sua finalidade precípua)[8].

O empregador poderá inspecionar os *e-mails* de seus funcionários, principalmente quando há cláusula contratual que permita à empresa a checagem da correspondência eletrônica do trabalhador.

O empregador tem o direito de fiscalizar e controlar as atividades de seus empregados. Os empregados poderão ser revistados no final do expediente. A revista do empregado é uma forma de salvaguarda do patrimônio da empresa. Não poderá ser a revista feita de maneira abusiva ou vexatória, ou seja, deverá ser moderada, evitando abusos por parte do empregador. Vedada será a revista que violar a intimidade do empregado (art. 5º, X, da Constituição), além do que ninguém será submetido a tratamento desumano ou degradante (art. 5º, III, da Lei Magna). A vida privada da pessoa natural é inviolável (art. 21 do Código Civil).

As entrevistas devem ser feitas apenas em relação aos fatos profissionais que são decorrentes de exigências técnicas e não para expor a vida privada do empregado.

A revista não pode ser realizada em local não apropriado e na presença de clientes, pois se torna vexatória.

Considera-se lícita a instalação de câmeras ou microfones no local de trabalho para fiscalizar o empregado, desde que não violem a intimi-

---

[8] MORAES, Alexandre. *Direito constitucional*. 7. ed. São Paulo: Atlas, 2000, p. 59.

dade do trabalhador, nem sejam vexatórios. Será vedado ao empregador utilizar de tais mecanismos em locais de intimidade do empregado, como em banheiros, vestiários ou dormitórios dos empregados. Logo, também será possível o monitoramento do computador do empregado no horário de serviço.

Estabelece o art. 20, 3, do Estatutos dos Trabalhadores da Espanha que o empregador poderá adotar as medidas que entenda mais oportunas de vigilância e controle para verificar o cumprimento pelo trabalhador de suas obrigações e deveres laborais, guardando em sua adoção e aplicação a consideração devida a sua dignidade humana e tendo em conta a capacidade real dos trabalhadores.

O art. 70 da Lei Contrato de Trabalho argentina estabelece que é possível a utilização de sistemas de controles pessoais do trabalhador destinados a proteção de bens do empregador.

Na França, considera-se que fixar, gravar ou transmitir a imagem de uma pessoa que esteja em local privado, sem o seu consentimento, é um atentado à vida privada (art. 226-1 do Código Penal). No local de trabalho, não se justificam restrições aos direitos das pessoas às liberdades individuais em razão da natureza da tarefa a ser feita e em proporção à finalidade pretendida. A lei de orientação sobre a segurança, de 21 de janeiro de 1995, estabeleceu as modalidades de instalação de um sistema de câmeras de vídeo em vias públicas e nos lugares abertos ao público. Não há necessidade de intervenção da Comissão Nacional de Informática e das Liberdades (CNIL). As imagens não são consideradas informações indiretamente nominativas. A autorização da instalação de um sistema de vigia por vídeo é dada pelo Secretário de Segurança após parecer de uma comissão departamental, cuja composição "deve comportar garantias de independência", conforme os termos do Conselho constitucional (CC 18 de janeiro de 1995)[9].

As pessoas vigiadas têm um direito de acesso. A exceção diz respeito à segurança do Estado, à defesa, à segurança pública, ao decorrer de processos intentados em juízo ou de operações prévias a tais processos, ou ao direito de terceiros. O direito de terceiros foi considerado pelo Conselho

---

[9] HEYMANN-DOAT, Arlette. *Libertes publiques et droits de l'homme*. Paris: LGDJ, 2000, p. 198-199.

Constitucional como limitado ao caso de atentado ao segredo da vida privada[10].

A diretiva de 24 de outubro de 1995, que trata da proteção das pessoas físicas em relação aos bancos de dados de cunho pessoal, inseriu em seu campo de aplicação os bancos de dados constituídos por sons e imagens, salvo se forem instalados em nome da segurança pública, da defesa, da segurança do Estado ou para o exercício de atividades do Estado no campo do direito penal. Essa exclusão foi exigida pela França[11].

Também será válida a utilização de câmeras que são do conhecimento do empregado.

A jurisprudência já entendeu que:

> Dano moral. Violação da intimidade do funcionário. A instalação de câmera no local de trabalho, com prévia ciência dos empregados, cientes inclusive onde estão, por medida de segurança patrimonial de todos, não ofende o direito à inviolabilidade da intimidade assegurado no inciso X do art. 5º da Constituição da República[12].

> Poder de direção. Uso de aparelhos audiovisuais em sanitários. Invasão da intimidade do empregado. A legislação brasileira permite que o poder de fiscalização conferido ao empregador, em determinadas circunstâncias, se verifique, por meio de aparelhos audiovisuais, como decorrência do avanço tecnológico, desde que o empregado deles tenha ciência. Inadmissível é entender que o conjunto de locais do estabelecimento esteja sob total controle do empregador e autorizar a introdução desses aparelhos, indistintamente, como no banheiro, lugar que é privado por natureza. A utilização de câmera de vídeo nos sanitários gera compensação por dano moral, em face da flagrante violação ao direito à intimidade do empregado, assegurado por preceito constitucional (art. 5º, X) e conceituado como a faculdade

---

[10] HEYMANN-DOAT, Arlette. *Libertes publiques et droits de l'homme*. Paris: LGDJ, 2000, p. 199.

[11] HEYMANN-DOAT, Arlette. *Libertes publiques et droits de l'homme*. Paris: LGDJ, 2000, p. 199.

[12] TRT 3ª R., 2ª T., RO 4.165/03, j. 29-4-2003, rel. Juiz José Maria Caldeira, *DJ* MG 7-5-2003.

concedida às pessoas de se verem protegidas "contra o sentido dos outros, principalmente dos olhos e dos ouvidos". A vigilância eletrônica poderá ter um futuro promissor, desde que usada de forma humana, combatendo-se os abusos na sua utilização. Instalação de aparelho audiovisual no banheiro caracteriza o que a OIT denomina "química da intrusão", comportamento repudiado pelo ordenamento jurídico nacional e internacional[13].

O empregador, de acordo com o seu poder de direção, tem o direito de revistar o empregado, visando a evitar furtos, de preservar seu patrimônio. Entretanto, a revista deve ser moderada e razoável. Homens não podem fazer revistas em mulheres.

Dispõe o inciso VI do art. 373-A da CLT que é vedado ao empregador ou preposto as revistas íntimas em empregadas ou funcionárias. Essa regra, porém, também deve ser estendida aos homens, por questão de dignidade e humanidade, mas também por igualdade.

O uso de polígrafo parece ser excessivo, assim como a exigência de exames toxicológicos. Salvo quanto a estes para pilotos de avião e motoristas, em razão da segurança das pessoas no transporte. Os motoristas profissionais também devem fazer exames toxicológicos na admissão e na dispensa (§ 6º do art. 168 da CLT). Isso se deve a questões de segurança.

A tecnologia deve ser usada para facilitar a vida do homem, mas não para violar a sua dignidade ou a sua intimidade.

A exigência de testes de gravidez ou de esterilização é vedada pelo inciso I do art. 2º da Lei n. 9.029/95 para admissão e manutenção da empregada no emprego.

A realização de exames pode ser permitida quando certa atividade do empregador possa proporcionar risco à saúde do trabalhador. O mesmo ocorre em relação a exames permanentes em relação a certas profissões, como de piloto de avião, motorista de ônibus. Exemplo pode ser a necessidade de se fazer exames médicos nas referidas pessoas de forma a prevenir ataques cardíacos. Há interesse da sociedade em que essas pessoas tenham toda sua capacidade física para que não ocasionem acidentes com as pessoas transportadas.

---

[13] TRT da 3ª R.

Os exames médicos admissional, periódico e demissional visam assegurar a saúde do empregado e prevenir epidemias.

Afirma João Carlos Casella que:

> (a) a esfera da *intimidade* abrange fatos que dizem respeito apenas à própria pessoa em sua relação consigo mesma, como suas opiniões políticas, sua fé religiosa, seu pudor, seus sentimentos, sua saúde, cabendo-lhe decidir acerca da divulgação, ou não, desses fatos; (b) a esfera da *privacidade*, que abrange fatos que dizem respeito ao indivíduo em suas relações com pessoas merecedoras de sua confiança e de seu afeto, com os familiares e amigos, e que não interessam à sociedade em geral; (c) a esfera *pública*, a maior de todas, que compreende fatos que desenrolam perante os olhos da comunidade[14].

O empregado tem o direito de liberdade de pensamento de crença, de religião etc. O inciso VIII do art. 5º da Constituição dispõe que ninguém será privado de direitos por motivo de crença religiosa ou de convicção filosófica ou política, salvo se as invocar para eximir-se de obrigação legal a todos imposta e recusar-se a cumprir prestação alternativa, fixada em lei. É livre a manifestação do pensamento, sendo vedado o anonimato (art. 5º, IV). É livre a expressão da atividade intelectual, artística, científica e de comunicação, independentemente de censura ou licença (art. 5º, IX). A manifestação do pensamento, a criação, a expressão e a informação, sob qualquer forma, processo ou veículo não sofrerão qualquer restrição, observado o disposto na Constituição (art. 220).

José Martins Catharino afirma que em relação ao jornalista-empregado são estabelecidos conflitos:

> entre a consciência do jornalista e a direção que o seu empregador determina para sua atividade intelectual, seja pública ou privada. Conflito tormentoso para cada qual e de fundas repercussões sociais. Que atinge a honestidade pensante do jornalista, a mesma que, se não for preservada economicamente, provoca, muitas vezes, um estado

---

[14] CASELLA, João Carlos. Proteção à intimidade do trabalhador. In: *Direito e processo do trabalho*: estudos em homenagem a Octavio Bueno Magano. Estêvão Mallet e Luiz Carlos Amorim Robortella (Coord.). São Paulo: LTr, 1996, p. 482.

de necessidade contrário à sua preservação. Verdadeiro dilema: escrever contrariamente ao que pensa ou perder o emprego[15].

O TST entendeu que:

> Contrato de trabalho. Liberdade política. Garantias mínimas do cidadão. Direito potestativo de resilir o contrato. Abuso. O exercício pode mostrar-se abusivo. Despedido o empregado em face da convicção política que possui, forçoso é concluir pela nulidade do ato e consequente reintegração, com o pagamento dos salários e vantagens do período do afastamento. A liberdade política é atributo da cidadania, não passando o ato patronal pelo crivo da Constituição no que encerra, em torno do tema, garantias mínimas do cidadão[16].

O empregado não pode ser desrespeitado quanto à sua honra. Honra vem de honor, que é uma qualidade inerente à pessoa. O inciso X do art. 5º da Constituição prevê a inviolabilidade da honra da pessoa.

Manoel Gonçalves Ferreira Filho afirma que:

> a honra é o respeito devido a cada uma pela comunidade. Assim, o direito da inviolabilidade se traduz na proibição de manifestações ou alusões que tendam a privar o indivíduo desse valor. A honra veste a imagem de cada um. Esta – a imagem – é, antes, a visão social a respeito de um indivíduo determinado[17].

Imagem vem do latim *imago*, da raiz "im", que mostra a ideia de imitação. O inciso X do art. 5º da Lei Maior prevê a inviolabilidade da imagem da pessoa.

Imagem atributo é conjunto das qualidades intrínsecas da imagem da pessoa. É o que ela representa perante a sociedade. Já se decidiu que:

---

[15] CATHARINO, José Martins. Liberdade de pensamento e situação de emprego de jornalista, in *Coletânea de Direito do Trabalho*. São Paulo: LTr, 1975, p. 96.

[16] TST, SDI, AG-E-RR4327/85, rel. Min. Marco Aurélio Mendes de Farias Mello, j. 6-9-1989, *Revista LTr*, São Paulo, 55-08/966, ago. 1991.

[17] FERREIRA FILHO, Manoel Gonçalves. *Comentários à Constituição brasileira*. São Paulo: Saraiva, 1990, v. 1, p. 36.

Indenização por dano moral. A MM Junta entendeu ser cabível a indenização por dano moral, considerando o fato de que a despedida da obreira se fundou na insuficiência produtiva de má qualidade na prestação dos serviços, o que por si só ensejaria o acolhimento do pleito indenizatório. Tal posicionamento não merece reforma. Efetivamente o Reclamado promoveu a dispensa da obreira sem a necessário motivação e, ainda, sob a pecha de incompetência funcional, o que, a toda evidência, trouxe inevitáveis prejuízos à imagem moral da Reclamante, mormente em se considerando que laborou para o Reclamado por mais de dezoito anos, o que forma um patrimônio abstrato em torno da imagem da trabalhadora eficaz que efetivamente foi maculada. Necessário, portanto, o reconhecimento do dano moral experimentado pela obreira e o seu direito de reparação através da indenização deferida[18].

Imagem retrato é a imagem física da pessoa, observada nas fotos, pinturas etc. O atleta profissional de futebol tem, por exemplo, sua imagem explorada pelo clube.

A utilização da imagem de uma pessoa poderá ser proibida, a seu requerimento e sem prejuízo da indenização que couber, se lhe atingirem a honra, a boa fama ou a respeitabilidade, ou se se destinarem a fins comerciais (art. 20 do Código Civil).

Alice Monteiro de Barros leciona que:

> o atleta tem o direito de se insurgir contra a reprodução de sua imagem lançada no comércio em anúncio de propaganda ou especulação ou sob a forma de figurinhas em envelopes para álbuns, sem a sua autorização (....). Se a reprodução fotográfica da imagem tem finalidade especulativa, impõe-se a aquiescência do interessado, sob pena de a parte beneficiada arcar com o pagamento de indenização pelo dano material[19].

---

[18] TRT 6ª R., 2ª T., RO 1590/97, rel. Carmem Lapenda. In: TEIXEIRA FILHO, João de Lima. *Repertório de Jurisprudência Trabalhista*, v. 7, Rio de Janeiro: Renovar, 1999, p. 420, n. 1.471.

[19] BARROS, Alice Monteiro de. *As relações de trabalho no espetáculo*. São Paulo: LTr, 2003, p. 249.

O direito à desconexão é fundamental para efeito de férias e de repouso semanal.

Na França, as modalidades de exercício pelo empregado do seu direito à desconexão são definidas pelo empregador e comunicadas por todos os meios aos empregados. Nas empresas de menos de 50 empregados, as modalidades serão conforme o n. 7 do art. L 2242-17 (art. L 3121-65), que dispõe que a empresa deve assegurar o respeito ao tempo de repouso e aos feriados e à vida pessoal e familial do empregado. O empregador elabora uma carta, com a opinião do comitê de empresa ou, na falta, dos delegados de pessoal. A carta define as modalidades de exercício do direito à desconexão e preverá a destinação dos empregados e da direção para um uso razoável das ferramentas eletrônicas.

14

Salário Mínimo

Previa o Código de Hamurabi sobre o salário mínimo de empregados diaristas, artesãos, carpinteiros e outros.

O Tratado de Versalhes, de 1919, estabeleceu como um de seus princípios que o "salário deve assegurar ao trabalhador um nível conveniente de vida, tal como seja compreendido na sua época e no seu país" (art. 427, 3). Visava atender às necessidades básicas e vitais do trabalhador. Essa ideia posteriormente foi reiterada em várias convenções e recomendações da OIT, como a Convenção n. 26 e a Recomendação n. 30, de 1928; a Convenção n. 99 e a Recomendação n. 89, de 1951; a Convenção n. 131 e a Recomendação n. 135, de 1970. A Recomendação n. 135 mais especificava sobre o salário profissional.

Reza a Convenção n. 26, de 1929, ratificada pelo Brasil em 1957, sobre métodos de fixação do salário mínimo, de acordo com as necessidades de cada país, de forma que o país não possuidor de um sistema de contratos coletivos fixe um salário mínimo, com a participação de empregados e empregadores.

A Convenção n. 99, de 1951, ratificada pelo Brasil em 1957, e a Recomendação n. 89 estabelecem os métodos de fixação do salário mínimo na agricultura, permitindo o pagamento de parte do salário em utilidades.

Dispõe a Convenção n. 131 da OIT, de 1970, sobre regras para a fixação do salário mínimo, especialmente nos países em vias de desenvolvimento. Foi promulgada pelo Decreto n. 89.686/84. Mostra que o país se compromete a adotar, no plano nacional, mecanismos vocacionados a operar reajustamentos periódicos necessários à preservação do valor real do salário mínimo (art. 3º). Foi a convenção complementada pela Recomendação n. 135.

Foi criado o salário mínimo em 1930 pelo Decreto-Lei n. 388. Era fixado por comissões regionais paritárias, compostas por empregados e empregadores e presididas por técnicos em assuntos socioeconômicos.

A primeira Constituição brasileira a dispor sobre o assunto foi a de 1934, assegurando "salário mínimo, capaz de satisfazer, conforme as condições de cada região, às necessidades normais do trabalhador" (art. 121, § 1º, *b*).

A Norma Ápice de 1937 muda um pouco a redação anteriormente citada: "salário mínimo, capaz de satisfazer, de acordo com as condições de cada região, as necessidades normais do trabalhador" (art. 137, *h*).

Nas Constituições de 1934 e 1937, o salário mínimo atendia às necessidades normais do trabalhador e, portanto, individuais.

A Lei Magna de 1946 acrescenta que o salário mínimo não serve apenas para atender às necessidades do trabalhador, mas também às de sua família: "salário mínimo capaz de satisfazer, conforme as condições de cada região, as necessidades normais do trabalhador e de sua família" (art. 157, I).

O inciso I do art. 158 da Constituição de 1967 repete a mesma redação da Lei Maior de 1946. O inciso I do art. 165 da Emenda Constitucional n. 1, de 1969, reitera a mesma disposição.

A Constituição de 1988 modifica o que vinha sendo inscrito nas Constituições anteriores. O inciso IV do art. 7º estabelece

> salário mínimo, fixado em lei, nacionalmente unificado, capaz de atender a suas necessidades básicas e as de sua família com moradia, alimentação, educação, saúde, lazer, vestuário, higiene, transporte e previdência social, com reajustes periódicos salariais que lhe preservem o poder aquisitivo, sendo vedada sua vinculação para qualquer fim.

O salário mínimo só pode ser fixado por lei. Não há mais a possibilidade de se estabelecer o salário mínimo mediante decretos ou portarias, como vinha sendo feito até então.

Deve ser nacionalmente unificado o salário mínimo, evitando, assim, o salário mínimo por região. Isso evita que os trabalhadores migrem para poder receber um salário mínimo maior, diverso do fixado na sua região.

Deveria o salário mínimo atender às necessidades básicas não só do trabalhador, mas também de sua família. O salário mínimo representa o mínimo que a pessoa necessita para sobreviver, visando sustentar suas necessidades básicas.

Atende o salário mínimo nove necessidades: alimentação, habitação, vestuário, higiene, transporte, educação, saúde, lazer e previdência social.

Na prática, é sabido que o salário mínimo tem sido insuficiente para proporcionar as necessidades básicas do trabalhador e de sua família, pois está muito defasado.

O salário mínimo deve ter reajustes periódicos para lhe preservar seu poder aquisitivo. Diante da inflação, há necessidade de reajustes para ser feita a recomposição do valor do salário mínimo, da manutenção do seu poder de compra.

Não pode haver vinculação ao salário mínimo para qualquer fim. O salário mínimo não pode ser base para atualização de valores.

Salário mínimo é a contraprestação mínima devida e paga diretamente ao trabalhador para satisfazer suas necessidades básicas e de sua família.

Em certos países, o salário mínimo pretende atender às necessidades individuais do trabalhador. Em outros locais, o salário mínimo irá atender a situações materiais e pessoais do trabalhador e de sua família.

O inciso VII do art. 7º da Lei Maior assegura a garantia de salário, nunca inferior ao mínimo, para os que percebem remuneração variável.

O valor do salário mínimo não implica dignidade da pessoa humana, em razão de que é ínfimo. Entretanto, é um direito fundamental do trabalhador para que possa sobreviver e também sua família.

O salário mínimo não pode ser reduzido, pois seu valor já é o mínimo. Com menos do que isso, a pessoa não pode sobreviver dignamente.

O mesmo ocorre com o valor de um salário mínimo do benefício previdenciário.

O STF já julgou, em mandado de injunção, que o Congresso Nacional está em mora no sentido de que o salário mínimo não provê as necessidades das pessoas:

> SALÁRIO MÍNIMO – SATISFAÇÃO DAS NECESSIDADES VITAIS BÁSICAS – GARANTIA DE PRESERVAÇÃO DE SEU PODER AQUISITIVO. – A cláusula constitucional inscrita no art. 7º, IV, da

Carta Política – para além da proclamação da garantia social do salário mínimo – consubstancia verdadeira imposição legiferante, que, dirigida ao Poder Público, tem por finalidade vinculá-lo à efetivação de uma prestação positiva destinada (a) satisfazer as necessidades essenciais do trabalhador e de sua família e (b) a preservar, mediante reajustes periódicos, o valor intrínseco dessa remuneração básica, considerando-lhe o poder aquisitivo. – O legislador constituinte brasileiro delineou, no preceito consubstanciado no art. 7º, IV, da Carta Política, um nítido programa social destinado a ser desenvolvido pelo Estado, mediante atividade legislativa vinculada. Ao dever de legislar imposto ao Poder Público – e de legislar com estrita observância dos parâmetros constitucionais de índole jurídico-social e de caráter econômico-financeiro (CF, art. 7º, IV) –, corresponde o direito público subjetivo do trabalhador a uma legislação que lhe assegure, efetivamente, as necessidades vitais básicas individuais e familiares e que lhe garanta a revisão periódica do valor salarial mínimo, em ordem a preservar, em caráter permanente, o poder aquisitivo desse piso remuneratório. SALÁRIO MÍNIMO – VALOR INSUFICIENTE – SITUAÇÃO DE INCONSTITUCIONALIDADE POR OMISSÃO PARCIAL – A insuficiência do valor correspondente ao salário mínimo, definido em importância que se revele incapaz de atender as necessidades vitais básicas do trabalhador e dos membros de sua família, configura um claro descumprimento, ainda que parcial, da Constituição da República, pois o legislador, em tal hipótese, longe de atuar como o sujeito concretizante do postulado constitucional que garante à classe trabalhadora um piso geral de remuneração (CF, art. 7º, IV), estará realizando, de modo imperfeito, o programa social assumido pelo Estado na ordem jurídica – A omissão do Estado – que deixa de cumprir, em maior ou em menor extensão, a imposição ditada pelo texto constitucional – qualifica-se como comportamento revestido da maior gravidade político-jurídica, eis que, mediante inércia, o Poder Público também desrespeita a Constituição, também ofende direitos que nela se fundam e também impede, por ausência de medidas concretizadoras, a própria aplicabilidade dos postulados e princípios da Lei Fundamental – As situações configuradoras de omissão inconstitucional – ainda que se cuide de omissão parcial, derivada da insuficiente concretização, pelo Poder Público, do conteúdo material da norma impositiva fundada na Carta Política, de que é destinatário – refletem comportamento estatal que deve ser repelido, pois a inércia do Estado qualifica-se, perigosamente, como um dos processos informais de mudança da Constituição, expondo-se, por isso mesmo, à censura do Poder Judiciário. INCONSTITUCIONALIDADE POR OMISSÃO – DESCABIMENTO DE MEDIDA CAUTELAR – A jurisprudência do Supremo Tribunal Federal firmou-se no sentido de proclamar incabível a medida liminar nos casos de ação direta e inconstitucionalidade por omissão (*RTJ* 133/569, Rel. Min. MARCO AURÉLIO; ADIn 267-DF, Rel. Min. CELSO DE MELLO), eis que não se pode pretender que mero provimento cautelar antecipe efeitos positivos inalcançáveis pela própria decisão final emanada do STF. – A procedência da ação direta de inconstitucionalidade por omissão, importando em reconhecimento judicial do estado de inércia do Poder Público, confere ao Supremo Tribunal Federal, unicamente, o poder de cientificar o legislador inadimplente, para que este adote as medidas necessárias à concretização do texto constitucional. – Não assiste ao Supremo Tribunal Federal, contudo, em face dos próprios limites fixados pela Carta Política em tema de inconstitucionalidade por omissão (CF, art. 103, § 2º), a prerrogativa de expedir provimentos normativos com o objetivo de suprir a inatividade do órgão legislativo inadimplente[1].

---

[1] STF, ADI-MC 1.458-7, j. 23-5-1996, rel. Min. Celso de Mello, *DJ* 20-9-1996, p. 34.531.

15
Direito da Criança e do Adolescente

Estudo do IBGE de 2006 mostra que o trabalho infantil de crianças com idade de cinco até 13 anos atinge 1,4 milhão de pessoas. Entre os cinco e 17 anos de idade há 5,1 milhões de pessoas trabalhando.

Os direitos e as garantias individuais contidos no art. 5º da Constituição também são exemplificativos. É possível, portanto, verificar outros no curso da Constituição, como por exemplo o art. 227 e seus parágrafos.

É dever da família da sociedade e do Estado assegurar à criança e ao adolescente, com absoluta prioridade, o direito à vida, à saúde, à alimentação, à educação, ao lazer, à profissionalização, à cultura, à dignidade, ao respeito, à liberdade e à convivência familiar e comunitária, além de colocá-los a salvo de toda forma de negligência, discriminação, exploração, violência, crueldade e opressão (art. 227 da Constituição).

O direito de proteção especial abrangerá os seguintes aspectos (§ 3º do art. 227 da CF): (inciso I) idade mínima de 14 anos para admissão ao trabalho, observado o disposto no art. 7º XXXIII; (inciso II) garantia de direitos previdenciários e trabalhistas; (inciso III) garantia de acesso do trabalhador adolescente à escola.

A violação ao inciso XXXIII do art. 7º da Constituição é violação aos direitos humanos da criança, pois ela não pode trabalhar antes de 16 anos, salvo na condição de aprendiz e a partir de 14 anos.

A criança precisa obter a formação física e escolar necessárias. Por isso, a lei entende que não deve trabalhar, nem prestar trabalho noturno ou em condições insalubres, perigosas ou penosas.

A Assembleia Geral da ONU adotou em 29 de dezembro de 1959 a Declaração dos Direitos da Criança. "A criança, por causa de sua imaturidade física e intelectual, necessita de uma proteção particular e de cuidados especiais."

A OIT passou a expedir uma série de convenções e recomendações sobre o tema trabalho da criança. A Convenção n. 5, de 1919, estabeleceu a idade mínima de 14 anos para o trabalho na indústria (art. 2), tendo sido ratificada pelo Brasil em 1934 e promulgada pelo Decreto n. 423, de 1935. Trata a Convenção n. 7, de 1920, sobre a idade mínima do trabalho marítimo. A Convenção n. 10, de 1921, fixou o limite de idade mínima para o trabalho na agricultura. Versou a Convenção n. 15, de 1921, sobre idade mínima de paioleiros e foguistas. Determinou a Convenção n. 41, de 1932, sobre a idade mínima de trabalhos não industriais. Reza a Convenção n. 58, de 1936, aprovada pelo Decreto-Lei n. 480, de 8 de junho de 1938 e promulgada pelo Decreto n. 1.397, de 19 de janeiro de 1937, sobre a idade mínima no trabalho marítimo, sendo que os menores de 15 anos não poderão prestar serviços a bordo de nenhum navio, exceção feita aqueles em que estejam empregados unicamente os membros de uma mesma família (art. 2º, 1). Especificou o art. 6º da Convenção n. 60, de 1937, que as legislações nacionais devem fixar idades superiores a 15 anos para serviços que se realizem nas ruas (comércio ambulante ou permanente nas vias públicas).

Especificava o inciso XXXIII do art. 7º da Constituição sobre a proibição de qualquer trabalho a menores de 14 anos, salvo na condição de aprendiz. Assim, o aprendiz poderia trabalhar se tivesse a idade entre 12 e 18 anos, definida no parágrafo único do art. 80 e indiretamente no art. 402 da CLT.

A Emenda Constitucional n. 20/98 deu nova redação ao inciso XXXIII do art. 7º da Lei Maior, determinando a proibição de qualquer trabalho a menores de 16 anos, salvo na condição de aprendiz, a partir dos 14 anos. Pela regra do art. 428 da CLT, aprendiz é a pessoa que está entre 14 e 24 anos.

O menor de 14 anos, comprovadamente com bom rendimento escolar, não pode obter autorização judicial para trabalhar, meio período, em caso de necessidade familiar. Vedam o inciso XXXIII do art. 7º da Constituição e o art. 403 da CLT *qualquer* trabalho ao menor de 16 anos, salvo na condição de aprendiz, a partir dos 14 anos. Alguns juízes da infância e juventude têm autorizado o trabalho do menor de 16 ou de 14 anos, porém há proibição expressa na legislação para esse fim. Caso o menor trabalhe, ainda que em desacordo com a Constituição ou a legislação, será reconhecido o vínculo de emprego, pois a norma constitucional não pode ser interpretada contra a pessoa que pretende proteger. Do contrário, haverá desproteção àquele que deveria ser tutelado especialmente. O tempo de contribuição será contado para fins de obtenção de futuro benefício previdenciário, pelos mesmos motivos e pelo fato de haver obrigação de recolhimento de contribuição por parte do empregador e da cota do empregado.

Mesmo que haja a prestação de serviços a determinada empresa, com caráter educativo, o vínculo de emprego deve ser reconhecido, pois o inciso II do § 3º do art. 227 da Constituição menciona que a proteção especial do trabalho da criança e do adolescente deve garantir direitos previdenciários e trabalhistas. Logo, se a criança ou adolescente prestarem serviços, ainda que de caráter educativo, será reconhecido o vínculo de emprego entre as partes, com todos os direitos trabalhistas e previdenciários.

A Convenção n. 138 da OIT estabelece a idade mínima para a admissão ao trabalho. Foi aprovada pelo Decreto Legislativo n. 179, de 1979 e promulgada pelo Decreto n. 4.134, de 15 de fevereiro de 2002. A idade mínima deve ser em nível adequado ao pleno desenvolvimento físico e mental do jovem (art. 1º). A idade mínima não será inferior à idade de conclusão de escolaridade compulsória ou, em qualquer hipótese, não pode ser inferior a 15 anos (art. 2º, 3). Nos países cuja economia e condições de ensino não estiverem suficientemente desenvolvidas, poderá, após consulta às organizações de empregadores e de trabalhadores concernentes, se as houver, definir, inicialmente, uma idade mínima de 14 anos (art. 2º, 4). Todo país que definir a idade mínima em 14 anos incluirá em seus relatórios declaração: (a) de que subsistem os motivos dessa providência; ou (b) de que renuncia ao direito de se valer da disposição em questão a partir de uma determinada data (art. 2º, 5). Não será inferior a 18 anos a idade mínima para a admissão a qualquer tipo de emprego ou trabalho que, por sua natureza ou circunstâncias em que for executado, possa prejudicar a saúde, a segurança e a moral do jovem (art. 3º). A lei ou regulamentos nacionais ou a autoridade competente poderá, após consultar as organizações de empregados e de trabalhadores concernentes, se as houver, autorizar emprego ou trabalho a partir da idade de 16 anos, desde que estejam plenamente protegidas a saúde, a segurança e a moral dos jovens envolvidos e lhes seja proporcionada instrução ou formação adequada e específica no setor da atividade pertinente (art. 3º, 3). A autoridade competente, após consulta com as organizações de empregadores e trabalhadores concernentes, se as houver, poderá, na medida do necessário, excluir da aplicação da convenção um limitado número de categorias de emprego ou trabalho a respeito das quais se levantarem reais e especiais problemas de aplicação (art. 4º, 1). A convenção não se aplicará a trabalho feito por crianças e jovens em escolas de educação vocacional ou técnica ou em outras instituições de treinamento em geral ou a trabalho feito por pessoas no mínimo com 14 anos de idade em empresas em que esse trabalho for executado dentro das condições prescritas pela autoridade competente, após consulta com as organizações de empregadores e de trabalhadores e constituir parte integrante de: (a) curso de educação ou treinamento pelo qual é principal responsável uma escola ou instituição de treinamento, o que viabiliza a aplicação da nossa legislação referente ao aprendiz; (b) programa de treinamento principalmente ou inteiramente numa empresa, que tenha sido aprovado pela autoridade competente; (c) programa de orientação vocacional para facilitar a escolha de uma profissão ou de especialidade de treinamento (art. 6º). Isso dá margem à utilização do sistema de aprendizagem previsto na CLT. As leis ou regulamentos nacionais poderão permitir o emprego ou trabalho a pessoas de idade entre 13 e 15 anos em serviços leves que: (a) não prejudiquem sua saúde ou seu desenvolvimento; (b) não prejudiquem sua frequência escolar, sua participação em programas de orientação vocacional ou de treinamento aprovados pela autoridade competente ou sua capacidade de se beneficiar da instrução recebida. As leis ou regulamentos nacionais podem permitir o emprego ou o trabalho a pessoas com, no mínimo, 15 anos de idade e que não tenham ainda concluído a escolarização compulsória em trabalho que preencher os requisitos estabelecidos nas alíneas *a* e *b* citadas anteriormente (art. 7º). Revê outras Convenções sobre idade mínima. O Decreto n. 4.134 indicou a idade mínima para admissão no emprego de 16 anos no Brasil, comunicando-a à OIT.

A Convenção n. 146, de 1973, disciplinou a idade mínima para admissão no emprego.

É direito fundamental da criança e do adolescente a orientação da Convenção n. 182 da OIT sobre a proibição das piores formas de trabalho infantil e ação imediata para a sua eliminação, que é complementada pela

Recomendação n. 190 da OIT. A convenção foi aprovada pelo Decreto Legislativo n. 178, de 1999, e promulgada pelo Decreto n. 3.597, de 2000. O Estado que ratificar a norma internacional deverá adotar medidas imediatas e eficazes para lograr a proibição e a eliminação das piores formas de trabalho infantil, aplicando-se a qualquer pessoa menor de 18 anos. Deve ser assegurado o acesso ao ensino básico gratuito. Inclui proibição de recrutamento forçado ou obrigatório de meninos soldados. As piores formas de trabalho da criança são: (a) todas as formas de escravidão ou práticas análogas à escravidão, como o tráfico de crianças, a servidão por dívidas, a condição de servo e o trabalho forçado ou compulsório; (b) o recrutamento forçado ou obrigatório de meninos para utilização em conflitos armados; (c) o emprego de crianças na prostituição, a produção de pornografia ou ações pornográficas; (d) a utilização, o recrutamento ou o oferecimento de crianças para a realização de atividades ilícitas, como a produção e tráfico de drogas; o trabalho que prejudique a saúde, a segurança e a moral das crianças.

A Recomendação n. 190 da OIT, que complementa a Convenção n. 182, define trabalhos perigosos como: (a) trabalho em que a criança fique exposta a abusos de ordem física, psicológica ou sexual; (b) trabalhos subterrâneos, ou embaixo de água, em alturas perigosas ou em ambientes fechados; (c) trabalhos realizados em máquinas ou ferramentas perigosas ou com cargas pesadas; (d) trabalhos realizados em ambiente insalubre no qual as crianças fiquem expostas, por exemplo, a substâncias perigosas, a temperaturas ou níveis de ruídos ou vibrações que sejam prejudiciais à saúde; (e) os trabalhos em condições dificultosas, como horários prolongados ou noturnos e os que obriguem a criança a permanecer no estabelecimento do empregador.

A idade mínima para o trabalho em certos países é a seguinte:

- Argentina, 14 anos;
- Alemanha, 15 anos;
- Armênia, 16 anos;
- Bélgica, 15 anos;
- Brasil, 16 anos;
- Burkina Faso, 15 anos;
- Camarões, 14 anos;

- Chad, 14 anos;
- China, 16 anos;
- Congo, 14 anos;
- Espanha, 16 anos;
- França, 16 anos;
- Itália, 15 anos;
- Japão, 15 anos;
- Malásia, 15 anos;
- Mali, 15 anos;
- Ilhas Maurício, 15 anos;
- Nepal, 14 anos;
- Noruega, 15 anos;
- Oman, 15 anos;
- Portugal, 16 anos;
- Reino Unido, 16 anos;
- Seychelles, 15 anos;
- Sudão, 14 anos;
- Síria, 14 anos;
- Suíça, 15 anos;
- Trinidad e Tobago, 16 anos;
- Tunísia, 16 anos;
- Vietnam, 15 anos;
- Zimbabwe, 14 anos.

Em alguns casos a OIT notou o trabalho de crianças, como: na indústria do vestuário, em Bangladesh, em 1993, que fornecia artigos para os *outlets* dos Estados Unidos. Houve boicote aos referidos produtos, com dispensa de crianças em massa; a indústria de bolas de futebol, no Paquistão[1]: as bolas necessitam de pontos manuais, o que era feito pelas crianças.

---

[1] *The end of child labour*: within reach. Genebra: Oficina Internacional do Trabalho, 2006, p. 76.

Houve boicote em relação às referidas bolas na Copa do Mundo de Futebol de 1996; os tapetes do Paquistão; a indústria do cacau, como em Gana e no oeste da África, em 2001, principalmente Camarões, Cote d'Ivoire, Guiné e Nigéria, em cujas fazendas de cacau havia trabalho escravo de crianças. Nesse caso, foram feitos treinamentos às famílias e aos fazendeiros para sensibilizá-los e educá-los a fim de evitar o referido trabalho por crianças. Foram feitos vários acordos e protocolos para acabar com as referidas hipóteses, inclusive com a participação da OIT e da UNICEF. A OIT notificou a Argentina para que ela não empregasse trabalho infantil em reciclagem de lixo e latas de alumínio de refrigerantes. A Coca-Cola foi criticada em 2003 pelos Observadores dos Direitos Humanos por ter trabalho infantil na sua cadeia de suprimentos. El Salvador teve considerada uma das piores formas de trabalho infantil na colheita da cana. No Brasil, o trabalho da criança é encontrado principalmente na cultura de cana-de-açúcar ou outras. Não usamos trabalho infantil na indústria de brinquedos, mas a fundação Abrinq promove orientações para evitar isso. O certo é que o uso da mão de obra da criança traz custo menor. O produto tem preço menor no mercado e causa concorrência desleal com outras empresas que não usam crianças. É fato também que quando se tira uma criança do trabalho, logo é colocada outra criança, mas o trabalho infantil tem de ser combatido. A OIT não certifica produtos que usam ou não trabalho da criança, mas isso pode ser feito por um selo, em que se diz que o produto não usa trabalho infantil.

A OIT preconiza o fim do trabalho infantil em razão de que esta mão de obra é abundante e barata e é utilizada intensamente por países desenvolvidos. Exemplo é o trabalho na indústria de tapetes na Índia e em outros países, que usam intensamente a mão de obra infantil.

O então Diretor Geral da Repartição Internacional do Trabalho, Juan Somavia, declarou que o trabalho decente entre homens e mulheres é um dos objetivos centrais perseguidos pela OIT[2].

Ainda no âmbito internacional, verifica-se que em novembro de 1959 foi editada pela ONU a Declaração Universal dos Direitos da Criança. Estabelece a referida norma, entre outras coisas, proteção especial para o desenvolvimento físico, mental, moral e espiritual da criança (art. 2º);

---

[2] OIT, *Trabajo*, Genebra, n. 33, fev. 2000, p. 4.

proibição de empregar a criança antes da idade mínima conveniente (art. 9º, 2ª alínea).

Em 26 de janeiro de 1990, vários Estados subscreveram, em Nova York, na sede da ONU, a Convenção sobre os Direitos da Criança, que entrou em vigor internacional em 2 de setembro de 1990. Tal norma foi ratificada pelo Brasil em 24 de setembro de 1990, entrando em vigor em 23 de outubro do mesmo ano. Foi aprovada pelo Decreto Legislativo n. 28, de 14 de setembro de 1990, e promulgada pelo Decreto n. 99.710, de 21 de novembro de 1990.

16

Saúde

O Papa Leão XIII, na Encíclica *Rerum Novarum*, no Capítulo 25, afirma que:

a atividade do homem, restrita como a sua natureza, tem limites que não podem ser ultrapassados. Por isso o trabalho não deve prolongar-se por mais tempo do que as forças permitem, de tal modo que a quantidade de repouso deve ser proporcional à qualidade do trabalho, às circunstâncias do tempo e do lugar, bem como à compleição e saúde dos operários.

No âmbito da OIT, são destacadas as seguintes convenções que abrangem saúde: (1) Convenção n. 148, de 20 de junho de 1977, chamada de Convenção sobre o Meio Ambiente do Trabalho (contaminação do ar, ruído e vibrações, complementada pela Recomendação n. 156/77); (2) Convenção n. 155, de 22 de junho de 1981, que versa sobre a segurança e saúde dos trabalhadores, complementada pela Recomendação n. 164/81; (3) Convenção n. 161, de 27 de junho de 1985, sobre serviços de saúde no trabalho, complementada pela Recomendação n. 171/85.

A palavra *saúde* vem do adjetivo latino *saluus, a, um*, que tem o significado de inteiro, intacto. O verbo *salueo, es, ere* significa estar são.

Em 1946, a OIT definiu *saúde* como "um estado completo de bem-estar físico, mental e social, e não somente a ausência de doença ou enfermidade".

O art. 3º da Convenção n. 155 da OIT afirma que: "saúde, com relação ao trabalho, abrange não só a ausência de afecções ou de doenças, mas também os elementos físicos e mentais que afetam a saúde e estão diretamente relacionados com a segurança e higiene no trabalho".

Saúde é um direito social, segundo o art. 6º da Constituição.

Do direito à vida (art. 5º da Constituição), e da dignidade da pessoa humana, a consequência é o direito à saúde. O direito à saúde implica o direito à vida, que é um bem fundamental. É um direito imprescindível de toda a pessoa para poder viver e sobreviver. É um direito à vida e à integridade física. Ter saúde importa ter qualidade de vida.

A saúde é um direito de primeira geração, pois diz respeito ao direito à vida e ao direito ao meio ambiente ecologicamente equilibrado, que é um direito de terceira geração.

Dispõe o art. 196 da Constituição que a saúde é direito de todos e dever do Estado. A saúde é um direito de todos. Isso mostra quem são os titulares desse direito. É dever do Estado. Este é o responsável por adimplir as prestações de serviços relativos à saúde. O objetivo é reduzir os riscos com doenças. A saúde é garantida mediante políticas sociais e econômicas que visem à redução do risco de doença e de outros agravos e ao acesso universal e igualitário às ações e aos serviços para sua promoção, proteção e recuperação. O dever do Estado não exclui o das pessoas, da família, das empresas e da sociedade. O direito à saúde é um direito fundamental do ser humano.

Verifica-se que a saúde é um direito público subjetivo, que pode ser exigido do Estado, que, por contrapartida, tem o dever de prestá-lo. Está, assim, entre os direitos fundamentais do ser humano.

As normas relativas à saúde são de ordem pública.

O direito à saúde tanto diz respeito à pessoa, ao indivíduo, como à coletividade, caracterizando a sua condição social.

O direito à saúde:

> é um direito individual no sentido de que requer a proteção da integridade física e mental do indivíduo e de sua dignidade; e é também um direito social no sentido de que impõe ao Estado e à sociedade a responsabilidade coletiva pela proteção da saúde dos cidadãos e pela prevenção e tratamento das doenças. O direito à saúde, assim apropriadamente entendido, fornece, como o direito à vida, uma ilustração vívida da indivisibilidade e da inter-relação de todos os direitos humanos[1].

---

[1] TRINDADE, Antonio Augusto Cançado. *Direitos humanos e meio ambien-*

A saúde é um direito individual, pois todo indivíduo, toda pessoa tem direito à saúde. A pessoa tem o direito de proteção da sua integridade física e psíquica. A pessoa individualmente pode postular o seu direito à saúde. É um direito social, de toda a sociedade, que deve ser garantido pelo Estado, mediante políticas públicas.

O art. 2º da Lei n. 8.212/91 dispõe que a saúde é direito de todos e dever do Estado, garantido mediante políticas sociais e econômicas que visem à redução do risco de doença e de outros agravos e ao acesso universal e igualitário às ações e aos serviços para sua promoção, proteção e recuperação.

Tem, ainda, a saúde, segundo o art. 3º da Lei n. 8.080/90, como fatores determinantes e condicionantes, entre outros, a alimentação, a moradia, o saneamento básico, o meio ambiente, o trabalho, a renda, a educação, o transporte, o lazer e o acesso aos bens e serviços essenciais. Os níveis de saúde da população expressam a organização social e econômica do país. Dizem respeito, também, à saúde as ações que se destinam a garantir às pessoas e à coletividade condições de bem-estar físico, mental e social.

O sistema de saúde deve compreender três espécies de categorias: prevenção, proteção e recuperação.

A prevenção compreende meios para evitar as doenças, incluindo a vigilância sanitária e epidemiológica.

A recuperação da pessoa pode ser feita pelos serviços sociais e pela reabilitação profissional. Esses serviços visam reintegrar o trabalhador na sua atividade profissional. É uma forma de reintegração social.

A ação do Estado deve ser preventiva e curativa, de recuperar a pessoa.

Saúde é gênero, que compreende como espécie o direito à saúde do trabalhador ou no ambiente de trabalho.

Os empregadores têm o dever de proporcionar um ambiente equilibrado e evitar causar prejuízos à saúde dos trabalhadores.

---

te. Porto Alegre: Sergio Antonio Fabris, 1993, p. 83.

Dispõe o art. 225 da Constituição que:

> todos têm direito ao meio ambiente ecologicamente equilibrado, bem de uso comum do povo e essencial à sadia qualidade de vida, impondo-se ao Poder Público e à coletividade o dever de defendê-lo e preservá-lo para as presentes e futuras gerações.

A citada regra abrange o meio ambiente do trabalho. O trabalhador também tem direito a um meio ambiente de trabalho saudável (art. 225 da Constituição).

As condutas e atividades consideradas lesivas ao meio ambiente sujeitarão os infratores, pessoas físicas ou jurídicas, a sanções penais e administrativas, independentemente da obrigação de reparar os danos causados (§ 3º do art. 225 da Constituição).

Prevê o § 1º do art. 14 da Lei n. 6.938/81 (Lei de Política do meio ambiente) que:

> sem obstar a aplicação das penalidades previstas neste artigo, é o poluidor obrigado, independentemente da existência de culpa, a indenizar os danos causados ao meio ambiente e a terceiros afetados por sua atividade.

Trata-se de hipótese de responsabilidade objetiva.

A pessoa que não tem saúde não tem vida digna. Sem ambiente ecologicamente equilibrado não há saúde. Isso inclui o meio ambiente do trabalho. O trabalhador quando está doente não pode trabalhar, não podendo exercer uma das formas de obter uma vida digna. A saúde do trabalhador é, portanto, um direito humano, que seria uma das necessidades básicas e fundamentais da pessoa.

Assegura o inciso XXII do art. 7º da Lei Maior redução dos riscos inerentes ao trabalho, por meio de normas de saúde, higiene e segurança.

Ao sistema único de saúde compete, além de outras atribuições, nos termos da lei, colaborar na proteção ao meio ambiente, nele compreendido o do trabalho (art. 200, VIII, da Lei Maior). O empregador tem a obrigação de proteger o meio ambiente do trabalho, conforme a combinação do inciso VIII do art. 200 com o art. 225 da Constituição.

A lei irá prever adicional de remuneração para as atividades penosas, insalubres ou perigosas (art. 7º, XXIII, da Constituição). Até o momento, a lei não tratou de adicional de remuneração para atividades penosas.

O § 1º do art. 4 da Convenção n. 155, ratificada pelo Brasil, dispõe que o país deve pôr em prática e reexaminar periodicamente uma política nacional coerente em matéria de meio ambiente de trabalho.

José Afonso da Silva define o meio ambiente do trabalho como "um complexo de bens imóveis e móveis de uma empresa e de uma sociedade, objeto de direitos subjetivos privados e de direitos invioláveis da saúde e da integridade física dos trabalhadores que o frequentam"[2].

Antônio Silveira Ribeiro dos Santos conceitua o meio ambiente de trabalho como "o conjunto de fatores físicos, climáticos ou qualquer outro que interligados, ou não, estão presentes e envolvem o local de trabalho da pessoa"[3].

O ambiente de trabalho deve ser o meio do trabalhador ganhar a vida e não de perdê-la, como ocorre nos acidentes do trabalho.

O exame médico deve ser feito para a constatação de riscos à saúde do empregado, como de ataque cardíaco em pilotos de avião, em motoristas de veículos. Visa proteger a saúde do empregado, como no exame admissional ou demissional.

O art. 4º da Convenção n. 148 estabeleceu que a legislação nacional do Estado-membro que ratificar a norma internacional deve dispor sobre a adoção de medidas preventivas e limitativas dos riscos profissionais no local de trabalho devidos àqueles agentes. O art. 9º prevê que, na medida do possível, dever-se-á eliminar todo risco devido à contaminação do ar, ao ruído e às vibrações no local de trabalho. O empregador deverá proporcionar e conservar em bom estado o equipamento de proteção pessoal apropriado (art. 10). O art. 11.3 dispõe que:

---

[2] SILVA, José Afonso. *Direito ambiental constitucional*. 2. ed. São Paulo: Malheiros, 1995, p. 5.

[3] SANTOS, Antônio Silveira Ribeiro dos. *Jornal Tribuna do Direito*, São Paulo, jan. 2000.

quando, por razões médicas, seja desaconselhável a permanência de um trabalhador em uma função sujeita à exposição à contaminação do ar, ao ruído ou às vibrações, deverão ser adotadas todas as medidas compatíveis com a prática e as condições nacionais para transferi-lo para outro emprego adequado ou para assegurar-lhe a manutenção de seus rendimentos, mediante prestações da previdência social ou por qualquer outro meio.

A Convenção n. 155 foi aprovada pelo Decreto Legislativo n. 2, de 17 de março de 1992, e promulgada pelo Decreto n. 1.254, de 29 de setembro de 1994. O art. 1º dispõe que ela se aplica a todas as áreas de atividade econômica. O art. 3º menciona que a palavra *trabalhadores* abrange todas as pessoas empregadas, inclusive os funcionários públicos. Os Estados-membros devem formular uma política nacional coerente em matéria de segurança e saúde dos trabalhadores e o meio ambiente de trabalho (art. 4º). As medidas de segurança e higiene do trabalho não deverão implicar nenhum ônus financeiro para os trabalhadores (art. 21).

A Convenção n. 161 trata de serviços de saúde no trabalho. Foi aprovada pelo Decreto Legislativo n. 86, de 14 de dezembro de 1989. Foi promulgada pelo Decreto n. 127, de 22 de maio de 1991. Mostra o inciso I da alínea *a* do art. 1º da Convenção n. 161 da OIT que deve haver um:

> serviço investido de funções essencialmente preventivas e encarregado de aconselhar o empregador, os trabalhadores e seus representantes na empresa em apreço sobre todos os requisitos necessários para estabelecer e manter um ambiente de trabalho seguro e salubre, de molde a favorecer uma saúde física e mental ótima em relação com o trabalho.

Os serviços da saúde no trabalho devem ser informados dos casos de doenças entre os trabalhadores e das faltas ao serviço por motivo de saúde, a fim de estarem aptos a identificar toda relação que possa haver entre as causas da doença ou da falta e os riscos à saúde que possam existir no local de trabalho (art. 15).

Em 15 de junho de 2006, foi editada a Convenção n. 187 da OIT sobre marco promocional para a segurança e saúde no trabalho. O objetivo é que todo Estado-membro que a ratifique promova a melhora contínua da segurança e da saúde no trabalho, visando prevenir lesões, doenças e mortes provocadas por acidentes. Foi adotada a Recomendação n. 197 que complementa a Convenção.

Em casos de trabalhos com movimentos repetitivos, não se deve permitir trabalho por produção. A jornada de trabalho deve ser menor e as férias deveriam ser maiores. É o que deveria ocorrer com o digitador, com o cortador de cana.

17
Ratificação das Convenções da OIT

17.1 Justificativa

Para se entender o que vai ser exposto nos capítulos referentes às Convenções n. 143 e 158 da OIT, é preciso verificar a necessidade de se ratificar as convenções da OIT e como elas são recepcionadas pelo nosso sistema constitucional.

17.2 Obrigatoriedade

Em princípio, poder-se-ia dizer que as convenções da OIT não são obrigatórias em razão da soberania existente em cada país. No entanto, a partir do momento em que o país ingressa na OIT, adere à sua Constituição, tendo obrigação formal de submeter toda convenção, no prazo máximo de 18 meses da sua vigência internacional, à autoridade nacional competente para sua aprovação (art. 19, § 5º, *a*, da Constituição da OIT).

Como adverte Arnaldo Süssekind:

> a submissão, portanto, não se confunde com a ratificação. O Estado é soberano para aderir à convenção da OIT, ratificando-a; no entanto, está obrigado a cumprir a formalidade de submetê-la ao órgão nacional competente, a fim de que este decida soberanamente sobre sua aprovação[1].

---
[1] SÜSSEKIND, Arnaldo. *Convenções da OIT*. São Paulo: LTr, 1994, p. 33.

No Brasil, o presidente da República tem competência privativa para celebrar tratados, convenções e atos internacionais, sujeitos a referendo do Congresso Nacional (art. 84, VIII, da Constituição).

O Congresso Nacional tem competência exclusiva para resolver definitivamente sobre tratados, acordos ou atos internacionais que acarretem encargos ou compromissos gravosos ao patrimônio nacional (art. 49, I, da Constituição).

17.3 Hierarquia das Convenções da OIT

A hierarquia das normas internacionais pode ser analisada sob o ângulo de duas teorias. A teoria monista, que prega a unidade do sistema do Direito Internacional e do Direito interno do país. A teoria dualista, que entende que existem duas ordens jurídicas distintas, a internacional e a interna. O tratado não seria fonte de direitos, mas de princípios gerais. Há ainda a teoria mista, que prega uma mistura entre as duas teorias.

Na corrente monista, seria possível sustentar duas situações: (a) a que entende que haveria primazia da ordem internacional sobre o direito interno, tese defendida por Haroldo Valladão[2]. Era a ideia de Hegel, no sentido de que o Estado tem soberania absoluta, decorrente da sua própria vontade, e Kelsen, que entendia que a norma internacional estaria acima das demais e seria, portanto, superior; (b) a que equipara a norma internacional ao direito interno, "dependendo a prevalência de uma fonte sobre a outra da ordem cronológica de sua criação"[3], isto é, o direito interno prevalece sobre o direito internacional, se aquele for posterior a este.

Vicente Marotta Rangel afirma que os acordos devem ser cumpridos (*pact sunt servanda*). A noção de unidade e solidariedade do gênero humano fazem com que a jurisprudência internacional consagre a ideia da superioridade do tratado sobre a legislação interna.

---

[2] VALLADÃO, Haroldo. *Direito internacional privado*. Introdução e parte geral. 3. ed. Rio de Janeiro: Freitas Bastos, 1971, p. 95.

[3] DOLINGER, Jacob. *Direito internacional privado*: parte geral. Rio de Janeiro: Renovar, 1994, p. 83.

A solução ideal e desejada é a da harmonização das ordens jurídicas de cada Estado com a ordem jurídica internacional. A tendência de várias Constituições contemporâneas é a de concorrer para essa harmonização. Fortalece essa tendência admitir que os tratados, tão logo sejam regularmente concluídos e produzam efeitos na ordem internacional, passem imediata e automaticamente a produzi-lo na ordem interna dos Estados contratantes. [...] Concorre para fortalecer essa harmonização, o reconhecimento, pela jurisprudência de cada Estado, da superioridade hierárquica do tratado sobre o Direito interno, de conformidade com o que vem decidindo reiteradamente os tribunais internacionais mediante simples garantia de publicidade[4].

Leciona José Carlos de Magalhães que:

o Estado, quando se obriga internacionalmente, o faz como entidade única, da qual, faz parte o Poder Judiciário. Não há de se falar em divisão de poderes estabelecida no plano interno, com efeitos no plano internacional. O Judiciário faz parte do Estado e age em seu nome, tanto quanto os demais poderes. Ao deixar de dar cumprimento a tratado devidamente ratificado e em vigor, surge a responsabilidade internacional do Estado, a que deve ser sensível o Judiciário[5].

Américo Plá Rodriguez assevera que cabe exclusivamente ao direito interno de cada Estado "determinar como um tratado se converte em obrigatório no direito nacional"[6].

A Constituição brasileira de 1988 não é clara no sentido de que observou uma teoria ou outra. Tudo indica que adotou a teoria monista, em virtude da qual o tratado ratificado complementa, altera ou revoga o direito interno, desde que se trate de norma autoaplicável e que já esteja em vigor no âmbito internacional. O Brasil nas suas relações internacionais rege-se pelo princípio da independência nacional (art. 4º, I), não podendo

---

[4] RANGEL, Vicente Marotta. Os conflitos entre o direito interno e os tratados internacionais. *Boletim da Sociedade Brasileira de Direito Internacional*, n. 45 e 46, p. 54-57.

[5] Apud SÜSSEKIND, Arnaldo. Alterações na legislação de férias, *Revista do Direito Trabalhista*, ano 6, n. 1, p. 19, 31 jan. 2000.

[6] PLÁ RODRIGUEZ, Américo. *Revista Internacional del Trabajo*, Genebra, v. 90, n. 6, p. 616, 1974.

haver, portanto, a coexistência de duas ordens ao mesmo tempo. O § 2º do art. 5º da Lei Maior determina que os direitos e garantias expressos na Constituição não excluem outros decorrentes do regime e dos princípios por ela adotados, ou dos tratados internacionais de que o Brasil seja parte. O inciso VIII do art. 84 da Lei Magna determina que compete privativamente ao presidente da República celebrar tratados, convenções e atos internacionais, sujeitos a referendo do Congresso Nacional.

A Convenção da OIT tem natureza de lei federal, tanto que o Congresso Nacional tem competência exclusiva para resolver definitivamente sobre tratados internacionais (art. 49, I), o que é feito por meio de decreto legislativo, que também tem natureza de lei federal (art. 59, VI, da Constituição). A alínea *b* do inciso III do art. 102 da Constituição esclarece que compete ao STF, em grau de recurso extraordinário, julgar as causas em única ou última instância, para declarar a inconstitucionalidade de tratado, mostrando que o tratado fica hierarquicamente logo abaixo da Constituição, pois o STF faz controle da sua constitucionalidade. A alínea *a* do inciso III do art. 105 da Lex Mater dispõe que compete ao STJ julgar em recurso especial as decisões que contrariarem tratado, ou negar-lhes vigência, indicando que o tratado tem hierarquia de lei federal.

Consiste a ratificação no "ato pelo qual o poder executivo, devidamente autorizado pelo órgão para isso designado na lei interna, confirma um tratado ou declara que este deve produzir seus devidos efeitos"[7].

Uma vez ratificada a convenção e depois submetida à apreciação do Congresso Nacional, é de observância obrigatória no Brasil, tendo hierarquia de lei federal, justamente porque é aprovada por meio de decreto legislativo (art. 59, VI, da Constituição).

Adotam a teoria monista: Alemanha, Áustria, Estados Unidos, Finlândia, França, Grécia, Holanda, Itália, Luxemburgo, Portugal, Suécia, Suíça, países africanos de idioma francês. Na América Latina, adotam a teoria Argentina, México e Uruguai.

A teoria dualista afirma que não há a aplicação da norma internacional sem que norma interna a regulamente. O país tem o compromisso de legislar na conformidade do diploma ratificado, sob pena de responsabili-

---

[7] ACCIOLY, Hildebrando. *Tratado de direito internacional público*. 2. ed. Rio de Janeiro: IBGE, 1956, v. I, p. 574.

dade do Estado no âmbito internacional. Amílcar de Castro, que é adepto de tal teoria, sustenta que o tratado:

> só opera na ordem internacional, que é independente da nacional, e entre ordens independentes não podem as normas de uma provir da outra. É aceitável por isso a opinião de Azilotti no sentido de que "as normas internacionais não podem influir sobre o valor obrigatório das normas internas, e vice-versa[8].

Utilizam esse sistema Austrália, Canadá e Inglaterra, entre outros.

A Constituição da Alemanha de 1949 faz prevalecer as normas de direito internacional sobre a lei interna (art. 25).

O art. 55 da Constituição da França reconhece que os tratados têm "uma autoridade superior à das leis".

A Constituição portuguesa de 1976 enumera entre os direitos humanos "quaisquer outros constantes das leis e das regras aplicáveis do direito internacional". Estabelece, ainda, que "os preceitos constitucionais e legais relativos aos direitos fundamentais devem ser interpretados e integrados em harmonia com a Declaração Universal dos Direitos do Homem" (art. 16). Jorge Miranda, com base no art. 16, 1, da Constituição portuguesa:

> aponta para um sentido material de direitos fundamentais: estes não são apenas os que as normas formalmente constitucionais enunciem; são ou podem ser também direitos provenientes de outras fontes, na perspectiva mais ampla, da Constituição material. Os direitos fundamentais não estariam enumerados taxativamente na Constituição.

Seria uma "enumeração aberta, sempre pronta a ser preenchida ou completada através de outros direitos ou, quanto a cada direito, através de novas faculdades para além daquelas que se encontrem definidas ou especificadas em cada momento". O referido artigo seria uma espécie de cláusula aberta[9]. Gomes Canotilho admite no artigo 16 da Constituição portu-

---

[8] CASTRO, Amílcar. *Direito internacional privado*. 5. ed. Rio de Janeiro: Forense, 1997, p. 123.

[9] MIRANDA, Jorge. *Manual de direito constitucional*. Tomo IV. Direitos Fundamentais. Coimbra: Coimbra Editora, 1988, p. 153.

guesa "outros direitos fundamentais constantes das leis e das regras aplicáveis de direito internacional"[10].

O STF havia entendido que a:

> norma consagra a vigência dos tratados, independentemente de lei especial. Porque, se essa vigência dependesse de lei, a referência a tratado, no dispositivo constitucional, seria de todo ociosa. Por outras palavras, a Constituição prevê a negativa de vigência da lei e a negativa de vigência do tratado, exigindo para a validade desta a aprovação pelo Congresso Nacional, porém não sua reprodução formal em texto de legislação interna[11].

A teoria mista interpreta em conjunto os §§ 1º e 2º do art. 5º da Constituição. Haveria a incorporação automática dos tratados internacionais ratificados pelo Brasil que versarem sobre direitos humanos. Não haveria necessidade de ato formal complementar para que eles possam ser aplicados. Os demais tratados internacionais somente se incorporariam ao direito interno mediante a observância do procedimento legislativo[12].

Embora o § 18 do art. 19 da Constituição da OIT declare que a convenção não importa na revogação ou alteração de qualquer lei, sentença, costume ou acordo que garanta aos trabalhadores condições mais favoráveis, o STF entendeu que a norma posterior ao tratado prevalece sobre o instrumento internacional, ainda que não tenha sido ele denunciado pelo Brasil[13]. Mais recentemente, o STF entendeu que "os tratados concluídos pelo Estado Federal possuem, em nosso sistema normativo, o mesmo grau de autoridade e de eficácia das leis mencionadas"[14]. Não há necessidade, portanto, de aprovação de uma lei ordinária para que o tratado tenha validade interna no país. Entretanto, é possível justificar que a norma internacional tem sua forma própria de revogação, a denúncia, e só pode ser alte-

---

[10] CANOTILHO, J. J. Gomes. *Direito constitucional e teoria da Constituição*. 7. ed. Coimbra: Almedina, 2003, p. 403-404.

[11] Pleno, RE 71.154, j. 4-8-1971, rel. Min. Oswaldo Trigueiro, *RTJ* n. 58, p. 71.

[12] É a posição de Flávia Piovesan (*Direitos humanos e o direito constitucional internacional*. São Paulo: Max Limonad, 1996, p. 103).

[13] STF, Pleno, RE 80.004, j. 1º-6-1977, rel. Min. Cunha Peixoto, *RTJ* 83/809.

[14] STF, ADIn 1.347-5, rel. Min. Celso de Mello, *DJU* I 1º-12-1995, p. 41685.

rada por outra norma de categoria igual ou superior, internacional ou supranacional, e jamais pela inferior, interna ou nacional[15]. O STF afirmou que a lei ordinária, se posterior ao tratado, prevalece sobre este, porque foi a última vontade do legislador republicano[16].

Sendo o tratado anterior à Constituição e contrário a ela, prevalece a Lei Maior, se esta for mais recente. Se o tratado for posterior à Constituição, o primeiro é inconstitucional, tanto que é cabível o recurso extraordinário para declarar sua inconstitucionalidade (art. 102, III, *b*, da Constituição). Nesse sentido, foi acolhida representação do Procurador-Geral da República para afirmar a ineficácia jurídica de determinadas normas da Convenção n. 110 da OIT, por se atritarem com disposições da Constituição no momento da ratificação[17]. Isso mostra que tem hierarquia de lei ordinária. Estabelece o art. 60 da Constituição o processo de emenda à Constituição, porém o tratado não está nele incluído.

Celso de Albuquerque Mello defendia o entendimento de que os tratados estariam acima da Constituição. Essa tese foi adotada pelo STF até a década de 1970.

As convenções têm natureza de tratado-lei, de tratado internacional e não de tratado-contrato, pois formulam regras, condições ou princípios de ordem geral, destinados a reger certas relações internacionais, estabelecendo normas gerais de ação, como ocorre com a Convenção sobre o mar territorial. As recomendações, como o próprio nome diz, são meras orientações, constituindo-se apenas em fonte material de direito. Passam as convenções a fazer parte do ordenamento interno do país, com natureza de lei federal. As convenções da OIT não correspondem, porém, a leis supranacionais, pois a Conferência da OIT não tem natureza de um Parlamento universal com a possibilidade de impor normas aos Estados. O ato-regra é a Convenção aprovada pela Conferência. O ato condição é a ratificação pelo Estado-membro.

---

[15] VALADÃO, Haroldo. *Direito internacional privado*. 3. ed. Rio de Janeiro: Freitas Bastos, 1971, p. 95.
[16] Pleno, RE 80.004-SE, j. de 1°-6-1977, rel. Min. Xavier de Albuquerque, *RTJ* 83, p. 809.
[17] STF, Pleno, Representação 803, j. 14-6-1974, rel. Min. Djaci Falcão.

Mostra o art. 98 do CTN que os tratados e as convenções internacionais revogam ou modificam a legislação tributária interna, e serão observados pela que lhes sobrevenha, justamente porque têm hierarquia de lei federal.

O art. 85-A da Lei n. 8.212/91 mostra que tratados e convenções são interpretados como lei especial.

Cada país, na sua Constituição, irá estabelecer como se recepciona a norma internacional, em razão do princípio da soberania internacional de cada Estado.

O STF entendeu, ao analisar a aplicação da Lei Cambiária Uniforme, que se a norma internacional foi promulgada, passa a integrar o direito positivo, inclusive naquilo em que modifique a legislação interna da mesma hierarquia, havendo igualdade de hierarquia entre a lei ordinária e o tratado internacional incorporado ao nosso ordenamento jurídico[18].

Em outro caso, o STF afirmou que os tratados e convenções ingressam no nosso sistema jurídico como atos normativos infraconstitucionais[19].

Não há, portanto, hierarquia entre lei ordinária e as decorrentes de tratados e convenções internacionais. Eventual conflito é resolvido pela aplicação do critério cronológico, revogando a norma posterior a anterior ou pela aplicação da norma que é especial[20].

O tratado ou a convenção não poderá prevalecer sobre a Constituição. Os tratados e convenções podem ser objeto de controle difuso e concentrado de constitucionalidade. São considerados inconstitucionais se afrontarem a Constituição[21].

No julgamento feito pelo STF a respeito da validade da Convenção n. 158 da OIT, foi dito que há a supremacia da Constituição sobre todo e qualquer ato de direito internacional público celebrado pelo Estado brasileiro. Foram mencionados os precedentes: RP 803-DF (*RTJ* 84/724); RE 109.173-SP (*RTJ* 121/270)[22].

---

[18] RE 71.154-PR, *RTJ* 58/70.
[19] *RTJ* 83/809; ADIn 1.480-3, medida liminar, rel. Min. Celso de Mello.
[20] *RTJ* 70/333; *RTJ* 100/1.030.
[21] *RTJ* 84/724; *RTJ* 95/980.
[22] *Informativo do STF*, Brasília 7 a 11 outubro de 1996, n. 48, p. 1.

RATIFICAÇÃO DAS CONVENÇÕES DA OIT

No caso em que foi examinada a Convenção de Varsóvia (art. 22) em conflito com a Constituição de 1988 (art. 5º, II e § 2º), o STF entendeu que "os tratados subscritos pelo Brasil não se superpõem à Constituição Federal". Foi citado ainda o precedente do RE 172.720[23].

Se a norma internacional é aprovada depois de uma lei ordinária, esta fica revogada no ponto em que conflita com o tratado. Se houver lei posterior que trate da matéria de forma diferente, revoga o tratado ou a convenção. No último caso, no plano internacional o Estado continua obrigado a observar o tratado, mas o descumpre em razão da previsão da lei interna.

Inicialmente o STF entendia que os tratados internacionais tinham prevalência sobre a legislação infraconstitucional (AC 7.872/1943, rel. Min. Philadelpho Azevedo; AC 9.587/1951, rel. Min. Orozimbo Nonato). Em 1977, passou a entender que a natureza dos tratados era igual à das leis ordinárias (RE 80.004/SE, Red. p/ o ac. Min. Cunha Peixoto). Em 1995, o STF entendeu que, embora os tratados tenham hierarquia infraconstitucional, cuidavam de temas gerais e não revogavam leis especiais, assim como os tratados especiais não eram revogados pela nova lei geral (HC 72.131/RJ, Red. p/o AC. Min. Moreira Alves, *DJU* 1º-8-2003). Nesse caso entenderam que o Pacto de São José da Costa Rica tem natureza geral e não poderia revogar disposições específicas da legislação ordinária, permitindo a prisão civil do depositário infiel na alienação fiduciária.

Atualmente, o STF entende que o tratado internacional sobre direitos humanos tem posição hierárquica supralegal (RE 466.343/SP, rel. Min. Cezar Peluso, *DJ* 5-6-2009). Estão acima da lei ordinária e abaixo da Constituição. O STF entendeu que não é possível prender o depositário infiel por dívida (RE 398.703, j. 3-12-2008). Há a prevalência do Pacto de San José da Costa Rica (art. 7º, 7). É "ilícita a prisão civil de depositário infiel, qualquer que seja a modalidade do depósito" (Súmula Vinculante 25 do STF). O Pleno entendeu que a proibição de prisão civil por dívida se estende à infidelidade no depósito de bens (RE 349.703) e à alienação fiduciária (RE 466.343). O Ministro Gilmar Mendes, no RE 466.343-1, afirmou que:

> tudo indica, portanto, que a jurisprudência do Supremo Tribunal Federal, sem sombra de dúvidas, tem de ser revisitada criticamente. O anacronismo da tese da legalidade ordinária dos tratados de direitos humanos,

---

[23] STF, AI 196.379-9/RJ, rel. Min. Marco Aurélio, *DJU* I 14-8-1997, p. 36790.

mesmo antes da reforma constitucional levada a efeito pela Emenda Constitucional n. 45/2004, está bem demonstrado [...]. Importante deixar claro, também, que a tese da legalidade ordinária, na medida em que permite ao Estado brasileiro, ao fim e ao cabo, o descumprimento unilateral de um acordo internacional, vai de encontro aos princípios internacionais fixados pela Convenção de Viena sobre o Direito dos Tratados, de 1969, a qual, em seu artigo 27, determina que nenhum Estado pactuante *"pode invocar as disposições de seu direito interno para justificar o inadimplemento de um tratado".* Por conseguinte, parece mais consistente a interpretação que atribui a característica de *supralegalidade* aos tratados e convenções de direitos humanos. Essa tese pugna pelo argumento de que os tratados sobre direitos humanos seriam infraconstitucionais; porém, diante de seu caráter especial em relação aos demais atos normativos internacionais, também seriam dotados de um atributo de *supralegalidade.* Em outros termos, os tratados sobre direitos humanos não poderiam afrontar a supremacia da Constituição, mas teriam lugar especial reservado no ordenamento jurídico. Equipará-los à legislação ordinária seria subestimar o seu valor especial no contexto do sistema de proteção dos direitos da pessoa humana.

Conclui:

Portanto, diante do inequívoco caráter especial dos tratados internacionais que cuidam da proteção dos direitos humanos, não é difícil entender que a sua internalização no ordenamento jurídico, por meio do procedimento de ratificação previsto na Constituição, tem o condão de paralisar a eficácia jurídica de toda e qualquer disciplina normativa infraconstitucional com ela conflitante. Nesse sentido, é possível concluir que, diante da supremacia da Constituição sobre os atos normativos internacionais, a previsão constitucional da prisão civil do depositário infiel (art. 5º, inciso LXVII) não foi revogada pela ratificação do Pacto Internacional dos Direitos Civis e Políticos (art. 11) e da Convenção Americana sobre Direitos Humanos – Pactos de San José da Costa Rica (art. 7º, 7), mas deixou de ter aplicabilidade diante do efeito paralisante desses tratados em relação à legislação infraconstitucional que disciplina a matéria, incluídos o art. 1.287 do Código Civil de 1916 e o Decreto-lei n. 911, de 1º de outubro de 1969.

Esse entendimento prevaleceu no julgamento dos Recursos Extraordinários 349.703 e 466.343 e do *Habeas Corpus* 87.585. Asseverou o Ministro Gilmar Mendes:

o *status* normativo *supralegal* dos tratados internacionais de direitos humanos subscritos pelo Brasil, dessa forma, torna *inaplicável a legislação infraconstitucional com ele conflitante*, seja ela anterior ou posterior ao ato de ratificação. Assim ocorreu com o art. 1.287 do Código Civil de 1916 e com o Decreto-lei n. 911/69, assim como em relação ao art. 652 do Novo Código Civil (Lei n. 10.406/2002).

A Emenda Constitucional n. 45/2004 acrescenta o § 3º ao art. 5º da Constituição. Agora existe outra situação a considerar. Os tratados e convenções internacionais sobre direitos humanos aprovados em dois turnos no Congresso Nacional, por três quintos dos votos de cada casa, que é o procedimento equivalente ao da votação de emenda constitucional (§ 2º do art. 60 da Lei Maior), terão natureza de emenda constitucional. São apenas os tratados e convenções internacionais sobre direitos humanos e não sobre outras matérias.

Ficará a cargo do Congresso Nacional adotar o critério que entender adequado para a aprovação da norma internacional. A Convenção sobre os direitos das Pessoas com Deficiência foi aprovada com quórum de mais de 2/3 em cada casa do Congresso Nacional, tendo natureza de emenda constitucional (§ 3º do art. 5º da Constituição).

Caso haja um ato que contrarie a convenção, será considerado inconstitucional[24], em razão de que ela se insere no nosso ordenamento jurídico como emenda constitucional.

A palavra *convenções*, no plural, compreende as Convenções da OIT.

Depois da Reforma de 1994, a Constituição da Argentina incorporou em seu texto vários tratados a respeito de direitos humanos, com a natureza de *status* constitucional, desde que aprovados por quórum idêntico ao das emendas constitucionais.

A Constituição da Espanha, de 1978, assegura no item 2 do art. 10 que as normas relativas a direitos fundamentais e às liberdades públicas, desde que reconhecidas no texto constitucional, devem ser interpretadas de acordo com a Declaração Universal dos Direitos Humanos e os tratados e acordos internacionais sobre as mesmas matérias ratificadas pelo país.

---

[24] FERREIRA FILHO, Manoel Gonçalves. *Direitos humanos fundamentais*. 8. ed. São Paulo: Saraiva, 2006, p. 101.

A Constituição do Peru, no art. 4º, afirma que são reconhecidos outros direitos além dos expressamente positivados, desde que derivem da dignidade humana, da soberania popular, do Estado Social e Democrático de Direito e da forma republicana.

Os tratados já aprovados anteriormente à vigência do § 3º do art. 5º da Constituição precisam ser analisados se foram aprovados com votação de três quintos dos votos de cada casa do Congresso Nacional ou se foram aprovados por maioria simples. Anteriormente, não havia preocupação em saber qual foi o quórum de aprovação dos tratados sobre direitos humanos, pois não havia a nova regra constitucional.

Uma interpretação pode ser no sentido de que somente os tratados sobre direitos humanos aprovados após a vigência do § 3º do art. 5º da Constituição é que terão natureza de emenda constitucional, pois, do contrário, o citado parágrafo teria efeito retroativo. O § 3º do art. 5º faz referência a tratados e convenções internacionais que forem aprovados, isto é, da data da vigência do referido parágrafo em diante e não os tratados anteriores.

Nada impede também que o STF entenda inconstitucional a emenda constitucional que incorporou o tratado sobre direitos humanos ao nosso ordenamento jurídico, sob o fundamento de que ele contrariaria cláusula pétrea.

É certo que as emendas constitucionais não precisam de sanção do presidente da República, pois entram em vigor a partir de sua promulgação pelo Congresso Nacional (§ 3º do art. 60 da Constituição). O presidente da República também não poderá vetar o tratado, por ter natureza de emenda constitucional e não se tratar de lei ordinária.

17.4 Necessidade de promulgação das Convenções

Há entendimento de que qualquer norma internacional não pode ser aplicada enquanto não for tornado público o texto oficial, por meio de decreto de promulgação publicado no *Diário Oficial*[25].

Em relação às convenções da OIT, esclarece Arnaldo Süssekind que:

---

[25] MELLO, Celso de Albuquerque. *Curso de direito internacional público*. 9. ed. Rio de Janeiro: Renovar, 1992, v. I, p. 185-186.

embora nada disponha a respeito na Constituição da OIT, constitui praxe recomendável tornar público, por meio de ato governamental, a ratificação da convenção, com o esclarecimento sobre a data em que terá início sua vigência no território nacional (É o que ocorre no Brasil, através do Decreto de promulgação, expedido pelo Poder Executivo)[26].

A *vacatio legis* da convenção da OIT tem por finalidade: (a) nos países que adotam o dualismo jurídico, para que adotem a legislação ou regulamentação pertinente; (b) nos países que adotam o monismo jurídico, para que divulguem o texto da norma internacional no idioma adotado pelo país, e optem, se for o caso, pelas medidas legais para complementação das normas da convenção que não são autoaplicáveis.

No Brasil, a convenção da OIT tem de ser aprovada pelo Congresso Nacional, que é a submissão da norma internacional à soberania interna do Estado, por intermédio da sua casa legislativa competente. A aprovação é feita por meio de decreto legislativo do Senado Federal.

As normas internacionais devem, porém, ser interpretadas de acordo com as limitações impostas pela Constituição[27].

Em Portugal:

> as normas de direito internacional público vigoram na ordem interna com a mesma relevância das normas de direito interno, desde logo quanto à subordinação à Constituição – sendo, pois, inconstitucionais se infringirem as normas da Constituição ou os seus princípios[28].

Leciona Celso de Albuquerque Mello que qualquer norma internacional não pode ser aplicada enquanto não for tornado público o texto oficial, por meio de decreto de promulgação publicado no *Diário Oficial*[29].

---

[26] SÜSSEKIND, Arnaldo. *Instituições de direito do trabalho*. 14. ed. São Paulo: LTr, 1993, p. 1289.

[27] STF, 2ª T., HC 73.044-2/SP, rel. Min. Maurício Correa, *DJU* I, 20-9-1996, p. 34534.

[28] CANOTILHO, J. J. Gomes; MOREIRA, Vital. *Constituição da República Portuguesa anotada*. 3. ed. Coimbra: Coimbra Editora, 1993, p. 85.

[29] MELLO, Celso de Albuquerque. *Curso de Direito Internacional Público*. 9. ed. Rio de Janeiro: Renovar, 1992, v. I, p. 185-186.

Francisco Rezek afirma que o tratado, uma vez concluído, depende de publicidade para passar a integrar o ordenamento jurídico nacional. A promulgação do tratado por decreto do presidente da República é feita no *Diário Oficial*, não se constituindo em determinação constitucional, mas em praxe "tão antiga quanto a Independência e os primeiros exercícios convencionais do Império". Vale o decreto:

> como ato de publicidade da existência do tratado, norma jurídica de vigência atual ou iminente. Publica-os, pois, o órgão oficial, para que o tratado – cujo texto completo vai em anexo – se introduza na ordem legal, e opere desde o momento próprio. A simples publicação no *Diário Oficial*, autorizada pelo ministro das Relações Exteriores e efetivada pela Divisão de Atos Internacionais do Itamaraty, garante a introdução no ordenamento jurídico nacional dos acordos celebrados no molde "executivo" – sem manifestação tópica do Congresso ou intervenção formal, a qualquer título, do presidente da República[30].

Hildebrando Acciolly ensina que a promulgação:

> é o ato jurídico, de natureza interna, pelo qual o governo de um Estado afirma ou atesta a existência de um tratado por ele celebrado e o preenchimento das formalidades exigidas para sua conclusão e, além disso, ordena sua execução dentro dos limites aos quais se estende a competência estatal[31].

Menciona ainda o mestre que "essa publicação tem em vista apenas a produção de efeitos na ordem interna e é regulada pelo direito público interno de cada Estado"[32].

Leciona Celso de Albuquerque Mello que "no Brasil a promulgação é feita por decreto do Presidente da República, onde é ordenada a execu-

---

[30] REZEK, Francisco. *Direito internacional público*. 2. ed. São Paulo: Saraiva, 1991, p. 84.
[31] ACCIOLY, Hildebrando. *Tratado de direito internacional público*. 2. ed. Rio de Janeiro: IBGE, 1956, v. I, p. 602.
[32] ACCIOLY, Hildebrando. *Tratado de direito internacional público*. 2. ed. Rio de Janeiro: IBGE, 1956, v. I, p. 601.

ção do tratado cujo texto aí figura e é publicado no *Diário Oficial*". "A publicação é condição essencial para o tratado ser aplicado no âmbito interno"[33].

Embora não exista disposição na Constituição da OIT, na Constituição brasileira ou em lei determinando expressamente a promulgação da convenção da OIT por intermédio de decreto do presidente da República, para que possa ter vigência, a praxe consagrou essa orientação, pois o tratado internacional e a lei só vigem "depois de oficialmente publicados" (art. 1º da Lei de Introdução às Normas do Direito Brasileiro), o que é feito com o decreto de promulgação publicado no *Diário Oficial*. Trata-se apenas de mero ato de publicação, de tornar pública a norma internacional. Esse procedimento tem por finalidade apresentar a íntegra da norma internacional na língua oficial do país, de se saber qual a data em que a regra internacional entra em vigor, além de tornar público o texto da lei, o que só pode ser feito com a publicação no *Diário Oficial*. A publicação do texto da Convenção no *Diário do Congresso Nacional* não é suficiente para que ela se torne obrigatória, pois não se fixa a data em que tem início a sua vigência. Nem poderia ser diferente, pois o Poder Executivo não tem prazo para depositá-la na OIT.

Na Itália, esclarece Achile Donato Giannini que a doutrina dominante entende que há necessidade de um ato formal ulterior para fazer a transmudação do direito internacional ao direito interno, sem o qual a autoridade e cidadãos não são obrigados a observar as normas dispostas no tratado internacional. Tal ato é representado por leis ou decretos que usam a expressão "plena e inteira execução é dada à convenção", pela qual se informam a data e o lugar da estipulação, anexa-se o texto do tratado na língua original ou traduzida em italiano[34]. Isso mostra que não é só o Brasil que adota tal fórmula.

Somente com o decreto de promulgação é que se pode dizer que a Convenção tem vigência. Nesse momento é que passa a adquirir executoriedade interna e passa a ter obrigatoriedade no território brasileiro.

---

[33] MELLO, Celso de Albuquerque. *Curso de direito internacional público*. 9. ed. Rio de Janeiro: Renovar, 1992, v. I, p. 186.

[34] GIANNINI, Achile Donato. *Istituzioni di diritto tributário*. Milano: Giuffrè, 1972, p. 31-32.

Leciona Gilmar Ferreira Mendes que "com a promulgação do tratado por meio do decreto do Chefe do Executivo recebe aquele ato a ordem de execução, passando, assim, a ser aplicado de forma geral e obrigatória"[35].

Mirto Fraga esclarece que:

> o Supremo Tribunal Federal tem entendido ser necessária a promulgação para que o tratado tenha força executória na ordem interna. O decreto do Presidente da República atestando a existência da nova regra e o cumprimento das formalidades requeridas para que ela se concluísse, com a ordem de ser cumprida tão inteiramente como nela se contém, confere-lhe força executória, e a publicação exige sua observância por todos: Governo, particulares, Judiciário[36].

Não existe, porém, necessidade de sanção do Presidente da República em relação à norma internacional, que foi aprovada pelo Congresso Nacional.

17.5 Classificação das Convenções da OIT

As Convenções da OIT podem ser classificadas de três formas: (a) autoaplicáveis, que não necessitam de regulamentação e podem ser observadas de imediato após serem ratificadas; (b) de princípios, que fixam apenas regras gerais, necessitando de lei interna para que efetivamente possam ser aplicadas. São dirigidas aos Estados; (c) promocionais, que especificam determinados objetivos e estabelecem programas para sua consecução, os quais devem ser atendidos pelos Estados que as ratificam mediante providências sucessivas, a médio e longo prazo[37].

Muitos países ratificaram muitas convenções da OIT. Seychelles, uma ilha no oceano Índico, ratificou todas as convenções da OIT e as aplica. O Brasil está atrás do Uruguai no Mercosul.

---

[35] MENDES, Gilmar Ferreira. *Jurisdição constitucional*. São Paulo: Saraiva, 1996, p. 168.

[36] FRAGA, Mirto. *O conflito entre tratado internacional e norma de direito interno*. Rio de Janeiro: Forense, 1997, p. 69.

[37] SÜSSEKIND, Arnaldo. *Convenções da OIT*. São Paulo: LTr, 1994, p. 30.

RATIFICAÇÃO DAS CONVENÇÕES DA OIT

Os Estados Unidos ratificaram apenas 14 Convenções, entre as quais a de número 182. O referido país tinha saído da OIT, mas voltou em 1980. O procedimento da ratificação leva um ano e meio. Devem ser ouvidos advogados e juristas até chegar ao Senado. Algumas convenções não foram levadas avante em relação ao procedimento. Quanto a outras, não houve interesse dos empregadores. Os EUA adotam o sistema tripartite.

Para a OIT, são princípios fundamentais: (a) livre associação sindical e negociação coletiva; (b) abolição do trabalho forçado; (c) não discriminação ou igualdade; (d) abolição do trabalho infantil (item 2 da Declaração sobre os princípios fundamentais e direitos ao trabalho da OIT, de 1998).

A OIT considera as convenções que promovem trabalho decente: (1) 87, sobre liberdade sindical (2) 98, sobre negociação coletiva; (3) 29, trabalho forçado; (4) 105, abolição do trabalho forçado; (5) 138, idade mínima para o trabalho; (6) 182, piores formas de trabalho infantil; (7) 100, igualdade de remuneração; (8) 111, não discriminação. Essas convenções também são consideradas pela OIT como fundamentais[38].

São consideradas prioritárias para a OIT certas convenções: 81, sobre Inspeção do Trabalho; 129, sobre Inspeção do Trabalho na Agricultura; 144, sobre consulta tripartite; 122, sobre Política de Emprego. O órgão encoraja os países a ratificá-las, em razão da sua importância para o funcionamento de um sistema internacional de padrões para o trabalho[39].

Atualmente, 75 convenções da OIT são consideradas relevantes pela organização. As demais não são consideradas relevantes, pois perderam interesse no curso do tempo, foram revistas por outras mais recentes. Exemplo é a Convenção n. 3, que foi revista pela de número 103.

Discriminação não é uma ocorrência excepcional ou aberrante, mas um fenômeno sistemático, prevalente em valores sociais e culturais e também em normas[40]. A discriminação do trabalhador tanto pode ser intencional ou não, derivada de lei ou de práticas, em relação a nacionais ou a estrangeiros,

---

[38] *Freedom of association in practice*: lessons learned. Genebra: Oficina Internacional do Trabalho, 2008, p. 8.

[39] *Rules of the game*: a brief introduction to International Labour Standards. Genebra: Oficial Internacional do Trabalho, 2005, p. 13.

[40] *Equality at work*: trackling the challenges. Genebra: Oficina internacional do Trabalho, 2007, p. 9.

em qualquer setor (público ou privado) e ocupação. Deve haver igual acesso para treinamento vocacional, para o emprego ou ocupação, nas condições de trabalho. Pode ser direta ou indireta. Na direta, há regras ou práticas explícitas que excluem ou tratam alguém de forma menos favorável. Na indireta, existem aparentemente regras ou práticas neutras que resultam em um tratamento desigual pessoas com certas características. Não pode haver diferenciação quanto a raça, cor, sexo, religião, opinião política, origem, extrato social. Pode haver tratamento diferenciado baseado em: certas necessidades particulares do trabalho, como para artes ou esportes; medidas especiais de proteção ou assistência, como da proteção a maternidade (saúde da mulher e da criança); medidas de proteção em razão de segurança do Estado. Não deve haver diferenciação entre homens e mulheres, inclusive em relação a salário. Admite-se também ações afirmativas ou positivas, como quotas para admissão de certas pessoas, como de aprendizes ou de deficientes. Tratamento desigual leva a custos desiguais entre as empresas e maior possibilidade de a empresa entrar num mercado, em concorrência desleal com outras. A Corte Interamericana de Direitos Humanos já decidiu em 17 de setembro de 2003 que os direitos do trabalhador migrante devem ser reconhecidos e garantidos, independentemente da sua regular ou irregular situação no Estado em que é empregado. A Convenção n. 97 da OIT trata dos Trabalhadores Migrantes. A Convenção n. 143 versa sobre "Imigrações efetuadas em condições abusivas e sobre a promoção da igualdade de oportunidades e de tratamento dos trabalhadores migrantes". Em 1990 foi editada a Convenção Internacional de proteção a todos os trabalhadores migrantes e aos membros de suas famílias.

O trabalho "3-D" não deve ser permitido: *dirty* (sujo), *dangerous* (perigoso) e *degrading* (degradante).

A livre associação sindical e a negociação coletiva são consideradas direitos fundamentais pela OIT[41]. Elas têm raízes na Constituição da OIT e na Declaração de Filadélfia anexada à Constituição da OIT. A Convenção n. 87 da OIT não trata de pluralismo sindical. Cabe ao trabalhador escolher livremente entre pluralismo ou monopólio, ingressando ou saindo livremente do sindicato. A lei não pode impor nada.

---

[41] *Freedom of association in practice*: lessons learned. Genebra: Oficina Internacional do Trabalho, 2008, p. 5.

No trabalho forçado a pessoa não trabalha voluntariamente, além de sofrer alguma penalidade caso não proceda da forma indicada pelo tomador do serviço. O trabalho forçado compreende a restrição da liberdade da pessoa, violência e ameaças contra a pessoa ou sua família, retenção de documentos, ameaça de deportação, servidão ou escravidão, servidão por débitos ou empréstimos, penalidades financeiras[42]. Não se considera trabalho forçado o trabalho em horas extras, com baixos salários ou pela não observância de um mínimo salarial. A Convenção n. 29 da OIT exclui do trabalho forçado: serviço militar compulsório, obrigações civis normais, prisão como resultado de decisão judicial ou em decorrência de determinação de autoridade pública, trabalho em casos de emergências, serviços no interesse da comunidade. Segundo a Convenção n. 105 da OIT, o trabalho forçado não pode ser usado como meio ou coerção política ou educação ou como punição por visão política, meio de disciplina de trabalho, punição por participar de greves, discriminação racial, social, nacional ou religiosa. O Protocolo de Palermo a respeito de tráfico, de 2000, considera tráfico de pessoas o ato de recrutamento, transporte, transferência ou recepção das pessoas por meios usando ameaças ou uso de força ou outra forma de coação, fraude, abuso de poder, visando a exploração, que inclui a exploração para prostituição de pessoas ou outras formas de exploração sexual, trabalho ou serviço forçado, escravidão ou prática similar à escravidão, servidão ou remoção de órgãos. O tráfico de pessoas deve ser considerado como crime pelos países na sua legislação. A OIT estima que a exploração sexual é de 2% em relação aos homens e 98% em relação às mulheres[43]. É importante destacar o PPP, que significa a prevenção do problema (*prevention*), proteção das vítimas (*protection*) e que as pessoas envolvidas sejam processadas (*prosecution*). Devem ser observados os direitos das pessoas. A fiscalização deve ser feita pela inspeção do trabalho, juntamente, se for o caso, com a polícia e o Ministério Público do Trabalho. O país deve ter lei sobre o assunto. Nessa lei pode haver previsão de aplicação de sanções, inclusive de multas administrativas.

A ideia de se estabelecer um padrão internacional para o trabalho é válida para a resolução de problemas decorrentes da globalização, mas tem

---

[42] *A global alliance against forced labour*. Genebra: Oficina Internacional do Trabalho, 2005, p. 6.
[43] *A global alliance against forced labour*. Genebra: Oficina Internacional do Trabalho, 2005, p. 15.

de ser analisada de acordo com a soberania de cada país, que precisa submeter a matéria ao seu parlamento. Existem diferentes legislações em cada país. Cada um adota um sistema trabalhista. O ideal seria se fazer harmonização entre as legislações e não padronização, como se tenta fazer no MERCOSUL, em que os sistemas são diversos.

Alguns problemas podem ser resolvidos pelo estabelecimento de certos padrões, como entre imigrantes, que saem de um país e vão trabalhar em outro; de se considerar como direitos mínimos ou direitos fundamentais; papel dos salários-mínimos combinado com emprego condicional de benefícios, como foi feito no Reino Unido e na Irlanda; ou então se estabelecer certas Convenções da OIT como princípios mínimos, como de liberdade sindical, de negociação coletiva etc.

Outros problemas não são resolvidos pelo estabelecimento de padrões internacionais de trabalho, como a pobreza, a desigualdade, o fluxo de capital, o desemprego ou a criação de empregos, a economia informal, pois são questões que dependem da economia.

A OIT firmou 64 acordos-quadro internacionais. Foi celebrado um acordo com a empresa japonesa Takashi Maya (lojas) sobre condições de trabalho e promoção de direitos fundamentais. Foram firmados cinco acordos com a empresa francesa Danone a respeito de treinamento, segurança e reestruturação dentro da empresa. O descumprimento do acordo não pode levar a empresa a um tribunal. A OIT impõe pressão para que o acordo seja cumprido. Apresenta o tema perante a opinião pública, no sentido de que a empresa não cumpriu o acordo, visando causar a ela vergonha pelo fato.

A Declaração Tripartite de Princípios sobre Empresas Multinacionais e Política Social afirma que devem ser respeitadas as soberanias dos Estados, obedecidas as leis e regulações nacionais. Deve haver a estimulação do desenvolvimento e do crescimento econômico visando a promoção do emprego. A promoção da igualdade de oportunidade e tratamento no emprego objetiva eliminar qualquer discriminação baseada em cor, raça, sexo, religião, opinião política, nacionalidade ou origem social. O governo deve proporcionar treinamento vocacional. Os salários, benefícios e condições de trabalho oferecidos pelas multinacionais não podem ser menos favoráveis para os trabalhadores em relação àquelas que são oferecidas a empregados do seu país de origem. O governo deve assegurar segurança e saúde adequadas como padrões para os referidos empregadores.

RATIFICAÇÃO DAS CONVENÇÕES DA OIT

Propõe a OIT agenda de trabalho decente, consistente em promover o diálogo social, proteção social e criação de empregos. Esclarece que o trabalho não é mercadoria, pois não pode ser negociado pelo maior lucro ou pelo menor preço. Deve haver política de resultados nos países, com distribuição de renda, fiscalização trabalhista, permitindo que as pessoas possam trabalhar com dignidade.

A Declaração fundamental de princípios e direitos no trabalho, de 1998, verifica os desafios da globalização, que tem sido o foco em debate na OIT desde 1994. Há necessidade de se observar certas regras sociais de piso, fundadas em valores comuns. O objetivo é estimular esforços nacionais para assegurar que o progresso social caminha de mãos dadas com o progresso econômico e precisa respeitar as diversidades das circunstâncias, possibilidades e preferências nos países. Foi estabelecido um mínimo social para responder às realidades da globalização.

A OIT editou em 2008 a Declaração de Justiça Social para uma globalização mais justa. É a terceira declaração de princípios e políticas adotada pela Conferência desde a Constituição de 1919. Expressa a visão atual da OIT a respeito da era da globalização. É enfatizado que a chave da questão é a organização tripartite. A Declaração foi editada num momento crucial politicamente importante, refletindo o consenso de se trabalhar uma dimensão social para o aperfeiçoamento contínuo da relação trabalhista. É o compasso para a promoção de uma globalização justa fundada no trabalho decente, como uma prática ferramenta para acelerar o progresso e implementar uma agenda para o trabalho decente nos países.

Os países devem apresentar anualmente relatório sobre as medidas por eles tomadas para execução das convenções a que aderiram (art. 22 da Constituição da OIT). Podem ser bienais os relatórios a respeito do cumprimento das Convenções: 87, sobre liberdade sindical; 98, sobre negociação coletiva; 29, sobre trabalho forçado; 105, sobre abolição de trabalho forçado; 100, sobre igualdade de remuneração; 111, sobre discriminação no emprego e ocupação; 138, sobre idade mínima para o trabalho; 182, sobre as piores formas de trabalho das crianças; 122, sobre política de emprego; 81, sobre inspeção do trabalho; 129, sobre inspeção do trabalho na Agricultura; 144, sobre consultas tripartites. Para as demais convenções os relatórios devem ser apresentados a cada cinco anos.

O Conselho de Administração poderá recomendar à Conferência a adoção de qualquer medida que lhe pareça conveniente para assegurar a execução das recomendações da Comissão de Inquérito (art. 33 da Constituição da OIT).

18
Convenção n. 143 da OIT

18.1 Introdução

Existe a necessidade de se ratificar a Convenção n. 143 da OIT. O estudo do tema compreende a análise do Direito Internacional Público do Trabalho, do Direito Constitucional e dos direitos fundamentais, com a aplicação no âmbito trabalhista.

A Conferência Geral da Organização Internacional do Trabalho, convocada para Genebra pelo Conselho de Administração do Secretariado Internacional do Trabalho e realizada a 4 de junho de 1975, aprovou a Convenção n. 143, que trata sobre "Imigrações efetuadas em condições abusivas e sobre a promoção da igualdade de oportunidades e de tratamento dos trabalhadores migrantes".

Essa Convenção foi ratificada por 25 países: Albânia, Armênia, Benin, Bósnia e Herzegovina, Burkina Faso, Camarões, Chipre, Guiné, Itália, Madagascar, Mauritânia, Quênia, Macedônia, Montenegro, Noruega, Filipinas, Portugal, San Marino, Sérvia, Eslovênia, Suécia, Tadjiquistão, Togo, Uganda, Venezuela. O único país industrializado importante que ratificou a convenção foi a Itália.

O Brasil já ratificou certas convenções da OIT que têm relação com o tema.

A Convenção n. 97, de 1949, entrou em vigor em 22 de janeiro de 1952. Foi aprovada pelo Decreto Legislativo n. 20, de 1965. Foi promulgada pelo Decreto n. 58.819, de 14 de julho de 1966. Trata a referida norma sobre a emigração e a imigração.

A Convenção n. 118, de 1962, entrou em vigor no plano internacional em 25 de abril de 1964. Foi aprovada pelo Decreto Legislativo n. 31, de 20 de agosto de 1968. Foi promulgada pelo Decreto n. 66.497, de 27 de abril de 1970. Versa sobre a igualdade de tratamento entre nacionais e estrangeiros em matéria de Previdência Social.

A Convenção de Nova York sobre a proteção dos direitos de todos os trabalhadores migrantes e dos membros das suas famílias foi adotada pela Resolução n. 45/158 da Assembleia Geral das Nações Unidas. Não foi ratificada pelo Brasil.

A ONU tem a Convenção internacional sobre a proteção dos Direitos de todos os trabalhadores migrantes e dos membros das suas famílias, de 1990.

A Declaração Sociolaboral do Mercosul foi subscrita em 10 de dezembro de 1998 pelos Chefes de Estado. O art. 4º trata dos direitos dos trabalhadores migrantes e fronteiriços. Não é um tratado, pois não estabelece direitos e obrigações.

A migração hoje tem sido decorrente da globalização, da internacionalização das economias. Os trabalhadores também passam a trabalhar em vários países e necessitam de proteção trabalhista e previdenciária. A Convenção n. 143 da OIT se preocupa com a migração sob o ponto de vista dos direitos humanos dos migrantes em confronto com os direitos dos trabalhadores nacionais.

O tema é relevante em razão, por exemplo, dos problemas de trânsito de brasileiros na Espanha e de espanhóis no Brasil. A Espanha teve desemprego estimado de 8% e crescimento do PIB em torno de 13,92% em julho de 2019. O desemprego não é, porém, fruto da entrada dos migrantes. Os países europeus também diminuíram o número de filhos por casal. Houve envelhecimento da população. Entre 1995 a 2005, cerca de 79% do crescimento demográfico na Espanha foram decorrentes da imigração[1]. A Espanha e a União Europeia têm procurado atrair profissionais qualificados e rejeitar os não qualificados. Houve um enriquecimento em relação aos não qualificados[2].

No Brasil, também ocorrem problemas em relação aos migrantes, principalmente bolivianos em São Paulo, que muitas vezes são contratados sem

---

[1] ALFIERI, Carlos. *Spain*: immigrants make the economy grow. IPS – International Press Service, 30-8-2007.
[2] BOSWELL, Christina. *Migration in Europe*. Global Commission on International Migration. Genebra, 2005.

CONVENÇÃO N. 143 DA OIT

qualquer direito para trabalhar fazendo costuras, principalmente sem registro na Carteira de Trabalho, com salários ínfimos e condições precárias de trabalho. Há também os haitianos que vieram em razão de terremotos e guerra civil em seu país. Os venezuelanos que fugiram do regime de Nicolás Maduro.

18.2 Classificação da Convenção n. 143 da OIT

A Convenção n. 143 da OIT é uma norma internacional de princípios. É o que se observa do seu art. 6º, 1. Ele faz referência a que os Estados devem tratar do tema nas *legislações nacionais*. O art. 9º, 1, usa a expressão *legislação aplicável*. O uso da expressão *legislação nacional* revela que a norma internacional é do tipo de convenção que trata de princípios, pois remete o intérprete à legislação interna de cada país. O art. 10 prevê que os membros para os quais a Convenção n. 143 da OIT esteja em vigor comprometem-se a formular e a aplicar uma política nacional que se proponha promover e garantir, por métodos adaptados às circunstâncias e aos costumes nacionais, a igualdade de oportunidades e de tratamento em matéria de emprego e de profissão, de segurança social, de direitos sindicais e culturais e de liberdades individuais e coletivas para aqueles que estão legalmente nos seus territórios na qualidade de emigrantes ou de familiares destes. Isso indica que a norma internacional depende da previsão da lei ordinária. A ratificação da Convenção n. 143 da OIT e, por consequência de seus princípios, garante a soberania do Estado em estabelecer seus próprios mecanismos para a proteção dos direitos dos trabalhadores migrantes.

A ratificação da Convenção n. 143 da OIT mostra a possibilidade de liberdade de trabalho do migrante no país para onde se transferiu.

18.3 Igualdade e não discriminação

O art. 427 do Tratado de Versalhes faz referência aos princípios fundamentais do Direito do Trabalho. Entre eles está o tratamento igualitário aos estrangeiros que residam legalmente no país.

Preconiza a Declaração Universal dos Direitos do Homem que "todos os homens nascem livres e iguais em dignidade e direitos" (art. I). Esse texto parece inspirado em Kant, que dizia: "todo homem tem dignidade e não um preço, como as coisas"[3] ou então em Rousseau, que afirmava "o homem nasceu livre e em toda a parte se encontra a ferros". A liberdade e a igualdade, na verdade, são ideais a serem conseguidos. São disposições de dever ser.

Dispõe o *caput* do art. 5º da Constituição que "todos são iguais perante a lei, sem distinção de qualquer natureza, garantindo-se aos brasileiros e residentes no País, a inviolabilidade do direito à vida, à liberdade, à igualdade, à segurança e à propriedade". É o princípio da isonomia ou da igualdade perante a lei. É dirigido ao legislador ordinário. Este fica vinculado à criação de um direito igual para todos os cidadãos[4].

Palomeque López assevera que:

> os espanhóis são iguais diante da lei, sem que possa prevalecer discriminação alguma por razão de naturalidade, raça, sexo, religião, opinião ou qualquer outra condição ou circunstância pessoal ou social. Com teor semelhante, o art. 14 da Constituição proclama o princípio da igualdade jurídica ou de não discriminação como direito merecedor do mais alto grau de tutela constitucional[5].

No direito norte-americano houve a edição de algumas políticas visando a combater práticas discriminatórias: o *Civil Right Act*, de 2 de julho de 1964, a *Executive Order* n. 11.246, de 24 de setembro de 1965. A partir desta última norma surgiram os programas voltados para o combate das desigualdades sociais com base em condutas positivas, inclusive por meio de políticas governamentais. Medidas posteriores determinaram que os contratantes com o governo federal deveriam desenvolver, anualmente, programas de ação afirmativa com a finalidade de identificar e corrigir deficiências existentes em relação às mulheres e a grupos minoritários (negros, índios e hispânicos), por intermédio de metas numéricas (*goals*) na contratação de empregados, de acordo com a participação dessas mesmas minorias no mercado de trabalho.

---

[3] KANT. *Metafísica dos costumes*. Hamburgo, 1994, p. 58.
[4] CANOTILHO, J. J. Gomes. *Direito constitucional*. Coimbra: Almedina, 1993, p. 562-563.
[5] PALOMEQUE LÓPEZ, Manuel Carlos. *Despidos discriminatorios y libertad sindical*. Madri: Civitas, 1983, p. 23.

CONVENÇÃO N. 143 DA OIT

Informa Canotilho que "existe uma violação arbitrária da igualdade jurídica quando a disciplina jurídica não se basear num: (a) fundamento sério; (b) não tiver um sentido legítimo; (c) estabelecer diferenciação jurídica sem um fundamento razoável"[6].

O Acordo de Schengen é um tratado internacional que permitiu a criação do Espaço Schengen na Europa. Há a livre circulação de pessoas, inclusive de turistas, exceto na Irlanda e no Reino Unido (art. 6º).

Em Portugal, "em via de princípio, os cidadãos estrangeiros não podem ser privados: (1) de direitos, liberdades e garantias que, mesmo em regime de excepção constitucional – estado de sítio e estado de emergência –, não podem ser suspensos (conf. CRP, art. 19º/6)"[7].

Na França, há vedação de discriminação na admissão do empregado, em razão de origem, sexo, situação econômica, orientação sexual, identidade de gênero, idade, situação familiar, gravidez (art. L1132-1 do Código do Trabalho).

Violará o princípio constitucional da igualdade se o legislador ordinário determinar tratamentos desiguais para duas situações iguais.

Prevê a Convenção n. 97 da OIT que:

> Todo Membro para o qual se ache em vigor a presente convenção se obriga a aplicar aos imigrantes que se encontrem legalmente em seu território, sem discriminação de nacionalidade, raça, religião ou sexo, um tratamento que não seja inferior ao aplicado a seus próprios nacionais com relação aos seguintes assuntos:
>
> a) sempre que estes pontos estejam regulamentados pela legislação ou dependam de autoridades administrativas:
>
> I) a remuneração, compreendidos os abonos familiares quando estes fizerem parte da mesma, a duração de trabalho, as horas extraordinárias, férias remuneradas, restrições do trabalho em domicílio, idade de admissão no emprego, aprendizagem e formação profissional, trabalho das mulheres e dos menores;

---

[6] CANOTILHO, J. J. Gomes. *Direito constitucional*. Coimbra: Almedina, 1993, p. 565.

[7] CANOTILHO, J. J. Gomes. *Direito constitucional*. Coimbra: Almedina, 1993, p. 556.

II) a filiação a organizações sindicais e o gozo das vantagens que oferecem as convenções coletivas do trabalho;

III) a habilitação;

b) a seguridade social (isto é, as disposições legais relativas aos acidentes de trabalho, enfermidades profissionais, maternidade, doença, velhice e morte, desemprego, e encargos de família, assim como a qualquer outro risco que, de acordo com a legislação nacional esteja coberto por um regime de seguridade social), sob reserva:

I) de acordos adequados visando à manutenção dos direitos adquiridos e dos direitos em curso de aquisição;

II) de disposições especiais estabelecidas pela legislação nacional do país de imigração sobre auxílios ou frações de auxílio pagos exclusivamente pelos fundos públicos e sobre subsídios pagos às pessoas que não reúnam as condições de contribuição exigidas para a percepção de um benefício normal;

c) os impostos, taxas e contribuições concernentes ao trabalho, percebidas em relação à pessoa empregada;

d) as ações judiciais relativas às questões mencionadas na presente convenção (art. 6º, 1).

O Brasil ratificou a Convenção n. 111, da OIT, de 1958, que trata da discriminação entre nacionais e estrangeiros. Ela foi aprovada pelo Decreto Legislativo n. 104, de 24 de novembro de 1964. Foi depositado o instrumento de ratificação na OIT em 26 de novembro de 1965. A promulgação foi feita pelo Decreto n. 62.150, de 19 de janeiro de 1968.

Proíbe o art. 1º da Lei n. 9.029/95 a adoção de qualquer prática discriminatória e limitativa para efeito de acesso à relação de emprego, ou sua manutenção, por motivo de origem, raça.

O estrangeiro não pode, portanto, ser tratado de forma diferenciada em relação ao brasileiro, em razão do princípio da igualdade contido no art. 5º da Lei Maior.

18.4 Convenção n. 143 da OIT

A vigência internacional da Convenção 143 da OIT passa a ocorrer a partir de 12 meses após o registro de duas ratificações por Estados-membros na Repartição Internacional do Trabalho (art. 18, 2). Normalmente, no campo internacional, os tratados têm vigência por prazo indeterminado. A Convenção 143 da OIT já está em vigor no âmbito internacional, pois tem mais de duas ratificações.

Após ser a Convenção aprovada pela Conferência Internacional do Trabalho, o governo do Estado-membro deve submetê-la, no prazo máximo de 18 meses, ao órgão nacional competente (art. 19, § 5º, *b*, da Constituição da OIT), que, no nosso caso, é o Congresso Nacional (art. 49, I, da Lei Maior). O chefe do Estado poderá ratificá-la em ato formal dirigido ao diretor geral da Repartição Internacional do Trabalho (art. 19, § 5º, *d*, da Constituição da OIT). Consiste a ratificação, segundo Hildebrando Accioly, no "ato pelo qual o poder executivo, devidamente autorizado pelo órgão para isso designado na lei interna, confirma um tratado ou declara que este deve produzir seus devidos efeitos"[8]. Afirma este autor que, antes da ratificação, "o tratado não constitui ato perfeito e acabado: a ratificação é que o completa e lhe dá força obrigatória"[9]. Assim, o governo de cada país ratifica a norma internacional e submete à aprovação interna do órgão competente, sendo, no Brasil, a aprovação feita pelo Congresso Nacional (art. 49, I, da Constituição). O Direito Internacional Público não prevê a forma de ratificação pelo país, pois será feita de acordo com a soberania de cada país.

A convenção internacional entrará em vigor 12 meses após a data em que a sua ratificação tiver sido registrada (art. 18, 3, da Convenção n. 143 da OIT).

Todo Estado-membro que tenha ratificado a Convenção poderá denunciá-la, após um período de dez anos a partir da data de entrada em vigor inicial da Convenção, por meio de uma comunicação ao diretor-geral do Secretariado Internacional do Trabalho e por ele registrada (art. 19, 1). Todo Estado-membro que tenha ratificado a Convenção e que, no prazo de um ano após o termo do período de dez anos mencionado no parágrafo precedente, não tenha utilizado a faculdade de denúncia prevista ficará vinculado por novo período de dez anos e, posteriormente, poderá denun-

---

[8] ACCIOLY, Hildebrando. *Tratado de direito internacional público*. 2. ed. Rio de Janeiro: IBGE, 1956, v. I, p. 574.

[9] ACCIOLY, Hildebrando. *Tratado de direito internacional público*. 2. ed. Rio de Janeiro: IBGE, 1956, v. I, p. 577.

ciar a Convenção ao término de cada período de dez anos, nas condições previstas acima (art. 19, 2).

A não aprovação pelo Brasil da Convenção n. 143 da OIT pode implicar sanções feitas pelo referido órgão, além de denúncias feitas ao mesmo órgão pelas organizações de trabalhadores em razão da não observância de tratamento igual entre nacionais e migrantes.

A Convenção n. 143 da OIT versa sobre as imigrações efetuadas em condições abusivas e sobre a promoção da igualdade de oportunidades e de tratamento dos trabalhadores migrantes.

Trabalhador migrante para a convenção é uma pessoa que emigra ou emigrou de um país para outro com o fim de ocupar um emprego não por conta própria. Compreende todo e qualquer indivíduo regularmente admitido como trabalhador migrante (art. 11, 1). Não permite, portanto, quem foi irregularmente admitido como trabalhador migrante. Isso remete à forma de admissão do trabalhador no Brasil de acordo com a Lei n. 13.445/2017.

Prevê o art. 1º da Convenção n. 143 da OIT que "os membros para os quais a presente Convenção esteja em vigor deverão comprometer-se a respeitar os direitos fundamentais do homem de todos os trabalhadores migrantes".

Vários artigos da Convenção n. 143 da OIT fazem referência à igualdade de oportunidade e de tratamento. O princípio da igualdade é um dos pilares dos direitos humanos.

A Convenção n. 143 da OIT trata, portanto, de direitos humanos.

Não vejo impedimento constitucional para a ratificação da referida norma internacional.

Reza o inciso II do art. 4º da Constituição que a República Federativa do Brasil rege-se nas suas relações internacionais pelo princípio da prevalência dos direitos humanos.

A Constituição assegura os valores sociais do trabalho (art. 1º, IV). É fundada a ordem econômica na valorização do trabalho humano (art. 170 da Lei Maior). A ordem social tem como base o primado do trabalho (art. 193 da Lei Magna). Os estrangeiros também precisam trabalhar e obter o valor social do seu trabalho.

O inciso XIII do art. 5º da Constituição mostra que é livre o exercício de qualquer trabalho, ofício ou profissão, atendidas as qualificações profissionais que a lei estabelecer. O dispositivo faz referência a lei para o exercício de profissão. Assim, apenas a lei de exercício da profissão pode estabelecer certas qualificações para a pessoa trabalhar naquela profissão. Nesse ponto, trata-se de norma de eficácia contida que:

> o legislador constituinte regulou suficientemente os interesses relativos a determinada matéria, mas deixou margem à atuação restritiva por parte da competência discricionária do poder público, nos termos que a lei estabelecer ou nos termos de conceitos gerais nelas enunciados[10].

O estrangeiro pode exercer qualquer profissão, desde que atenda aos requisitos para o seu exercício contidos na lei, como, por exemplo, para os advogados, ser bacharel em Direito e prestar exame da OAB. A lei não pode estabelecer privilégios para certas pessoas exercerem a profissão, pois o seu exercício é livre. Cada um escolhe a profissão que quiser. Afirma Pontes de Miranda que "a liberdade de profissão não pode ir ao ponto de se permitir que exerçam algumas profissões pessoas inabilitadas, nem até ao ponto de se abster o Estado de firmar métodos de seleção"[11]. O item 13 do art. 113 da Lei Magna de 1934 fazia referência a condições de capacidade técnica. A Carta Magna de 1937 mencionava condições de capacidade e restrições impostas pelo bem público (art. 122, 8). A Lei Maior de 1946 usava a expressão "condições de capacidade que a lei estabelecer" (art. 142, § 14). O mesmo ocorreu com a Constituição de 1967 e a Emenda Constitucional n. 1, de 1969 (art. 153, § 23). A expressão *"qualificações profissionais"* tem o sentido de "habilitação, capacidade profissional, qualificação é o conjunto de conhecimentos necessários e suficientes para que alguém seja julgado apto à prática de alguma profissão, pública ou privada"[12]. Não se pode estabelecer distinção entre nacionais e estrangeiros

---

[10] SILVA, José Afonso da. *Aplicabilidade das normas constitucionais*. São Paulo: Revista dos Tribunais, 1982, p. 89-91.

[11] MIRANDA, Pontes de. *Comentários à Constituição de 1967, com a Emenda de 1969*. 3. ed. São Paulo: Revista dos Tribunais, 1987, v. V, p. 542.

[12] CRETELLA, José. *Comentários à Constituição de 1988*. 2. ed. Rio de Janeiro: Forense Universitária, 1990, v. 1, p. 281.

com base no art. 5º da Constituição, inclusive para o exercício da profissão. Devem apenas ser atendidas as qualificações profissionais previstas em lei.

O STF já entendeu que "a legislação somente poderá estabelecer condicionamentos capacitários que apresentem nexo lógico com as funções a serem exercidas, jamais qualquer requisito discriminatório ou abusivo, sob pena de ferimento do princípio da igualdade"[13].

Reza o inciso III do art. 19 da Lei Maior que é vedado à União, aos Estados, ao Distrito Federal e aos Municípios criar distinções entre brasileiros ou preferência entre si. Somente a Constituição pode fazer distinções, exigindo que o brasileiro seja nato: para Presidente e vice-presidente da República, presidente da Câmara dos Deputados, Presidente do Senado Federal, Ministro do Supremo Tribunal Federal, carreira diplomática, oficial das Forças Armadas, Ministro de Estado da Defesa (§ 3º do art. 12 da Constituição). Os cargos políticos sujeitos a eleição exigem nacionalidade brasileira (art. 14, § 3º, II, da Lei Maior). A lei não poderá estabelecer distinções entre brasileiros e estrangeiros (art. 5º, *caput*, da Lei Maior). A redação original do inciso I do art. 37 da Constituição dispunha que "os cargos, empregos e funções públicas são acessíveis aos brasileiros que preencham os requisitos estabelecidos em lei". A redação do referido dispositivo dada pela Emenda Constitucional n. 19/98 ampliou o acesso aos cargos, empregos e funções públicas também para os estrangeiros, desde que obedecidos os requisitos estabelecidos em lei (art. 37, I, da Constituição). Tanto para brasileiros, como para estrangeiros, a admissão no serviço público depende apenas dos requisitos estabelecidos em lei. Não podem ser estabelecidas distinções ou privilégios entre brasileiros.

Se for aprovada a Convenção n. 143 da OIT pelo Congresso Nacional em duas sessões, com quórum de três quintos em cada casa, terá natureza de emenda constitucional, como dispõe o § 3º do art. 5º da Constituição. Aprovada dessa forma, também revogará a legislação infraconstitucional que tratar de forma diferente.

Entrando em vigor a Convenção n. 143 da OIT com hierarquia de norma supralegal, revoga a legislação que dispuser em sentido contrário. Não vejo revogação expressa de algum artigo da Lei n. 13.445/2017, que é

---

[13] STF, 1ª T., Agravo regimental em agravo de instrumento 134.449/SP, rel. Min. Sepúlveda Pertence, *DJU* I, 21-9-1990, p. 9.784, *RT* 666/230.

a lei de migração, porque ela não trata especificamente de matéria trabalhista. A Convenção n. 143, por versar sobre princípios, não revoga dispositivos da Lei n. 13.445/2017.

Indica o art. 2, 1, da Convenção n. 143 da OIT que os membros para os quais a Convenção esteja em vigor deverão comprometer-se a determinar, sistematicamente, se existem migrantes ilegalmente empregados no seu território e se existem, do ou para o seu território, ou ainda em trânsito, migrações com fim de emprego nas quais os migrantes sejam submetidos, durante a sua deslocação, à sua chegada ou durante a sua estada e período de emprego, a condições contrárias aos instrumentos ou acordos internacionais aplicáveis, multilaterais ou bilaterais, ou ainda às legislações nacionais.

Todo Estado-membro deverá tomar as medidas necessárias e apropriadas, quer da sua própria competência, quer as que exijam a colaboração de outros Estados: (a) a fim de suprimir as migrações clandestinas e o emprego ilegal de migrantes; (b) contra os organizadores de movimentos ilícitos ou clandestinos de migrantes com fins de emprego, provenientes do seu território ou que a ele se destinam, assim como os que se efetuam em trânsito por esse mesmo território, bem como contra aqueles que empregam trabalhadores que tenham imigrado em condições ilegais, a fim de prevenir e eliminar os abusos citados no art. 2º da Convenção (art. 3º).

Reza o art. 6º, 1, que a legislação nacional deve tomar medidas para detecção eficaz de emprego ilegal de trabalhadores migrantes e para a definição e aplicação de sanções administrativas, civis e penais, incluindo penas de prisão, no que diz respeito a emprego ilegal de trabalhadores migrantes e à organização de migrações com fins de emprego que impliquem abusos e ainda a assistência prestada conscientemente a tais migrações, com ou sem fins lucrativos. Os arts. 106 e seguintes da Lei n. 13.445/2017 determinam as penalidades para o trabalho do estrangeiro, sendo dispositivo já estabelecido no ordenamento jurídico brasileiro, convergindo com o exposto na Convenção n. 143 da OIT.

A Convenção n. 29 da OIT, de 1930, trata da abolição do trabalho forçado. Foi aprovada pelo Decreto Legislativo n. 24, de 29 de maio de 1956, e promulgada pelo Decreto n. 41.721, de 25 de junho de 1957. O § 1º do art. 2º da referida norma afirma que a expressão *trabalho forçado* ou *obrigatório* "designará todo trabalho ou serviço exigido de um indivíduo sob ameaça de qualquer penalidade e para o qual ele não se ofereceu de espontânea vontade". O trabalho forçado não é, portanto, voluntário. Em segundo lugar, se não for cumprido na forma estabelecida, há a fixação de uma penalidade pelo tomador dos serviços. A expressão *trabalho forçado* ou *obrigatório* não compreende trabalho ou serviço exigido em virtude das leis sobre o serviço militar obrigatório ou de caráter penitenciário, desde que este esteja sob a fiscalização e o controle das autoridades públicas e não seja posto à disposição de particulares (art. 2.2).

A Convenção n. 105 da OIT, de 1957, versa também sobre a abolição do trabalho forçado. Foi aprovada pelo Decreto Legislativo n. 20, de 30 de abril de 1965, e promulgada pelo Decreto n. 58.822, de 14 de julho de 1966. Qualquer membro da Organização Internacional do Trabalho que ratifique a convenção se compromete a adotar medidas eficazes, no sentido da abolição imediata e completa do trabalho forçado ou obrigatório.

O Protocolo de Palermo sobre Contrabando de Imigrantes foi ratificado pelo Brasil em 29 de janeiro de 2004 pelo Brasil. Nosso país já ratificou, portanto, normas internacionais sobre migração ilegal de pessoas.

As Convenções n. 29 e 105 da OIT são fundamentais para a obtenção de um trabalho decente pelas pessoas, inclusive em relação ao migrante. Devem, portanto, ser complementadas pela Convenção n. 143 da OIT.

Prevê o art. 8º da Convenção que, se o trabalhador migrante tiver residido legalmente no país com fim de emprego, não poderá ser considerado em situação ilegal ou irregular pela simples perda do seu emprego, a qual, por si só, não deverá acarretar a revogação da sua autorização de residência ou, eventualmente, da sua autorização de trabalho (1). O Decreto-Lei n. 691, de 18 de julho de 1969, dispõe sobre os contratos de trabalho e condições de trabalho dos técnicos estrangeiros que venham a trabalhar no Brasil. Deverá o migrante beneficiar-se de tratamento igual ao dos nacionais, especialmente no que diz respeito às garantias relativas à segurança de emprego, à reclassificação, aos trabalhos de recurso e à readaptação (2). A segurança no emprego tem fundamento no inciso I do art. 7º da Constituição, que exige lei complementar para a dispensa arbitrária ou sem justa causa. Enquanto não for promulgada a referida norma, foi aumentada a indenização sobre os depósitos do FGTS para 40% (art. 10, I, do ADCT). Essa norma aplica-se indistintamente a nacionais e estrangeiros. O estrangeiro residente no Brasil goza de todos os direitos trabalhistas reconhecidos aos brasileiros, nos termos da Constituição e das leis.

Dispõe o art. 9º que, sem prejuízo das medidas destinadas a controlar os movimentos migratórios com fins de emprego garantindo que os trabalhadores migrantes entram no território nacional e aí são empregados em conformidade com a legislação aplicável, o trabalhador migrante, nos casos em que a legislação não tenha sido respeitada e nos quais a sua situação não possa ser regularizada, deverá beneficiar-se pessoalmente, assim como a sua família, de tratamento igual no que diz respeito aos direitos decorrentes de empregos anteriores em relação à remuneração, à segurança social e a outras vantagens. Em caso de contestação dos direitos mencionados anteriormente, o trabalhador deverá ter a possibilidade de fazer valer os seus direitos perante um organismo competente, quer pessoalmente, quer por intermédio dos seus representantes. Isso poderá ser feito perante a Justiça do Trabalho, em se tratando de direitos trabalhistas. Em caso de expulsão do trabalhador ou da sua família, estes não deverão custeá-la. A expulsão consiste em medida administrativa de retirada compulsória de migrante ou visitante do território nacional, conjugada com o impedimento de reingresso por prazo determinado (art. 54 da Lei n. 13.445/2017). Poderá dar causa à expulsão a condenação com sentença transitada em julgado relativa à prática de: I – crime de genocídio, crime contra a humanidade, crime de guerra ou crime de agressão, nos termos definidos pelo Estatuto de Roma do Tribunal Penal Internacional, de 1998, promulgado pelo Decreto n. 4.388, de 25 de setembro de 2002; ou II – crime comum doloso passível de pena privativa de liberdade, consideradas a gravidade e as possibilidades de ressocialização em território nacional.

A Parte II da norma internacional em estudo, contida nos arts. 10 e seguintes, remete à legislação nacional do país ratificante. Logo, não é vinculante, inclusive quanto ao fato de que o Estado-ratificante não é obrigado a prestar determinados serviços educacionais e culturais ao migrante, pois o artigo faz referência a encorajar programas de educação (art. 12, *b* e *c*). Trata-se apenas de uma orientação. Alguns artigos são meramente conceituais, como o art. 11, 1, que trata de dizer o que é o trabalhador migrante. O art. 14 faz referência ao fato de que o país poderá adotar certas providências e não que deverá adotá-las, mostrando que não existe obrigação na adoção, mas mera orientação. Dispõe o art. 14, *c*, que o Estado-membro poderá restringir o acesso a certas categorias limitadas de emprego e de funções quando tal for necessário ao interesse do Estado, o que remete à legislação nacional de cada país.

Determina o art. 14, *a*, que poderá o Estado-membro subordinar a livre escolha de emprego, assegurando, no entanto, o direito à mobilidade geográfica, à condição de que o trabalhador migrante tenha residido legalmente no país, com fins de emprego, durante um período prescrito que não deverá ultrapassar dois anos ou, caso a legislação exija um contrato de duração determinada inferior a dois anos, que o primeiro contrato de trabalho tenha terminado. Os contratos de trabalho de prazo determinado têm prazo máximo de vigência de dois anos (art. 445 da CLT).

Não se aplica a Parte II da Convenção: (a) aos trabalhadores fronteiriços; (b) aos artistas e aos indivíduos que exerçam uma profissão liberal e que tenham entrado no país por período curto; (c) aos trabalhadores do mar; (d) aos indivíduos vindos especialmente com fins de formação ou de educação; (e) aos indivíduos empregados por organizações ou empresas que laborem no território de um país e que tenham sido admitidos temporariamente nesse país, a pedido do seu empregador, a fim de cumprir funções ou executar tarefas específicas durante um período limitado e determinado e que devem abandonar o país logo que sejam dadas por terminadas tais funções ou tarefas (art. 11, 2).

Todo Estado-membro que ratificar a Convenção poderá excluir da sua aplicação a Parte I ou a Parte II da referida norma por meio de uma declaração anexa à sua ratificação (art. 16, 1). Assim, o Estado poderá aplicar apenas a Parte I ou a Parte II da citada convenção. O Brasil, normalmente, tem ratificado as convenções por inteiro e não por partes.

O Diretor Geral da Repartição Internacional do Trabalho, Juan Somavia, declarou que o trabalho decente entre homens e mulheres é um dos objetivos centrais perseguidos pela OIT[14]. Trabalho decente é o

> que responde às aspirações elementares dos indivíduos, não apenas em matéria de renda, mas também em matéria de segurança própria e de suas famílias, sem discriminação nem constrangimento de qualquer espécie, garantindo-se a igualdade de tratamento entre homens e mulheres.

---

[14] OIT, Trabajo. Genebra: n. 33, p. 4, fev. 2000.

CONVENÇÃO N. 143 DA OIT

Deve ser um objetivo a ser alcançado tanto pelas economias desenvolvidas quanto por aquelas dos países em desenvolvimento. Os países do G-8 que, a despeito da solidez de suas economias e do crescimento rápido de sua produtividade, correm o risco de serem apontados como apresentando *"um déficit de trabalho decente"*:

> se não oferecerem empregos bem remunerados, produtivos e seguros para uma grande parte de sua força de trabalho, tendo em vista as vantagens e os benefícios que eles extraem da pujança de suas economias e de suas empresas. O trabalho decente deve ser compreendido antes em termos de investimento do que sob o aspecto dos custos[15].

O trabalho decente deve ser o objetivo global, a ser alcançado mediante políticas complementares em escala nacional e internacional, como declarou a Comissão Mundial sobre a dimensão da globalização, constituída pela OIT em reunião em Londres em fevereiro de 2004[16].

Trabalho decente, como definido pela OIT, não deve ser tomado em seu significado literal, mas em seu sentido técnico. Em inglês e espanhol o significado da expressão é mais adequado.

> De fato, em inglês, uma das primeiras acepções da palavra *"decente"* é *"satisfactory; of an acceptable standard"* [...]. Em espanhol, a sexta acepção do adjetivo "decente" é "de boa qualidade ou em quantidade suficiente". Daí extrair-se a constatação de que, mesmo na linguagem comum, um trabalho decente é, pelo menos, aquele *suficiente em qualidade e quantidade*[17].

O principal pilar do trabalho decente é o respeito aos direitos fundamentais no trabalho. Seria o "caminho dos direitos para o trabalho decente"[18].

---

[15] Disponível em: <http/www.ilo.org/public/french/bureau/int/pr/2000/42.htm>. Acesso em: 27 fev. 2001.

[16] OIT. Trabajo. Genebra: n. 50, p. 5, mar. 2004.

[17] Formación para el trabajo decente, Oficina Internacional del Trabajo, OIT, Cintefor, Montevideo, 2001, p. 38-39.

[18] JAVILLIER, Jean Claude. *Introducción a OIT*. Derechos fundamentales en el trabajo y normas internacionales del trabajo. Madri: Ministério do Trabalho e Assuntos Sociais, 2003, p. 12.

Estaria caracterizado o trabalho decente, numa primeira formulação, pelos seguintes elementos: (a) trabalho produtivo; (b) com proteção dos direitos; (c) com salários adequados; (d) com proteção social; e, por fim (e) o tripartismo e o diálogo social como quinto caráter essencial[19].

O trabalho é a fonte de dignidade pessoal, estabilidade na família, paz na comunidade, inclusão social, segurança. A OIT entende que o emprego produtivo e o trabalho decente são os principais aspectos a considerar para a obtenção da redução da pobreza.

O Programa de Trabalho Decente preconiza: criar postos de trabalho, garantir os direitos dos trabalhadores, ampliar a promoção social e promover o diálogo e a composição dos conflitos no trabalho[20].

18.5 Conclusão

Uma das formas de tentar obter o trabalho decente também é a ratificação da Convenção n. 143 da OIT, de forma que os trabalhadores migrantes não sejam prejudicados em seus direitos humanos.

O Brasil ratificou a Convenção n. 111 da OIT que trata de discriminação em matéria de emprego e profissão e não permite distinção entre nacionais e estrangeiros. O segundo passo é a ratificação da Convenção n. 143 da OIT, pois são normas complementares quanto à distinção entre nacionais e estrangeiros, garantindo a efetivação do trabalho decente em relação à situação dos migrantes.

A Convenção n. 143 da OIT também pode ser considerada como norma internacional a respeito de direitos humanos.

Não vejo impedimento constitucional de o Brasil ratificar a Convenção n. 143 da OIT.

Caso a referida Convenção seja aprovada com quórum de três quintos em cada casa do Congresso Nacional terá natureza de emenda constitucional, pois trata de direitos humanos (§ 3º do art. 5º da Lei Maior).

---

[19] Formación para el trabajo decente, Oficina Internacional del Trabajo, OIT, Cintefor, Montevideo, 2001, p. 39.
[20] OIT. Trabajo. Genebra, n. 57, p. 5, set. 2006.

Na hipótese de não ser observado o referido quórum, será considerada norma supralegal pelo STF, que revoga a legislação anterior que tratar do tema de forma diversa.

Situações de fato terão de ser examinadas caso a caso para verificar se houve revogação da Lei n. 13.445/2017 pela Convenção n. 143 da OIT.

Não se verifica colidência aparente entre a Convenção n. 143 da OIT e a Lei n. 13.445/2017, de forma que houvesse revogação dos artigos da última. A legislação nacional, a que faz referência a Convenção n. 143, é estabelecida, por exemplo, por intermédio da Lei n. 13.445/2017.

19

Dispensa Arbitrária

19.1 Convenção n. 158 da OIT

19.1.1 Introdução

Reza o inciso I do art. 7º da Constituição que haverá "relação de emprego protegida contra despedida arbitrária ou sem justa causa, nos termos de lei complementar, que preverá indenização compensatória, dentre outros direitos".

Até o momento, essa lei complementar não existe.

Mostra o inciso I do art. 7º da Constituição o princípio da continuidade do contrato de trabalho.

O conceito de dispensa arbitrária é encontrado no art. 165 da CLT, que dispõe que se entende por dispensa arbitrária a que não se fundar em motivo disciplinar, técnico, econômico ou financeiro. Motivo técnico diz respeito à organização da atividade da empresa, como o fechamento de uma filial ou de uma seção, com a despedida dos empregados. Motivo financeiro decorre das receitas e despesas da empresa, de acordo com seu balanço. O motivo econômico é o proveniente do custo da produção das atividades da empresa, da conjuntura, da inflação, da recessão. Motivo disciplinar é o pertinente à dispensa por justa causa (art. 482 da CLT).

O ato arbitrário é praticado pelo empregador, ao dispensar o empregado sem justificativa. A justa causa é praticada pelo empregado.

A dispensa sem justa causa é a feita pelo empregador sem motivo dado pelo empregado.

Dispensa obstativa é a que pretende fraudar os direitos dos trabalhadores. Exemplo é a que pretende evitar que o trabalhador obtenha estabilidade. Os empregadores passaram, porém, a dispensar os empregados antes de nove anos de casa.

Dispensa retaliativa é a efetuada por represália do empregador. É o que ocorre quando o empregado é dispensado por ter ajuizado reclamação na Justiça do Trabalho ou por ter servido como testemunha em processo trabalhista proposto contra a empresa.

Foi aprovada na 68ª reunião da Conferência Internacional do Trabalho em Genebra, em junho de 1982, a Convenção n. 158, que trata do término da relação de trabalho por iniciativa do empregador[1]. Na aprovação da Convenção n. 158 os delegados brasileiros, inclusive o patronal, não votaram a favor da sua aprovação. Os representantes dos governos presentes à Conferência não assinaram a convenção, que é firmada apenas pelo presidente do Plenário da Conferência. A referida Convenção entrou em vigor, no âmbito internacional, em 23 de novembro de 1985.

Foi a referida norma internacional complementada pela Recomendação n. 166, de 1982, na qual são previstas diversas regras, como sobre conveniência da adoção de medidas para evitar as dispensas, participação da autoridade competente para tentar conseguir as soluções.

Em 30 de junho de 1988, com a mensagem n. 261 de 1988, foi encaminhado o texto da Convenção n. 158 da OIT ao Congresso Nacional, com parecer favorável do Poder Executivo. No sistema brasileiro, as normas internacionais são aprovadas definitivamente pelo Congresso Nacional, por meio de decreto legislativo, que é utilizado para instrumentalizar resoluções do Congresso Nacional em determinadas situações, como as previstas no art. 49 da Constituição. É promulgado pelo Presidente do Senado, publicado no órgão oficial do Congresso Nacional, não sendo passível de sanção

---

[1] Os países que ratificaram a referida norma internacional são: Antigua e Barbua, Austrália, Bósnia e Herzegovina, Camarões, República Centro Africana, Congo, Chipre, Eslováquia, Espanha, Etiópia, Finlândia, França, Gabão, Letônia, Lesoto, Luxemburgo, Macedônia, Malawi, Moldávia, Montenegro, Marrocos, Namíbia, Níger, Nova Guiné, Portugal, Santa Lúcia, Sérvia, Eslovênia, Espanha, Suécia, Turquia, Uganda, Ucrânia, Venezuela, Iêmen, Zâmbia.

pelo Presidente da República. A Convenção n. 158 da OIT foi aprovada pelo Decreto legislativo n. 68, de 16 de setembro de 1992.

Foi depositada na OIT em 5 de janeiro de 1995, tendo vigência 12 meses após essa data (art. 16, 3, da Convenção n. 158), isto é, a partir de 5 de janeiro de 1996. Consiste a ratificação no "ato pelo qual o poder executivo, devidamente autorizado pelo órgão para isso designado na lei interna, confirma um tratado ou declara que este deve produzir seus devidos efeitos"[2].

A *vacatio legis* da convenção da OIT tem por finalidade: (a) nos países que utilizam do dualismo jurídico, para que adotem a legislação ou regulamentação pertinente; (b) nos países que adotam o monismo jurídico, para que divulguem o texto da norma internacional no idioma adotado pelo país, adotando, se for o caso, as medidas legais para complementação das normas da convenção que não são autoaplicáveis.

Foi promulgada a Convenção n. 158 por intermédio do Decreto n. 1.855, de 10 de abril de 1996, tendo por fundamento o inciso IV do art. 84 da Constituição, que determina ao Presidente da República promulgar e fazer publicar as leis, bem como expedir decretos para a sua fiel execução. O objetivo do decreto de promulgação é que todos tenham conhecimento do conteúdo e do alcance do tratado e também saibam a partir de que momento este passa a ter validade na ordem interna do país, pois a norma legal só passa a ter vigência depois de publicada no *Diário Oficial* (art. 1º da Lei de Introdução às Normas do Direito Brasileiro).

A vigência da norma internacional poderia ser entendida de três formas: (1) a partir de 17 de setembro de 1992, quando entrou em vigor o Decreto Legislativo n. 68/92; (2) a partir de 5 de janeiro de 1996, quando expirou o prazo de 12 meses após o depósito da norma internacional na OIT, o que foi feito em 5 de janeiro de 1995; (3) a partir de 11 de abril de 1996, quando foi publicado o Decreto n. 1.855.

Entendo que somente com o decreto de promulgação é que se pode dizer que a Convenção tem vigência, isto é, ela tem vigência a partir de 11 de abril de 1996. Dispensas ou outras situações que ocorreram antes

---

[2] ACCIOLY, Hildebrando. *Tratado de direito internacional público*. 2. ed. Rio de Janeiro: IBGE, 1956, v. I, p. 574.

desta data não são alcançadas pela Convenção n. 158 da OIT. No mesmo sentido o entendimento da Seção Especializada em Dissídios Individuais e Coletivos do TRT da 2ª R. (AC. SDC n. 000257/96-A, Proc. TRT SP 0279/96-A, rel. Juiz Floriano Corrêa Vaz da Silva, *DJ* SP II, 19-6-1996, p. 35-36).

Foi republicada a Convenção n. 158 em 26 de setembro de 1996 por ter saído com incorreções.

19.1.2 Classificação da Convenção

A Convenção n. 158 da OIT é uma norma internacional de princípios. É o que se observa do seu art. 1º, no qual se verifica a menção de que os efeitos das suas disposições serem determinados pela legislação nacional e de acordo com a prática nacional. O art. 10 determina regras sobre os organismos que irão examinar a dispensa, remetendo o intérprete à legislação e prática nacionais. O art. 12, 1, emprega também a expressão "em conformidade com a legislação e prática nacionais" para o fim de regular a indenização por término de serviços e outras medidas de proteção dos trabalhadores. Outros artigos também o fazem: o art. 13, *b*, que dispõe que "em conformidade com a legislação e a prática nacionais" oferecerá aos representantes de trabalhadores oportunidade de fazer consultas; o art. 13, 3, que informa que os representantes dos trabalhadores reconhecidos de acordo com a legislação e práticas nacionais; o art. 14.1, que também usa a mesma expressão "em conformidade com a legislação e a prática nacionais"; o art. 14, 2, que determina que a legislação nacional poderá estabelecer regras para o fim do § 1º do mesmo artigo. O uso da expressão *legislação nacional* revela que a norma internacional é do tipo da convenção que trata de princípios, pois remete o intérprete à legislação interna de cada país.

A primeira norma da OIT que tratou de terminação da relação de trabalho foi a Recomendação n. 119. Na Conferência Internacional de 1981 foi incluído o tema terminação da relação de emprego por iniciativa do empregador. Na Conferência Internacional de 1982 foram adotadas a Convenção n. 158 e a Recomendação n. 166, que substituíram a Recomendação n. 119.

19.1.3 Aplicabilidade

Muitas das convenções da OIT mandam observar a legislação e práticas nacionais.

A Convenção n. 158 da OIT adota essa orientação. O art. 1º determina que a legislação e a prática nacionais é que irão dar efeito às suas disposições, exceto se essas disposições forem aplicadas por meio de contratos coletivos, laudos arbitrais ou sentenças judiciais. Isso quer dizer que a referida norma internacional poderá ser implementada pela negociação coletiva entre os envolvidos, por dissídio coletivo ou laudo arbitral. Por ser a Convenção n. 158 da OIT uma norma de princípios, pode ser, portanto, complementada pela lei ou prática nacionais, por negociação coletiva, pela sentença normativa em dissídio coletivo ou por laudos arbitrais, podendo ter em alguns de seus artigos alguma norma dispositiva ou aplicativa. Trata-se de forma de flexibilização da execução da norma internacional, em virtude das diferenças regionais que possam existir em cada país. A tendência será, talvez, a repetição das determinações da Convenção n. 158 da OIT nas normas coletivas, como já estão fazendo alguns sindicatos.

Nota-se que a Convenção n. 158 observa a soberania de cada país, que pode adotar seus procedimentos ou outros mais benéficos, pois remete o intérprete à legislação e práticas nacionais.

O art. 2º, 2, da Convenção n. 158 declara que todo membro poderá excluir da totalidade algumas de suas disposições as seguintes categorias de pessoas empregadas. Isso quer dizer que o próprio país decidirá como bem entender.

19.1.4 Constitucionalidade

Argumenta-se que a Convenção n. 158 da OIT contraria o inciso I do art. 7º da Constituição, que especifica que lei complementar irá tratar da proteção da relação de emprego contra dispensa arbitrária ou sem justa causa, prevendo também indenização compensatória. Como as convenções da OIT são recepcionadas no nosso sistema jurídico com hierarquia de lei ordinária e não de lei complementar, desde que ratificadas, estaria violado o referido preceito constitucional.

Na doutrina são encontrados entendimentos a favor ou contra a constitucionalidade da referida norma internacional. Arnaldo Süssekind afirma que é constitucional a Convenção n. 158 da OIT[3]. Octavio Bueno Magano ensina que a dispensa arbitrária ou sem justa causa só pode ser disciplinada por lei complementar, conforme inciso I do art. 7º da Constituição. Entende que a Convenção n. 158 dá prioridade à reintegração, porém a lei complementar pode prever o pagamento de indenização, dizendo que o Decreto n. 1.855/96 é inconstitucional[4]. Arion Sayão Romita assevera que a única forma de regular a matéria prevista no inciso I do art. 7º da Constituição é por lei complementar, o que não ocorre com a Convenção n. 158[5].

Raimundo Cerqueira Ally leciona que a Convenção n. 158 só terá eficácia plena com a lei complementar de que trata o inciso I do art. 7º da Constituição, pois vários de seus dispositivos remetem sua regulação para a legislação ordinária ou simplesmente não traçam regras efetivas para a sua aplicação, porém não a entende inconstitucional[6].

Entendo que a Convenção n. 158 da OIT não é inconstitucional, pois não colide com o inciso I do art. 7º da Constituição, em razão de que o art. 10 da referida norma internacional remete o intérprete à legislação e prática nacionais. Verifica-se que a legislação de cada país é que irá determinar: (a) a reintegração do empregado no emprego; (b) o pagamento de indenização; ou (c) outra reparação apropriada. O próprio sistema adotado pelo inciso I do art. 7º da Constituição exclui a estabilidade, determinando que a lei complementar irá prever indenização compensatória pela dispensa arbitrária. Isso quer dizer que o nosso sistema jurídico não determina a reintegração do empregado ou a estabilidade absoluta de o empregador não poder dispensar o empregado, mas protege a dispensa abusiva por meio de pagamento de indenização. Dessa forma, o empregado não terá, portanto, direito a reinte-

---

[3] SÜSSEKIND, Arnaldo. A compatibilidade entre a Convenção OIT n. 158 e a Constituição brasileira, *LTr* 60-3/332.
[4] MAGANO, Octavio Bueno. *Folha de S.Paulo*, de 20-4-1996.
[5] ROMITA, Arion Sayão. Efeitos da ratificação da Convenção n. 158 da OIT sobre o Direito Brasileiro, *Repertório IOB de Jurisprudência*, n. 5/96, texto 2/11028, p. 77, mar. 1996.
[6] ALLY, Raimundo Cerqueira. A Convenção n. 158 da OIT e a Constituição do Brasil, *LTr* 60-06/783-5.

gração, mas a pagamento de indenização, remetendo o intérprete do art. 10 da Convenção n. 158 à legislação ordinária de cada país, que irá tratar do tema. Se a própria norma internacional determina que a "legislação e práticas nacionais" é que irão estabelecer a reintegração ou pagamento de indenização, o inciso I do art. 7º da Lei Maior apenas confirma tal orientação, especificando que o nosso sistema prevê pagamento de indenização e não de reintegração, salvo nos casos da Lei n. 9.029/95. A indenização da despedida pode ser entendida em nosso país como a do FGTS ou os 40% que incidem sobre os depósitos do FGTS, pois, enquanto não for promulgada a lei complementar de que trata o inciso I do art. 7º da Lei Magna, o porcentual da indenização sobre os depósitos do FGTS passa a ser de 40% (art. 10, I, do ADCT). Se o Estado, portanto, entender de determinar o pagamento de indenização e não de reintegração, inexistirá direito a estabilidade. A legislação brasileira não assegura direito a estabilidade, mas ao regime do FGTS. Apenas em determinadas questões especiais, poder-se-á falar em garantia de emprego (membro da CIPA, gestante etc.). Assim, não se pode considerar a Convenção n. 158 da OIT inconstitucional, pois não atrita com o inciso I do art. 7º da Constituição, sendo que este apenas confirma a orientação da norma internacional, pois as convenções da OIT somente fixam:

> os princípios de ordem geral, entregando-se ao legislador nacional o encargo de dispor sobre as particularidades de cada assunto, pois, a experiência diplomática revela que é mais fácil o acordo nos pontos gerais do debate do que nos detalhes por meio dos quais se chega à execução prática dos princípios[7].

A norma internacional não desce a detalhes, pois cada país tem as suas peculiaridades e especificidades, sendo impossível fixar normas fixas e uniformes por meio das convenções da OIT.

Se entendermos que a Convenção n. 158 da OIT é uma convenção de princípios, poder-se-ia dizer que depende de lei complementar para entrar em vigor, porém não é inconstitucional, que não é meu pensamento nesse aspecto, tanto que ela pode ser regulada pelas próprias partes, por meio de acordo ou convenção coletiva.

---

[7] RUSSOMANO, Gilda. *Os conflitos espaciais de leis no plano das relações trabalhistas*. Rio de Janeiro: José Konfino, 1964, p. 139.

Alguém poderia dizer que não é possível que a lei ordinária preveja estabilidade, se entendermos que a Convenção n. 158 da OIT versa sobre estabilidade, porém nada impede que o legislador ordinário trate do tema.

Fazendo-se a interpretação histórica dos textos legais da Assembleia Nacional Constituinte, que deram origem ao inciso I do art. 7º da Lei Fundamental, chegamos à conclusão de que não era proibida a concessão de estabilidade por intermédio de lei ordinária.

O inciso XII do art. 2º do projeto da Subcomissão dos Direitos dos Trabalhadores previa estabilidade desde a admissão no emprego, exceto na ocorrência de falta grave comprovada judicialmente, observando-se a possibilidade de se firmar contrato de experiência por 90 dias. Vê-se que inexistia qualquer óbice de se estabelecer estabilidade por meio de lei ordinária.

No projeto da Comissão da Ordem Social garantia-se relação de emprego estável, salvo a ocorrência de falta grave e contrato a termo, inclusive de experiência. Não era, portanto, vedada a concessão de estabilidade por lei ordinária.

Assegurava-se no projeto da Comissão de Sistematização o emprego contra despedida imotivada, sendo lícita a contratação a termo, verificada a ocorrência de falta grave cometida pelo empregado, ou de justa causa para a dispensa, baseada em fato econômico intransponível, fato tecnológico ou infortúnio da empresa. Como se vê, era lícito se estabelecer a garantia provisória do emprego mediante lei ordinária.

Ao final, prevaleceu a possibilidade da despedida imotivada, desde que houvesse uma indenização compensatória para tanto, que seria determinada em lei complementar (art. 7º, I, da Lei Maior). Provisoriamente, essa indenização compensatória consistiu no aumento da indenização do FGTS de 10% para 40% (art. 10, I, do ADCT).

A interpretação literal do inciso I do art. 7º da Lei Fundamental não revela que a estabilidade somente pode ser prevista em lei complementar. Ao se escrever naquele artigo quanto "a relação de emprego protegida contra despedida arbitrária ou sem justa causa, nos termos de lei complementar, que preverá indenização compensatória, dentre outros direitos", não se determinou em nenhum momento que a estabilidade, em casos especiais, não pudesse ser instituída por lei ordinária. O que se observa é que a relação de emprego seria protegida em lei complementar contra dispensa

DISPENSA ARBITRÁRIA

arbitrária ou sem justa causa. Além disso, a lei complementar preverá indenização compensatória, entre outros direitos.

A Lei Maior apenas assegurou a proteção contra a despedida arbitrária ou sem justa causa. A lei complementar que estabelecer essa proteção preverá indenização compensatória para tal despedida, mas também poderá disciplinar outros direitos. A proteção contra a despedida arbitrária ou sem justa causa é que será prevista na lei complementar, mediante indenização compensatória, porém não se fala em estabilidade, que pode até ser albergada por essa norma especial, mas não necessariamente o será. A Constituição não garante, portanto, estabilidade, mas indenização compensatória. Quando o constituinte quis estabelecer garantia de emprego foi expresso, como no inciso VIII do art. 8º e nos incisos I e II do art. 10 do ADCT. Nada impede, por consequência, que a lei ordinária crie estabilidade. Não está escrito, também, no inciso I do art. 7º da Constituição que se trata de garantia de emprego ou relação de emprego garantida contra dispensa arbitrária ou sem justa causa, mas relação de emprego protegida contra dispensa arbitrária ou sem justa causa, o que é coisa diferente, pois não compreende hipótese de estabilidade ou garantia de emprego. Há, assim, um sistema de proteção, não de garantia.

Procedendo-se à interpretação sistemática do inciso I do art. 7º do Estatuto Supremo com outros dispositivos deste, não se chega à conclusão de que é proibido ao legislador ordinário estatuir estabilidade provisória.

O *caput* do art. 7º da Lei Magna dispõe que "são direitos dos trabalhadores urbanos e rurais, além de outros que visem à melhoria de sua condição social". Ao se empregar a expressão "além de outros direitos", mostra-se que a relação contida nos incisos I a XXXIV do art. 7º da Constituição está apenas outorgando ao empregado um mínimo de direitos trabalhistas. Inexiste enumeração taxativa ou exaustiva dos direitos trabalhistas na Lei Maior, mas exemplificativa, sendo que outros direitos podem ser previstos pela lei ordinária. Tanto é assim que não se faz menção no referido art. 7º ao trabalhador temporário, o que nem por isso torna inconstitucional a Lei n. 6.019/74.

O fato de a Constituição só conceder estabilidade ao dirigente sindical (art. 8º, VIII), ao cipeiro (art. 10, II, *a*, do ADCT) e à gestante (art. 10, II, *b*, do ADCT) não obsta que a lei ordinária estabeleça outras estabilidades provisórias, pois a Lei Magna traz em seu bojo um mínimo de direitos a serem observados pelo empregador, até porque as Constituições anteriores nunca tinham versado sobre estabilidade provisória, o que não impedia de estabelecê-la via lei ordinária, como o foi (arts. 165 e 543, § 3º, da CLT).

Inexiste, assim, inconstitucionalidade na lei ordinária tratar do tema estabilidade, como ocorre com o membro do CNPS (§ 7º do art. 3º da Lei n. 8.213/91), do representante dos empregados no Conselho Curador do FGTS (§ 9º do art. 3º da Lei n. 8.036/90), do cipeiro (art. 165 da CLT), do dirigente de cooperativa de empregados (Lei n. 5.764/71), nas leis eleitorais, ao acidentado (art. 118 da Lei n. 8.213/91) e futuramente pode também haver estabilidade para o delegado sindical ou representante dos empregados na empresa de que trata o art. 11 da Constituição.

O STF concedeu liminar em medida cautelar na ação direta de inconstitucionalidade para estabelecer a inconstitucionalidade da Convenção n. 158, em razão da necessidade de lei complementar para tratar da matéria (art. 7º, I, da Constituição)[8]. Ficaram vencidos os Ministros Carlos Velloso, Ilmar Galvão, Marco Aurélio e Sepúlveda Pertence. A ementa é a seguinte:

> AÇÃO DIRETA DE INCONSTITUCIONALIDADE – CONVENÇÃO N. 158/OIT – PROTEÇÃO DO TRABALHADOR CONTRA A DESPEDIDA ARBITRÁRIA OU SEM JUSTA CAUSA – ARGUIÇÃO DE ILEGITIMIDADE CONSTITUCIONAL DOS ATOS QUE INCORPORARAM ESSA CONVENÇÃO INTERNACIONAL AO DIREITO POSITIVO INTERNO DO BRASIL (DECRETO LEGISLATIVO N. 68/92 E DECRETO N. 1.855/96) – POSSIBILIDADE DE CONTROLE ABSTRATO DE CONSTITUCIONALIDADE DE TRATADOS OU CONVENÇÕES INTERNACIONAIS EM FACE DA CONSTITUIÇÃO DA REPÚBLICA – ALEGADA TRANSGRESSÃO AO ART. 7º, I, DA CONSTITUIÇÃO DA REPÚBLICA E AO ART. 10, I DO ADCT/88 – REGULAMENTAÇÃO NORMATIVA DA PROTEÇÃO CONTRA A DESPEDIDA ARBITRÁRIA OU SEM JUSTA CAUSA, POSTA SOB RESERVA CONSTITUCIONAL DE LEI COMPLEMENTAR – CONSEQUENTE IMPOSSIBILIDADE JURÍDICA DE TRATADO OU CONVENÇÃO INTERNACIONAL

---

[8] STF, Pleno, ADI-MC 1480/DF, rel. Min. Celso de Mello, j. 4-9-1997, *DJ* 18-5-2001, p. 429, p. 213.

ATUAR COMO SUCEDÂNEO DA LEI COMPLEMENTAR EXIGIDA PELA CONSTITUIÇÃO (CF, ART. 7º, I) – CONSAGRAÇÃO CONSTITUCIONAL DA GARANTIA DE INDENIZAÇÃO COMPENSATÓRIA COMO EXPRESSÃO DA REAÇÃO ESTATAL À DEMISSÃO ARBITRÁRIA DO TRABALHADOR (CF, ART. 7º, I, C/C O ART. 10, I DO ADCT/88) – CONTEÚDO PROGRAMÁTICO DA CONVENÇÃO N. 158/OIT, CUJA APLICABILIDADE DEPENDE DA AÇÃO NORMATIVA DO LEGISLADOR INTERNO DE CADA PAÍS – POSSIBILIDADE DE ADEQUAÇÃO DAS DIRETRIZES CONSTANTES DA CONVENÇÃO N. 158/OIT ÀS EXIGÊNCIAS FORMAIS E MATERIAIS DO ESTATUTO CONSTITUCIONAL BRASILEIRO – PEDIDO DE MEDIDA CAUTELAR DEFERIDO, EM PARTE, MEDIANTE INTERPRETAÇÃO CONFORME À CONSTITUIÇÃO. PROCEDIMENTO CONSTITUCIONAL DE INCORPORAÇÃO DOS TRATADOS OU CONVENÇÕES INTERNACIONAIS. É na Constituição da República – e não na controvérsia doutrinária que antagoniza monistas e dualistas – que se deve buscar a solução normativa para a questão da incorporação dos atos internacionais ao sistema de direito positivo interno brasileiro. O exame da vigente Constituição Federal permite constatar que a execução dos tratados internacionais e a sua incorporação à ordem jurídica interna decorrem, no sistema adotado pelo Brasil, de um ato subjetivamente complexo, resultante da conjugação de duas vontades homogêneas: a do Congresso Nacional, que resolve, definitivamente, mediante decreto legislativo, sobre tratados, acordos ou atos internacionais (CF, art. 49, I) e a do Presidente da República, que, além de poder celebrar esses atos de direito internacional (CF, art. 84, VIII), também dispõe – enquanto Chefe de Estado que é – da competência para promulgá-los mediante decreto. O iter procedimental de incorporação dos tratados internacionais – superadas as fases prévias da celebração da convenção internacional, de sua aprovação congressional e da ratificação pelo Chefe de Estado – conclui-se com a expedição, pelo Presidente da República, de decreto, de cuja edição derivam três efeitos básicos que lhe são inerentes: (a) a promulgação do tratado internacional; (b) a publicação oficial de seu texto; e (c) a executoriedade do ato internacional, que passa, então, e somente então, a vincular e a obrigar no plano do direito positivo interno. Precedentes. SUBORDINAÇÃO NORMATIVA DOS TRATADOS INTERNACIONAIS À CONSTITUIÇÃO DA REPÚBLICA. – No sistema jurídico brasileiro, os tratados ou convenções internacionais estão hierarquicamente subordinados à autoridade normativa da Constituição da República. Em consequência, nenhum valor jurídico terão os tratados internacionais, que, incorporados ao sistema de direito positivo interno, transgredirem, formal ou materialmente, o texto da Carta Política. O exercício do *treaty-making power*, pelo Estado brasileiro – não obstante o polêmico art. 46 da Convenção de Viena sobre o Direito dos Tratados (ainda em curso de tramitação perante o Congresso Nacional) –, está sujeito à necessária observância das limitações jurídicas impostas pelo texto constitucional. CONTROLE DE CONSTITUCIONALIDADE DE TRATADOS INTERNACIONAIS NO SISTEMA JURÍDICO BRASILEIRO. – O Poder Judiciário – fundado na supremacia da Constituição da República – dispõe de competência, para, quer em sede de fiscalização abstrata, quer no âmbito do controle difuso, efetuar o exame de constitucionalidade dos tratados ou convenções internacionais já incorporados ao sistema de direito positivo interno. Doutrina e Jurisprudência. PARIDADE NORMATIVA ENTRE ATOS INTERNACIONAIS E NORMAS INFRA CONSTITUCIONAIS DE DIREITO INTERNO. – Os tratados ou convenções internacionais, uma vez regularmente incorporados ao direito interno, situam-se, no sistema jurídico brasileiro, nos mesmos planos de validade, de eficácia e de autoridade em que se posicionam as leis ordinárias, havendo, em consequência, entre estas e os atos de direito internacional público, mera relação de paridade normativa. Precedentes. No sistema jurídico brasileiro, os atos internacionais não dispõem de primazia hierárquica sobre as normas de direito interno. A eventual precedência dos tratados ou convenções internacionais sobre as regras infraconstitucionais de direito interno somente se justificará quando a situação de antinomia com o ordenamento doméstico impuser, para a solução do conflito, a aplicação alternativa do critério cronológico ("lex posterior derogat priori") ou, quando cabível, do critério da especialidade. Precedentes. TRATADO INTERNACIONAL E RESERVA CONSTITUCIONAL DE LEI COMPLEMENTAR. – O primado da Constituição, no sistema jurídico brasileiro, é oponível ao princípio *pacta sunt servanda*, inexistindo, por isso mesmo, no direito positivo nacional, o problema da concorrência entre tratados internacionais e a Lei Fundamental da República, cuja suprema autoridade normativa deverá sempre prevalecer sobre os atos de direito internacional público. Os tratados internacionais celebrados pelo Brasil – ou aos quais o Brasil venha a aderir – não podem, em consequência, versar matéria posta sob reserva constitucional de lei complementar. É que, em tal situação, a própria Carta Política subordina o tratamento legislativo de determinado tema ao

exclusivo domínio normativo da lei complementar, que não pode ser substituída por qualquer outra espécie normativa infraconstitucional, inclusive pelos atos internacionais já incorporados ao direito positivo interno. LEGITIMIDADE CONSTITUCIONAL DA CONVENÇÃO N. 158/OIT, DESDE QUE OBSERVADA A INTERPRETAÇÃO CONFORME FIXADA PELO SUPREMO TRIBUNAL FEDERAL.
– A Convenção n. 158/OIT, além de depender de necessária e ulterior intermediação legislativa para efeito de sua integral aplicabilidade no plano doméstico, configurando, sob tal aspecto, mera proposta de legislação dirigida ao legislador interno, não consagrou, como única consequência derivada da ruptura abusiva ou arbitrária do contrato de trabalho, o dever de os Estados-Partes, como o Brasil, instituírem, em sua legislação nacional, apenas a garantia da reintegração no emprego. Pelo contrário, a Convenção n. 158/OIT expressamente permite a cada Estado-Parte (Artigo 10), que, em função de seu próprio ordenamento positivo interno, opte pela solução normativa que se revelar mais consentânea e compatível com a legislação e a prática nacionais, adotando, em consequência, sempre com estrita observância do estatuto fundamental de cada País (a Constituição brasileira, no caso), a fórmula da reintegração no emprego e/ou da indenização compensatória. Análise de cada um dos Artigos impugnados da Convenção n. 158/OIT (Artigos 4º a 10).

A ADIn 1.480-3 foi arquivada pela perda do objeto decorrente da denúncia da Convenção n. 158 da OIT (rel. Min. Celso de Mello).

A Comissão de Relações Exteriores e de Defesa Nacional, em 2 de julho de 2008, rejeitou por 20 votos a 1 a ratificação do Brasil à Convenção n. 158 da OIT. A norma internacional, "ao estabelecer uma complexa burocracia nos procedimentos sem justa causa, é inibidora da abertura de novas vagas".

19.1.5 A Convenção n. 158 da OIT e a União Europeia

19.1.5.1 As diretivas

As Diretivas 75/129 da Comunidade Econômica Europeia, de 17 de fevereiro de 1975, e 92/56, de 24 de junho de 1992, tratam de harmonizar as suas determinações com a norma internacional da OIT, tendo aplicação obrigatória nos países-membros.

As diretivas preveem procedimentos prévios de consulta às representações de trabalhadores, visando a possibilidade de acordo para evitar ou atenuar as consequências das dispensas, porém de acordo com as disposições internas de cada país. Há também um procedimento para as dispensas coletivas, que deve ser implementado num prazo de 30 dias a contar da notificação da autoridade pública.

19.1.5.2 Espanha

Na Espanha, já existiam regras sobre as dispensas coletivas por decisão do empregador. O Estatuto dos Trabalhadores teve alterações determinadas pela Lei n. 11/94, de 19 de maio de 1994, que alterou o art. 51. Define dispensa coletiva como a decorrente de causas econômicas, técnicas, organizativas ou de produção, quando em de um período de 90 dias a extinção dos contratos de trabalho afetar pelo menos: (a) dez trabalhadores em empresas que tenham menos de 100 empregados; (b) 10% do número de trabalhadores da empresa naquelas que possuam entre 100 e 300 trabalhadores; (c) 30 trabalhadores nas empresas que empreguem 300 ou mais trabalhadores. Entende-se também como dispensa coletiva a que afetar a totalidade do pessoal, sempre que o número de atingidos for superior a cinco. Considera-se que existem as causas para a possibilidade da dispensa coletiva quando a empresa tiver de superar situações econômicas adversas, abrangendo, por exemplo, organização da produção. Os representantes dos trabalhadores terão prioridade para permanecer na empresa. A indenização devida pela empresa pelas dispensas corresponderá a 20 dias de salários por ano de serviço até o máximo de 12 prestações, reduzida para 40% do valor nas empresas com menos de 25 trabalhadores.

O art. 52 do Estatuto dos Trabalhadores trata da extinção do contrato de trabalho por causas objetivas: (a) por incapacidade do trabalhador; (b) por falta de adaptação do trabalhador às modificações técnicas operadas no posto de trabalho; (c) quando exista necessidade objetiva de diminuir postos de trabalho.

A despedida por motivos disciplinares é regulada no art. 54 do Estatuto, em que o empregador pode rescindir o contrato de trabalho por culpa do trabalhador.

19.1.5.3 França

Lei francesa de 1975 autoriza a dispensa "por motivo econômico de ordem conjuntural ou estrutural". A Lei de 1989 definiu dispensa econômica como:

> a efetuada por um empregador por um ou vários motivos não inerentes à pessoa do empregado resultante de uma supressão ou transformação do emprego ou de uma modificação, rejeitada pelo empregado, de um elemento essencial do contrato de trabalho, decorrente das dificuldades econômicas ou transformações tecnológicas (Código do Trabalho, art. L. 1.233-3).

As dispensas na França são de três formas: (a) as individuais, tratadas pela Lei de 1973; (b) as coletivas, que dependem de entendimentos; (c) as pequenas dispensas coletivas, que compreendem de dois a nove empregados.

Nas dispensas econômicas, há um procedimento mediante plano de dispensas, com a reunião dos representantes de pessoal, a participação de um perito contábil, pago pela empresa, visando esclarecer questões técnicas referentes à situação econômica da empresa. As medidas adotadas podem compreender a redução da jornada, trabalho em tempo parcial, conversão da dispensa em suspensão do contrato de trabalho, num período de quatro a dez meses, com pagamento de 65% dos salários pelo Fundo Nacional de Emprego.

O Conselho de Prud'hommes apenas verifica a regularidade dos processos, garantindo as indenizações pertinentes para a falta de motivo real para a dispensa ou a ausência de motivos econômicos ou estruturais na empresa.

19.1.5.4 Itália

A Lei n. 223, de 23 de julho de 1991, teve reflexos das diretivas da União Europeia e da Convenção n. 158.

Luisa Galantino mostra que as dispensas coletivas submetem-se a um procedimento sindical, judicial e público. O procedimento sindical tem por objetivo fazer uma norma coletiva para resolver as questões relativas às dispensas. O controle judicial tem por finalidade verificar se houve impugnações ao tipo de procedimento na redução de pessoal, anulando os procedimentos incorretos. O Estado intervém por meio de ação preventiva e promoção de medidas de natureza previdenciária.

19.1.5.5 Portugal

Proíbe o art. 381 do Código do Trabalho português o despedimento sem justa causa ou por motivos políticos, ideológicos, étnicos ou religiosos.

Dispõe o art. 351 do Código do Trabalho sobre a justa causa de despedimento. O comportamento culposo do trabalhador que, pela sua gravidade e consequências, torne imediata e praticamente impossível a subsistência da relação de trabalho constitui justa causa de despedimento (1). Para apreciação da justa causa deve atender-se, no quadro de gestão da empresa, ao grau de lesão dos interesses do empregador, ao caráter das relações entre as partes ou entre o trabalhador e os seus companheiros e às demais circunstâncias que no caso sejam relevantes (3). Constituem, nomeadamente, justa causa de despedimento os seguintes comportamentos do trabalhador (2): (a) desobediência ilegítima às ordens dadas por responsáveis hierarquicamente superiores; (b) violação dos direitos e garantias de trabalhadores da empresa; (c) provocação repetida de conflitos com outros trabalhadores da empresa; (d) desinteresse repetido pelo cumprimento, com a diligência devida, das obrigações inerentes ao exercício do cargo ou posto de trabalho a que está afeto; (e) lesão de interesses patrimoniais sérios da empresa; (f) falsas declarações relativas à justificação de faltas; (g) faltas não justificadas ao trabalho que determinem diretamente prejuízos ou riscos graves para a empresa ou, independentemente de prejuízo ou risco; (h) falta culposa de observância de regras de segurança e saúde no trabalho; (i) prática, no âmbito da empresa, de violências físicas, de injúrias ou outras ofensas punidas por lei sobre trabalhador da empresa, elemento dos corpos sociais ou sobre o empregador individual não pertencente aos mesmos órgãos, seus delegados ou representantes; (j) sequestro ou em geral crimes contra a liberdade das pessoas referidas na alínea anterior; (l) não cumprimento ou oposição ao cumprimento de decisão judicial ou administrativa; (m) reduções anormais de produtividade.

É regulado o despedimento coletivo no art. 359 do Código de Trabalho. Considera-se despedimento coletivo a cessação de contratos de trabalho promovida pelo empregador e operada simultânea ou sucessivamente no período de três meses, abrangendo, pelo menos, dois ou cinco trabalhadores, conforme se trate, respectivamente, de microempresa e de pequena empresa, por um lado, ou de média e grande empresa, por outro, sempre que aquela ocorrência se fundamente em encerramento de uma ou várias secções ou estrutura equivalente ou redução de pessoal determinada por motivos de mercado, estruturais ou tecnológicos (1). Consideram-se, nomeadamente: (a) motivos de mercado: redução da atividade da empresa provocada pela diminuição previsível da procura de bens ou serviços ou impossibilidade superveniente, prática ou legal, de colocar esses bens ou serviços no mercado; (b) motivos estruturais: desequilíbrio econômico-financeiro, mudança de atividade, reestruturação da organização produtiva ou substituição de produtos dominantes; (c) motivos tecnológicos: alterações nas técnicas ou processos de fabrico, automatização dos instrumentos de produção, de controle ou de movimentação de cargas, bem como informatização de serviços ou automatização de meios de comunicação.

É disposto o despedimento por extinção do posto de trabalho no art. 367 do Código do Trabalho. A extinção do posto de trabalho determina o despedimento justificado por motivos de mercado, estruturais ou tecnológicos, relativos à empresa. São requisitos para a dispensa (art. 368): O despedimento por extinção do posto de trabalho só pode ter lugar desde que se verifiquem os seguintes requisitos: (a) os motivos indicados não sejam devidos a uma atuação culposa do empregador ou do trabalhador; (b) seja praticamente impossível a subsistência da relação de trabalho; (c) não existam, na empresa, contratos a termo para as tarefas correspondentes às do posto de trabalho extinto; (d) não se aplique o regime previsto para o despedimento coletivo (1). Havendo na seção ou estrutura equivalente uma pluralidade de postos de trabalho de conteúdo funcional idêntico, para determinação do posto de trabalho a extinguir cabe ao empregador definir, por referência aos respectivos titulares, critérios relevantes e não discriminatórios face aos objetivos subjacentes à extinção do posto de trabalho a ordem estabelecida. (2) Na mesma categoria profissional o trabalhador que, nos três meses anteriores à data do início do procedimento para despedimento tenha sido transferido para determinado posto de trabalho que vier a ser extinto tem direito a reocupar o posto de trabalho anterior, caso ainda exista, com a mesma retribuição base (3).

O despedimento por não adaptação é previsto no art. 373 do Código do Trabalho. Constitui fundamento de despedimento do trabalhador a sua falta de adaptação superveniente ao posto de trabalho. A falta de adaptação verifica-se em qualquer das situações previstas nas alíneas seguintes, quando, sendo determinada pelo modo de exercício de funções do trabalhador, torne praticamente impossível a subsistência da relação de trabalho (art. 374): (a) redução continuada de produtividade ou de qualidade; (b) avarias repetidas nos meios afetos ao posto de trabalho; (c) riscos para a segurança e saúde de outros trabalhadores ou de terceiros. Verifica-se ainda a falta de adaptação do trabalhador quando, tratando-se de cargos de complexidade técnica ou de direção, não tenham sido cumpridos os objetivos previamente fixados, por escrito, sendo tal determinado pelo modo de exercício de funções e desde que se torne praticamente impossível a subsistência da relação de trabalho (2). O despedimento por falta de adaptação só pode ter lugar desde que, cumulativamente, se verifiquem os seguintes requisitos (art. 375): (a) tenham sido introduzidas modificações no posto de trabalho resultantes de alterações nos processos de fabrico ou de comercialização, de novas tecnologias ou equipamentos baseados em diferente ou mais complexa tecnologia, nos seis meses anteriores ao início do procedimento; (b) tenha sido ministrada formação profissional adequada às modificações do posto de trabalho, por autoridade competente ou entidade formadora certificada; (c) tenha sido facultado ao trabalhador, após a formação, um período não inferior a 30 dias de adaptação no posto de trabalho ou, fora deste, sempre que o exercício de funções naquele posto seja susceptível de causar prejuízos ou riscos para a segurança e saúde do trabalhador, de outros trabalhadores ou de terceiros.

19.1.6 Aplicabilidade

Determina o art. 1º da Convenção n. 158 da OIT que a legislação nacional e a prática nacional é que irão dar efeito às suas disposições, exceto se essas disposições sejam aplicadas por meio de contratos coletivos, laudos arbitrais ou sentenças judiciais. Isso quer dizer que a referida norma internacional poderá ser implementada pela negociação coletiva entre os envolvidos, por dissídio coletivo ou laudo arbitral. Por ser a Convenção n. 158 da OIT uma norma de princípios, pode ser, portanto, complementada pela lei ou prática nacionais, por negociação coletiva, pela sentença normativa em dissídio coletivo ou por laudos arbitrais, podendo ter em alguns de seus artigos alguma norma dispositiva ou aplicativa. Trata-se de forma de flexibilização da execução da norma internacional, em virtude das diferenças regionais que possam existir em cada país. A tendência será, talvez, a repetição das determinações da Convenção n. 158 da OIT nas normas coletivas, como já estão fazendo alguns sindicatos.

Nota-se que a Convenção n. 158 observa a soberania de cada país, que pode adotar seus procedimentos ou outros mais benéficos, pois remete o intérprete à legislação e práticas nacionais.

Na prática, a arbitragem não tem sido utilizada para a solução de dissídios trabalhistas no Brasil. Apesar de haver previsão nos §§ 1º e 2º do art. 114 da Constituição, a arbitragem não vem sendo utilizada para a solução dos dissídios coletivos.

Dispõe o art. 2º da Convenção n. 158 da OIT que ela se aplica a todas as áreas de atividade econômica e a todas as pessoas empregadas. Logo, observa-se tal orientação tanto em relação ao empregador pessoa jurídica como pessoa física. A expressão *toda pessoa empregada* deve ser conjugada com a outra expressão *todas as áreas de atividade econômica*. Isso quer dizer que a Convenção se aplica a todo empregador pessoa física ou jurídica que exercer atividade econômica. O próprio art. 2.1 da Convenção n. 155, que trata da segurança e saúde dos trabalhadores, mostra a referida interpretação anteriormente mencionada, ao mencionar que "a presente Convenção aplica-se a todos os trabalhadores das áreas de atividade econômica abrangidas". Não se aplica, portanto, aos empregados domésticos e aos funcionários públicos, pois seus empregadores não exercem atividade econômica. Ademais, o parágrafo único do art. 7º da Constituição, quando trata dos direitos dos empregados domésticos, não faz remissão ao inciso I do mesmo artigo, justamente porque não se poderá falar em reintegração de empregado doméstico no emprego, dada a relação peculiar desse tipo de contrato, que é desenvolvida no âmbito familiar, em que inexiste atividade econômica do empregador doméstico. A Convenção n. 158 da OIT não contém determinação como a contida no art. 3º da Convenção n. 155 que determina que "a expressão 'áreas de atividade econômica' abrange todas as áreas em que existam trabalhadores empregados, *inclusive a administração pública*". A Convenção n. 154, que trata do fomento à negociação coletiva, também faz menção no art. 1º, 2, às forças armadas e à polícia e o item 3 afirma que a legislação nacional poderá estabelecer normas para aplicação à administração pública de seus dispositivos. Assim, se a Convenção n. 158 da OIT não foi expressa quanto à aplicação à administração pública, não poderá ser a ela observada, pois não exerce atividade econômica. Entretanto, em relação às empresas públicas que explorem atividade econômica e às sociedades de economia mista, aplica-se a Convenção n. 158 da OIT, pois tais empresas devem observar as regras de Direito Privado, inclusive de Direito do Trabalho (§ 1º do art. 173 da Constituição).

O art. 2º, 2, da Convenção n. 158 declara que todo membro poderá excluir da totalidade algumas de suas disposições as seguintes categorias de pessoas empregadas. Isso quer dizer que o próprio país decidirá como bem entender. O certo seria dizer que todo membro poderá excluir do total ou de algumas de suas disposições as seguintes categorias de pessoas empregadas, como posteriormente foi retificado em 26 de setembro de 1996: (a) os trabalhadores de um contrato de trabalho de duração determinada ou para realizar uma determinada tarefa. Aqui também a tradução mais certa deveria ser os trabalhadores *com um* contrato de trabalho de duração determinada; (b) os trabalhadores que estejam num período de experiência ou que não tenham o tempo de serviço exigido, sempre que, em qualquer um dos casos, a duração tenha sido fixada previamente e for razoável; (c) os trabalhadores contratados em caráter ocasional durante um período de curta duração. Nossa legislação já tem preceito para ser adequado à referida Convenção, que seria o art. 443, que trata do contrato de trabalho de prazo determinado e uma de suas espécies que é o contrato de experiência de 90 dias, prevendo que o primeiro não poderá ser superior a dois anos e o segundo a 90 dias (art. 445 e seu parágrafo único da CLT). Nos casos de contratos de prazo determinado, as partes já sabem de antemão quando o pacto termina, não sendo o caso de se falar em término do contrato de trabalho por iniciativa do empregador, mas sim por advento do transcurso do tempo, daí por que não se aplica a norma internacional em comentário. Não há, porém, uma determinação expressa de exclusão das regras da Convenção n. 158 na nossa legislação, pois as normas da CLT são anteriores à edição da citada norma internacional.

O art. 2º, 3, determina que "deverão ser previstas garantias adequadas contra o recurso a contratos de trabalho de duração determinada cujo objetivo seja o de iludir a proteção prevista nesta Convenção". O certo seria de elidir, de eliminar ou suprimir a proteção prevista na citada convenção. No nosso ordenamento jurídico, se houver uma tentativa de burlar a aplicação da legislação trabalhista aplica-se o art. 9º da CLT, que considera que qualquer ato tendente a desvirtuar, impedir ou fraudar a aplicação dos preceitos trabalhistas é considerado nulo.

No art. 2º, 4, também deveria ser feita a correção de tradução de consulta das organizações, para consulta às organizações de empregadores e de trabalhadores interessadas. No art. 2º, 5, o mesmo pode-se dizer em que a consulta prévia deve ser feita às organizações de empregadores e de trabalhadores interessadas e não *das* organizações. No final do art. 2º, 6, o mais correto seria usar o termo "se propõe" aplicar a presente convenção e não "tenciona" a aplicar.

19.1.7 Causas para a dispensa

As causas para a dispensa do empregado podem ser divididas em: (a) subjetivas, que dizem respeito à capacidade ou ao comportamento do trabalhador; (b) objetivas, concernentes à empresa e relacionadas a motivos econômicos, financeiros, tecnológicos, estruturais etc.

O art. 4º estabelece as causas para a dispensa do obreiro: (a) capacidade do empregado, que é a aptidão do empregado para o exercício da função ou do serviço que lhe foi determinado, compreendendo inclusive inadequação técnica a novos equipamentos, trabalho deficiente, negligente, a incapacidade do empregado para o trabalho; (b) comportamento do empregado: é uma causa justificada para dispensa, que remete o intérprete ao nosso art. 482 da CLT, que trata da justa causa para a dispensa. Pode-se dizer também que compreende o inadequado cumprimento das tarefas ajustadas; (c) necessidade de funcionamento da empresa, estabelecimento ou serviço. Não há definição na Convenção n. 158 dessas questões. A Recomendação n. 119 da OIT entende que "necessidades de funcionamento" quer dizer excedente de mão de obra ou a redução de número de cargos por motivos econômicos ou técnicos, ou em casos de caso fortuito ou força maior.[9] Poderiam ser aqui incluídas as hipóteses de fechamento de estabelecimento, de reforma estrutural da empresa, que constitui igualmente motivo justo para a terminação do contrato de trabalho por iniciativa do empregador, como também questões de natureza técnica, operacional,

---

[9] Protecion contra el despido injustificado, Conferência Internacional del Trabajo, 82ª Reunion, 1995, Oficina Internacional del Trabajo, Ginebra, p. 45.

econômica e financeira, que são previstas para a dispensa do cipeiro (art. 165 da CLT) e podem ser aplicadas por analogia para outras situações.

A Convenção n. 158 da OIT não proíbe a dispensa do trabalhador, apenas garante que o trabalhador não pode sofrer dispensa sem motivação, não assegurando, portanto, estabilidade absoluta, como prevê a CLT para quem tem dez anos de empresa e não era optante do FGTS (art. 494 da CLT e s.). Não preconiza, portanto, o art. 4º estabilidade absoluta, apenas limita o direito potestativo do empregador de dispensar o empregado, exigindo que a dispensa seja justificada. Se a norma internacional proibisse a dispensa, estaria impossibilitando o exercício da livre iniciativa (art. 170 da Lei Maior) por parte do dono da empresa, que não poderia demitir nem mesmo em épocas de crise. Isso quer dizer que a empresa pode adotar as modificações que entender necessárias para adaptar-se à realidade econômica, às modificações decorrentes de planos econômicos ou da globalização. Importante observar, como o faz Arnaldo Süssekind, que "a indenização em caso de despedida arbitrária, adotada como regra, exclui a reintegração, que seria o corolário jurídico da despedida sem justa causa do empregado com direito à estabilidade"[10].

A estabilidade não visa a criação de postos de trabalho. Argumenta-se que reduz a competitividade da empresa. O trabalhador que não pode ser dispensado não produz adequadamente, se acomoda, não se esforça. O argumento é relativo.

Assim, parece que o direito potestativo do empregador de dispensar o empregado não restou modificado, apenas terá de motivar a dispensa e pagar a indenização correspondente. Nada impede que outros direitos sejam estabelecidos por lei ordinária federal, que é a natureza da Convenção n. 158 da OIT, pois o art. 7º da Constituição não é exaustivo, mas meramente exemplificativo e permite que sejam instituídos outros direitos por lei ordinária, prevendo, portanto, apenas garantias mínimas ao trabalhador.

Há julgado que analisou a matéria da seguinte maneira:

> Convenção n. 158 da OIT – readmissão – indenização – Diante das dispensas injustificadas ou, não sendo esta possível, o pagamento de

---

[10] SÜSSEKIND, Arnaldo. *Instituições de direito do trabalho*. 15. ed. São Paulo: LTr, 1995, v. I, p. 642.

DISPENSA ARBITRÁRIA

uma indenização, tudo conforme a legislação interna de cada um dos Estados acordantes. Vê-se, pois, que o diploma simplesmente traduz o princípio básico e universal de toda nulidade, ou seja, a recondução das partes ao mesmo estado em que se encontravam antes do ato considerado nulo e, não sendo possível restaurar o *status quo ante*, prevê a sua substituição pela reposição das perdas e danos, coisas tais já há muito consagradas no direito brasileiro (Código Civil, artigos 145 e 158). Contudo, tratando-se das relações de trabalho, a mesma Convenção remete a recondução ao trato que lhe dispensa as normas internas de cada país. Conclui-se assim que, embora cominando nulidade às dispensas injustas, a Convenção 158 da OIT não garante a readmissão, na medida em que a recondução das partes ao estado anterior é algo que diz respeito exclusivamente aos ordenamentos jurídicos internos ou às práticas nacionais de cada país convenente. No que tange à readmissão, o direito brasileiro não contempla de forma genérica, senão apenas em situações especialmente previstas, como sejam as referentes à estabilidade decenal legal (CLT, art. 492), às estabilidades chamadas de provisórias ou à estabilidade ou garantia de emprego prevista na lei, no contrato individual ou coletivo ou, ainda, em sentença normativa. Fora dessas situações especiais, não há no direito interno atual, ao qual a Convenção 158 expressamente remete a definição da matéria, qualquer possibilidade de readmissão ou reintegração. Para tanto, ainda pende de regulamentação o inciso I do artigo 7º da Constituição da República de 1988, que é a única norma interna, de origem heterônoma e genérica, capaz de autorizar a readmissão. Padecendo de amparo legal a readmissão pelas normas internas brasileiras, a questão agora passa a se centrar na indenização que, nos termos expressos da Convenção 158, também é matéria afeta ao ordenamento jurídico de cada país. Neste aspecto, o artigo 10 do Ato das Disposições Constitucionais Transitórias é expresso ao prever a indenização de até quatro vezes a porcentagem disposta no artigo 6º, *caput* e parágrafo 1º da Lei n. 5.107/66, atual Lei n. 8.036/90. Conclui-se, pois, nos dois pontos ora em análise readmissão e indenização – a Convenção 158 da OIT é absolutamente inócua frente ao ordenamento jurídico nacional[11].

---

[11] TRT da 3ª R., 2ª T., RO 10.046/96, rel. Juiz Carlos Eduardo Ferreira, j. 10-12-1996, *DJ MG* 18-2-1997, p. 3.

19.1.8 Causas injustificáveis

O art. 5º da norma internacional em comentário trata das causas que não poderão ser consideradas justificadas para a dispensa do empregado.

Não se considera causa justificada para a dispensa: (a) a filiação a um sindicato ou a participação em atividades sindicais fora das horas de trabalho ou, com o consentimento do empregador, durante as horas de trabalho. Trata-se de proteção contra atos antissindicais praticados pelo empregador. Nossa legislação indica alguns atos de proteção antissindical: o inciso VIII do art. 8º da Constituição veda a dispensa do empregado sindicalizado a partir do registro da candidatura a cargo de direção ou representação sindical e, se eleito, inclusive como suplente, até um ano após o final do mandato, salvo se cometer falta grave nos termos da lei. O § 3º do art. 543 da CLT tem a mesma orientação, estendendo-a ao empregado associado. O Comitê de Liberdade Sindical entende que:

> em certos casos em que, na prática, a legislação nacional permite aos empregadores, sob a condição de que paguem a indenização prevista em lei nos casos de despedida injustificada, despedir um trabalhador, inclusive quando o motivo real da despedida é a sua filiação a um sindicato ou a sua atividade sindical, deve-se concluir que a mesma legislação não concede proteção suficiente contra os atos de discriminação antissindical mencionados no Convênio n. 98[12].

(b) ser candidato a representante dos trabalhadores ou atuar ou ter atuado nessa qualidade. O art. 11 da Constituição estabelece que nas empresas que têm mais de 200 empregados, é assegurada a eleição de um representante destes com a finalidade exclusiva de promover-lhes o entendimento direto com os empregadores. O representante dos trabalhadores mencionado na Convenção n. 158 pode ser a referida pessoa como outra que represente os trabalhadores ou tenha atuado nessa condição; (c) a apresentação de queixa ou participação de um procedimento estabelecido contra um empregador por supostas violações de leis ou regulamentos, ou o fato de o trabalhador recorrer perante as autoridades administrativas competentes. Seria a hipótese de o empregado ajuizar ação trabalhista

---

[12] Recompilación. Genebra: OIT, n. 208, p. 77.

contra o empregador para reivindicar os seus direitos e por esse motivo ser dispensado; (d) a raça, a cor, o sexo, o estado civil, as responsabilidades familiares, a gravidez, a religião, as opiniões políticas, a ascendência nacional ou a origem social. A Lei n. 9.029, de 13 de abril de 1995, proíbe a prática discriminatória para efeito de acesso ou manutenção de emprego por motivo de raça, cor, estado civil, situação familiar ou idade. Determina o art. 4º da Lei n. 9.029/95 que se houver o rompimento do contrato de trabalho por ato discriminatório, o empregado pode optar entre: (1) a reintegração com ressarcimento integral de todo o período de afastamento, mediante pagamento das remunerações devidas, corrigidas monetariamente e acrescidas de juros legais; ou (2) a percepção, em dobro, da remuneração do período de afastamento, corrigida monetariamente e acrescida dos juros legais; (e) a ausência do trabalho durante a licença-maternidade. A nossa legislação já prevê, no caso, a garantia de emprego para a gestante desde a confirmação da gravidez até cinco meses após o parto (art. 10, II, b, do ADCT), sendo que a licença-maternidade é de 120 dias (art. 7º, XVIII, da Constituição).

O art. 165 da CLT já dispõe que considera-se dispensa arbitrária a que não se fundar em motivo disciplinar, técnico, econômico ou financeiro.

Determina o art. 6º que a ausência temporal do trabalho por motivo de doença ou lesão não deverá constituir causa justificada para o término da relação de trabalho. O art. 476 da CLT já determina que em caso de seguro-doença ou auxílio-enfermidade, o empregado é considerado em licença não remunerada, durante o prazo desse benefício. Não pode, portanto, o obreiro ser dispensado nesse período, pois o seu contrato de trabalho está suspenso. O mesmo se observa no caso do empregado acidentado, em que este tem estabilidade desde a cessação do auxílio-doença acidentário até um ano após essa data, conforme art. 118 da Lei n. 8.213/91.

Nada impede que a legislação nacional estabeleça outros motivos injustificáveis para a dispensa do trabalhador, diversos dos previstos nos arts. 5º e 6º da norma internacional em comentário.

19.1.9 Procedimento prévio

O art. 7º da Convenção n. 158 da OIT dispõe que o trabalhador, para ser dispensado, deve ser previamente avisado do motivo pelo qual está se caracterizando o término do seu contrato, podendo se defender das acusações ou terá direito de recorrer a um tribunal do trabalho para apreciar a injustiça ou a falta de motivação de sua dispensa.

A interpretação da expressão utilizada no art. 7º, "a menos que não seja possível pedir ao empregador, razoavelmente, que lhe conceda essa possibilidade", permite que a empresa dispense o empregado e este se socorra da Justiça do Trabalho para discutir a dispensa. O art. 853 da CLT prevê o procedimento relativo ao inquérito para apuração de falta grave para a dispensa do empregado que tem dez anos de empresa e não era optante do FGTS, disposição também utilizada para a dispensa do dirigente sindical (parte final do § 3º do art. 543 da CLT). A empresa poderá se utilizar, se o desejar, de inquérito administrativo para determinar a dispensa do empregado, seja com base em motivo disciplinar ou até por motivo técnico, econômico ou financeiro. Entretanto, "nula é a punição de empregado se não precedida de inquérito ou sindicância internos a que se obrigou a empresa, por norma regulamentar" (Súmula 77 do TST).

Seria possível também criar na empresa uma espécie de comissão de fábrica de modo a verificar as causas da dispensa do trabalhador, assegurando-lhe a oportunidade de defesa àquele. O próprio departamento de pessoal da empresa poderia ouvir o empregado antes de ser dispensado, para verificar o que o obreiro tem a dizer.

A empresa deve, portanto, ter um sistema de controle do desempenho e do comportamento do empregado, acompanhando a sua vida funcional, o que pode ser feito numa espécie de ficha de registro de empregados ampliada, num controle de avaliação de desempenho, ou outra forma que a empresa julgar adequada, visando evitar qualquer dispensa arbitrária.

Ao se tratar da dispensa, deve-se determinar qual o pessoal que será atingido, podendo ser previsto o período em que as dispensas irão ocorrer. Para tanto, deverá haver a possibilidade de que outras alternativas possam ser empregadas, como de redução de salários e da jornada, possibilidade de os empregados dispensados serem os primeiros a ser reaproveitados em casos de contratações, concessão de férias coletivas, incentivos às aposentadorias voluntárias ou às saídas espontâneas.

19.1.10 *Recurso contra o término do contrato*

O art. 8º já permite ao trabalhador que se sentir prejudicado com a dispensa se socorrer de órgão neutro, como, por exemplo, um tribunal, um tribunal do trabalho, uma junta de arbitragem ou um árbitro. O empregado também poderia se socorrer de arbitragem privada ou de comissão de fábrica instituída por esse fim para apurar a razão da sua dispensa, desde que seja acordado com o empregador esse meio para a referida apuração. Pode, também, o empregado se socorrer da Justiça do Trabalho, como já se verifica do art. 114 da Constituição, que define a competência daquele órgão para dirimir controvérsias entre trabalhador e empregador a respeito da relação de trabalho. Isso quer dizer que o empregado pode observar outros tipos de formas de solução dos conflitos, como a arbitragem, a mediação etc.

Reza o art. 8º, 3, que pode-se considerar que o trabalhador renunciou a seu direito de recorrer contra o término de sua relação de trabalho se não tiver exercido tal direito dentro de um prazo razoável após o término do contrato de trabalho. Isso também já existe no nosso ordenamento jurídico, que é o prazo de prescrição contido no inciso XXIX do art. 7º da Constituição de 1988.

O art. 10 da Convenção n. 158 estabelece que se os organismos que irão examinar a dispensa do trabalhador:

> chegarem à conclusão de que *o término da relação de trabalho* é *justificado* e se, em virtude da legislação e prática nacionais, esses organismos não estiverem habilitados ou não considerarem possível, devido às circunstâncias, anular o término e, eventualmente, ordenar ou propor a *readmissão* do trabalhador, terão a *faculdade* de ordenar o pagamento de uma indenização adequada ou outra reparação que for considerada apropriada.

A tradução correta do espanhol compreende o uso da palavra **injustificado** e não justificado como constou do texto, como foi retificado em 26 de setembro de 1996. Da mesma forma a tradução do francês *licenciament* não significa término da relação de trabalho, mas despedida, e *pouvoir* quer dizer poder e não *faculdade*. Usa-se ainda a palavra readmissão, quando na verdade a tradução do francês foi feita de forma errada, que menciona *réintegration*, isto é, reintegração, que não se confunde com readmissão. Verifica-se que a legislação de cada país é que irá determinar: (a) a reintegração do empregado no emprego; (b) o pagamento de indenização; ou (c) outra reparação apropriada. O sistema adotado pelo inciso I do art. 7º da Constituição exclui a estabilidade, determinando que a lei complementar irá prever indenização compensatória pela dispensa arbitrária. Isso significa que o nosso sistema jurídico não determina a reintegração do empregado, mas protege a dispensa abusiva por meio de pagamento de indenização. Dessa forma, o empregado não terá, portanto, direito a reintegração, mas a pagamento de indenização, remetendo o intérprete do art. 10 da Convenção n. 158 à legislação ordinária de cada país, que irá versar sobre o tema. Se a própria norma internacional determina que a "legislação e práticas nacionais" é que irão estabelecer a reintegração ou pagamento de indenização, o inciso I do art. 7º da Lei Maior apenas confirma tal orientação, especificando que o nosso sistema prevê pagamento de indenização e não de reintegração, salvo nos casos da Lei n. 9.029/95 e de empregados estáveis. A indenização da despedida pode ser entendida em nosso país como a do FGTS ou da indenização de 40% sobre os depósitos do FGTS, pois, enquanto não for promulgada a lei complementar de que trata o inciso I do art. 7º da Lei Magna, o porcentual da indenização do FGTS passa a ser de 40% (art. 10, I, do ADCT). Entretanto, a nossa norma constitucional não faz distinção em dispensa arbitrária ou sem justa causa, dizendo que a indenização se aplica às duas hipóteses. Se o Estado, portanto, entender de determinar o pagamento de indenização e não reintegração, inexistirá direito a estabilidade. A legislação brasileira não assegura direito a estabilidade, mas ao regime do FGTS. A Comissão de Peritos na Aplicação de Convenções e de Recomendações da OIT já afirmou que:

> o artigo 10, tal como está redigido, dá preferência à anulação da despedida e à readmissão, como meios de reparação da terminação injustificada, porém sugere mantendo-se flexível, já que prevê outras vias de reparação em função dos poderes do organismo neutro [...]. O texto especifica, ademais, que em caso que se pague uma indenização, esta deverá ser adequada[13].

Logo, a legislação nacional ou a prática utilizada no país poderá, segundo a Convenção n. 158 da OIT, adotar: (a) o retorno do empregado ao emprego; (b) uma indenização adequada; (c) ou outra reparação adequada.

---

[13] Proteción contra el despido injustificado, Conferência Internacional del Trabajo, 82ª reunion, Informe III – Parte 4-b, Genebra, OIT, 1995, p. 91, item 19.

A reintegração será feita, de acordo com a nossa legislação, nos casos de: (a) empregado estável com mais de dez anos de empresa e não optante do FGTS; (b) estabilidade prevista em norma coletiva, regulamento de empresa ou do próprio contrato de trabalho; (c) garantia de emprego prevista na Constituição ou na lei ordinária, como de dirigente sindical (art. 8º, VIII, da Constituição), grávida (art. 10, II, *b*, da Lei Maior), cipeiro (art. 10, II, *a*, da Lei Magna e art. 165 da CLT), acidentado (art. 118 da Lei n. 8.213/91), nos casos de discriminação contidos na Lei n. 9.029 e em outros casos de garantia de emprego, inclusive as previstas em normas coletivas. Nos casos de empregados estáveis, a reintegração é feita com base no art. 496 da CLT. Nos demais casos, a indenização será de 40% sobre os depósitos do FGTS, o pagamento das verbas rescisórias, levantamento do FGTS e liberação do seguro-desemprego. Dependendo do caso, poder-se-á utilizar da regra do art. 496 e converter o direito de reintegração em pagamento de indenização, que ficará a critério do juiz e não da parte, mormente se verificada a incompatibilidade na reintegração.

Não estão os nossos organismos judiciais habilitados a anular a dispensa e determinar a reintegração dos empregados no emprego, salvo nas hipóteses da existência de garantia de emprego ou estabilidade, como as mencionadas anteriormente. A indenização de que trata o art. 10 tem de ser interpretada sistematicamente em consonância com a determinada no art. 12. Dependerá, também, daquilo que for estabelecido pela legislação e práticas nacionais. No momento, a indenização é a do FGTS mais a indenização de 40% sobre os depósitos do referido fundo. Não será possível ao juiz fixar indenização por responsabilidade civil, com fundamento no art. 186 do Código Civil, justamente pelo fato de não se tratar de indenização do Direito Civil, nem haver responsabilidade civil, mas trabalhista. Se amanhã o legislador instituir outra indenização, ou até mesmo esta for prevista na norma coletiva, o juiz irá aplicá-la. Do contrário, não poderá arbitrar outra indenização, pois não há previsão legal nesse sentido.

19.1.11 Aviso-prévio

Prevê o art. 11 o direito a um prazo de aviso-prévio razoável, a não ser que o empregado seja culpado de uma falta grave de tal natureza que não seria razoável pedir ao empregador que continuasse a empregá-lo durante o prazo do aviso-prévio.

Na nossa legislação, já existe um prazo razoável de aviso-prévio, que é previsto no inciso XXI do art. 7º da Constituição, sendo de pelo menos 30 dias, podendo a lei ordinária estabelecer o aviso-prévio proporcional ao tempo de serviço (Lei n. 12.506/2011). Os arts. 487 a 491 da CLT versam sobre o aviso-prévio. Nada impede que o aviso-prévio seja concedido de forma indenizada, pois o empregado também terá tempo para procurar novo emprego e receberá a remuneração correspondente a trinta dias, em que não vai trabalhar. De um modo geral, as faltas graves já são indicadas no art. 482 da CLT. Se no decorrer do aviso-prévio o empregado cometer qualquer falta das consideradas pela lei como justas para a rescisão do contrato de trabalho, perde o obreiro o direito ao restante do respectivo prazo (art. 491 da CLT).

No aviso-prévio, o empregador além de comunicar deverá justificar por que está dispensando o empregado.

19.1.12 Indenização e seguro-desemprego

Menciona o art. 12 o pagamento de indenização e de seguro-desemprego de acordo com a lei e as práticas nacionais. A indenização é o porcentual de 40% sobre os depósitos do FGTS (art. 10, II, *a*, do ADCT). Para os empregados que não têm tempo anterior à opção ao FGTS, há pagamento de indenização conforme os arts. 477 e seguintes da CLT. Nos casos em que houver discriminação, há as regras do art. 4º da Lei n. 9.029/95, que prevê reintegração ou pagamento em dobro da remuneração do período. O seguro-desemprego já está previsto na Lei n. 7.998/90.

Faz referência o art. 12, *a*, que poderá haver uma indenização por término de serviços ou a outras compensações análogas, cuja importância será fixada em razão, entre outras coisas, do tempo de serviço e do montante do salário, pagáveis diretamente pelo empregador ou por um fundo constituído por meio de cotizações *dos empregadores* e não dos empregados, como consta da tradução do texto. Tal indenização, compreendendo tempo de serviço, é feita no nosso sistema por meio de um fundo, que é o FGTS, havendo o pagamento da indenização de 40%. Nada impede, porém, que a legislação nacional adote outra indenização, além das previstas, com a finalidade de punir o empregador pela dispensa injustificada ou até aumente as indenizações já previstas em nossa lei. Entretanto, não pode ser aplicada a indenização contida no art. 186 do Código Civil, pois se trata de prejuízo ou questão decorrente de responsabilidade de Direito Civil e não de Direito do Trabalho. Para tanto, já existem as indenizações previstas na legislação trabalhista. Só se poderá falar em nova indenização, se a legislação estabelecer e não se aplicar por analogia o art. 186 do Código Civil, pois a perda do emprego não pode ser equiparada ao dano do Direito Civil, que pressupõe dolo ou culpa.

Benefícios por velhice e por invalidez nossa legislação já prevê, respectivamente nos arts. 48 a 51 da Lei n. 8.213/91 (aposentadoria por idade) e nos arts. 42 a 47 da mesma lei (aposentadoria por invalidez).

O art. 12, 3, esclarece que no caso de término da relação de emprego devido a falta grave, poder-se-á prever a perda do direito a desfrutar das indenizações ou benefícios mencionados no § 1º, item *a*, do mesmo artigo. A nossa legislação já prevê que havendo justa causa não são devidos: o aviso-prévio (art. 487 da CLT), 13º salário (art. 3º da Lei n. 4.090/62), férias proporcionais (parágrafo único do art. 146 da CLT), levantamento do FGTS (art. 20, I, da Lei n. 8.036/90), indenização de 40% do FGTS (§ 1º do art. 18 da Lei n. 8.036/90) e seguro-desemprego (art. 3º da Lei n. 7.998/90).

Do exame do art. 12 da norma internacional, verifica-se que ficam excluídos das suas aplicações os contratos de prazo determinado, nos casos de morte, aposentadoria e pedido de demissão do obreiro, pois a Convenção n. 158 da OIT trata de término injustificado da relação de emprego por iniciativa do empregador.

19.1.13 *Ônus da prova*

O art. 9º, 2, *a*, indica que o "peso da prova" da dispensa injustificada caberá ao empregador. No nosso sistema, a tradução mais correta seria usar a expressão *ônus da prova*, que, portanto, caberá ao empregador a respeito da causa justificada para a dispensa, conforme interpretação do inciso I do art. 818 da CLT, no sentido de que quem alega deve provar. Aplica-se o princípio da continuidade da relação de emprego, como se verifica na orientação da Súmula 212 do TST. Assim, como regra, o empregado é sempre dispensado. O pedido de demissão e a dispensa com justa causa devem ser provados pelo empregador, pois um empregado comum, que precisa do trabalho para sobreviver, não iria normalmente pedir demissão ou ser dispensado com justa causa.

Dispõe o art. 9º, 3, que nos casos em que houver alegação de motivo para o término da relação de emprego de questões relacionadas a necessidade de funcionamento da empresa, questões financeiras ou econômicas, o empregador poderá dispensar o empregado. Podem ser tais situações apuradas por prova pericial, para indicar se estas questões existem ou não e o juiz então decidirá ou o órgão que apurar o referido motivo irá decidir.

19.1.14 Dispensa coletiva

Se o empregador for fazer dispensa coletiva, a nossa legislação não prevê critério para tal fim, de maneira a proibi-la ou de determinar certas providências para a sua apuração. A dispensa coletiva poderá ser, porém, disciplinada em acordo, convenção coletiva, ou dissídio coletivo, como permite o art. 1 da Convenção n. 158 da OIT.

Não há um conceito de dispensa coletiva na nossa legislação. O TRT da 2ª R. já entendeu que dispensa coletiva é a que o número de trabalhadores dispensados excede o parâmetro habitual de rotatividade da mão de obra da empresa (Proc. 444/92-A, Ac. 921/92-P, rel. Wilma Araújo Vaz da Silva).

O art. 13 da Convenção n. 158 da OIT apenas explicita que se o empregador prever términos da relação de trabalho (a expressão está no plural, enquanto em outros dispositivos da norma internacional estão no singular) por motivos econômicos, estruturais ou análogos: (a) proporcionará aos representantes dos trabalhadores interessados, em tempo oportuno, a informação pertinente, incluindo os motivos dos términos previstos, o número e categorias dos trabalhadores que poderiam ser afetados e o período durante o qual seriam efetuados esses términos. Os representantes dos trabalhadores poderão ser os pertencentes à comissão de fábrica, delegados sindicais ou outros que tenham sido eleitos pelos trabalhadores. Trata-se de mera informação ao sindicato, não sendo condicionada à sua aprovação. Assim, o empregador deverá comunicar aos representantes dos trabalhadores que forem reconhecidos pela legislação nacional o motivo da dispensa dos empregados. O ideal seria que essa comunicação fosse feita ao sindicato, até para que pudesse ser negociada; (b) de acordo com a legislação e prática nacionais, será oferecida aos representantes dos trabalhadores, o mais breve possível, uma oportunidade para a realização de consultas sobre as medidas que deverão ser adotadas para evitar ou limitar os términos e as medidas para atenuar as consequências adversas de todos os termos em relação aos trabalhadores afetados, proporcionando, por exemplo, a possibilidade de se conseguir novos empregos. Nossa legislação não estabelece um critério para esse fim, nem que a dispensa seja feita de acordo com uma cifra ou porcentagem em relação aos empregados das empresas. Poderiam ser adotados critérios, até especificados em convenções coletivas em que a dispensa deveria ser feita em relação aos trabalhadores que tivessem um número menor de encargos familiares, prestigiando o empregado casado, o que tem mais antiguidade na empresa etc.

É de se destacar que não há sanção pelo descumprimento da Convenção n. 158 da OIT, pois nos seus dispositivos não há tal previsão. Não se poderia aplicar multa administrativa por analogia às contidas na CLT ou em outra legislação, pois a multa deve ser específica. Poderá, porém, a DRT aplicar multa se por acaso a empresa não observar o aviso-prévio, a indenização pertinente, o fornecimento do seguro-desemprego etc., pois aí está sendo descumprido um preceito específico da legislação, em que já há penalidade específica para o descumprimento da norma. A única sanção existente na Convenção n. 158 pelo seu descumprimento, que não é uma sanção administrativa, é a reintegração no emprego ou o pagamento de indenização.

19.1.15 Notificação à autoridade competente

A legislação e a prática de cada país poderá prever que a dispensa por parte do empregador com fundamento em motivos econômicos, tecnológicos, estruturais ou análogos importará na necessidade de se notificar o mais breve possível à autoridade competente, comunicando-lhe a informação pertinente, incluindo uma exposição, por escrito, dos motivos dos términos dos contratos, o número e as categorias dos trabalhadores que serão afetados e o período durante o qual serão efetuadas essas cessações (art. 14, 1). Nossa legislação não trata do assunto. Assim, é possível dizer que, num primeiro momento, a autoridade competente será o Superintendente Regional do Trabalho, embora nossa lei não determine que haja a notificação a essa autoridade e que, por enquanto, não precisa ser feita. A comunicação à autoridade competente será, porém, meramente informativa, podendo haver mediação dessa autoridade para a solução do conflito.

Nada impede também que se dê cumprimento ao art. 14 da Convenção n. 158 por meio de normas coletivas e sentenças normativas, pois estas poderiam prever a necessidade da comunicação à DRT da dispensa, o número e as categorias dos trabalhadores afetados e o período em que seriam efetuadas.

A legislação nacional poderá limitar a aplicabilidade do § 1º do art. 14 àqueles casos nos quais o número de trabalhadores, cuja relação de trabalho tiver previsão de ser terminada, for pelo menos igual a uma cifra ou uma porcentagem determinadas do total de pessoal (art. 14, 2). Nota-se que a legislação nacional pode ou não adotar tal critério, sendo que não há legislação nacional prevendo tal questão. Nesse caso, o que a nossa legislação prevê, no âmbito da previdência social, é o art. 93 da Lei n. 8.213/91, que reza que a empresa com 100 ou mais empregados está obrigada a preencher de 2% a 5% dos seus cargos com beneficiários reabilitados ou pessoas portadoras de deficiência. O § 1º prevê que a dispensa de trabalhador reabilitado ou deficiente habilitado ao final de contrato por prazo determinado de mais de 90 dias e a imotivada, no contrato por prazo indeterminado, só poderá ocorrer após a contratação de substituto de condição semelhante. O art. 429 da CLT disciplina a necessidade de a empresa admitir um certo número de menores, na condição de aprendizes.

O Relatório da OIT sobre a Convenção n. 158 esclarece que:

> o artigo 14 da Convenção não menciona o papel que poderia corresponder à autoridade competente perante a qual foi apresentada a notificação. Portanto, o instrumento deixa a cada país a inteira liberdade para decidir o uso que se dará da notificação apresentada (item 290 do relatório).

19.1.16 Conclusão

Quando estiver em vigor a Convenção n. 158 da OIT, recomenda-se que o empregador, ao dispensar o empregado, indique quais são os motivos dessa dispensa, sob pena de o trabalhador vir a juízo discutir a questão. Se o empregador indicar que o empregado está sendo dispensado em decorrência da sua capacidade de trabalho, de necessidades de funcionamento da empresa, estabelecimento ou serviço ou por justa causa, com fundamento no art. 482 da CLT, não haverá a hipótese de reintegração, desde que os motivos estejam devidamente provados. Caso não haja prova sobre a questão, o empregado tem direito ao pagamento da indenização, pois o inciso I do art. 7º da Constituição exclui o direito de reintegração, prevendo apenas o pagamento de indenização, que no nosso sistema jurídico é o pagamento do aviso-prévio, do levantamento dos depósitos do FGTS e da indenização de 40%. O empregado só terá

DISPENSA ARBITRÁRIA

direito a reintegração quando: (a) fizer jus a estabilidade decenal; (b) gozar de estabilidade ou garantia de emprego determinada em norma coletiva, regulamento de empresa ou no contrato de trabalho; (c) tiver garantia de emprego de dirigente sindical (art. 8º, VIII, da Constituição), for diretor de cooperativa (art. 55 da Lei n. 5.764/71), cipeiro (art. 165 da CLT), membro do conselho curador do FGTS (§ 9º do art. 3º da Lei n. 8.036/90) ou do Conselho Nacional de Previdência Social (§ 7º do art. 3º da Lei n. 8.213), sofrer acidente de trabalho ou doença profissional (art. 118 da Lei n. 8.213/91) ou nos casos de discriminação especificados na Lei n. 9.029/95.

A Convenção n. 158 não regula o pedido de demissão do empregado e as hipóteses de extinção do contrato de trabalho por falecimento do trabalhador ou aposentadoria. Admite, porém, a existência da dispensa por falta grave.

Existem os mais diversos posicionamentos sobre o tema, até mesmo de juízes do trabalho que determinaram a reintegração do empregado no emprego com fundamento na Convenção n. 158 da OIT, daí o cuidado que deve-se ter ao dispensar o obreiro.

O departamento de seleção e treinamento das empresas ou empresas especializadas em tal mister terão papel muito importante, pois será fundamental admitir a pessoa certa, para que não haja problemas para efeito do desligamento do trabalhador em razão de incompatibilidade ou de outras circunstâncias que ocorram na empresa.

A lei ordinária ou complementar poderá estabelecer outros critérios diversos dos mencionados anteriormente, de modo a complementar as disposições da Convenção n. 158 da OIT, ou até mesmo estabelecendo critérios específicos para o fim de se observar a dispensa do trabalhador.

Muitos dos dispositivos da Convenção n. 158 já são plenamente aplicáveis e outros necessitam ainda de complementação, como nas hipóteses que já indiquei, porém posso dizer que a citada norma internacional não é inconstitucional, pois não atrita com o inciso I do art. 7º da Constituição. O art. 1º do Decreto n. 1.855 determina que a norma internacional deverá ser executada e cumprida tão inteiramente como nela se contém, porém o que se observa é que nem todas as normas contidas na Convenção n. 158 são autoaplicáveis, como acontece, por exemplo, com os arts. 13 e 14.

Se são inconstitucionais os arts. 4º a 10 da Convenção n. 158, não são inconstitucionais os demais e poderiam ser aplicados.

Muitas das disposições da Convenção n. 158 poderão ser implementadas por acordo ou convenção coletiva, que poderá atender às particularidades de cada setor ou empresa, sendo que a lei pode, ao determinar uma situação geral, não atender a tais situações.

Aconselha-se que a Convenção n. 158 da OIT seja republicada, pois são vários os erros de tradução do espanhol dela constantes.

19.2 Denúncia da Convenção n. 158 da OIT

19.2.1 Extinção das normas internacionais

A Convenção n. 158 da OIT foi denunciada pelo Brasil em 20 de novembro de 1996, quando foi registrada na OIT. A denúncia só terá eficácia a partir de 12 meses após aquela data, ou seja, 20 de novembro de 1997. O Decreto n. 2.100, de 20 de dezembro de 1996, tornou pública a denúncia pelo Brasil da Convenção n. 158 da OIT.

As normas internacionais podem se extinguir, segundo a classificação de Hildebrando Accioly, por: (a) execução integral; (b) expiração do prazo convencionado; (c) verificação de uma condição resolutória, prevista expressamente; (d) acordo mútuo entre as partes; (e) renúncia unilateral por parte do Estado ao qual o tratado beneficia de modo exclusivo; (f) denúncia, admitida expressa ou tacitamente pela norma internacional; (g) impossibilidade de execução; (h) inexecução do tratado, por uma das partes contratantes; (i) guerra sobrevinda entre as partes contratantes; (j) a prescrição liberatória.[14] Em se tratando de convenções da OIT, não se aplicam as três últimas formas de extinção das normas internacionais, porque não há bilateralidade de direitos e obrigações.

19.2.2 Denúncia

19.2.2.1 Conceito

Denúncia é o aviso-prévio dado pelo Estado no sentido de que não tem interesse em continuar aplicando uma dada norma internacional. Hans

---

[14] ACCIOLY, Hildebrando. *Manual de direito internacional público*. 10. ed. São Paulo: Saraiva, 1973, p. 132-135.

DISPENSA ARBITRÁRIA

Kelsen define a denúncia como "um ato que põe fim à validade de uma convenção pela declaração unilateral feita por uma parte, para esse efeito". Tal ato "deve ser previsto pela própria convenção"[15].

Em relação às convenções da OIT, a denúncia é o ato pelo qual o Estado avisa a OIT que não tem mais intenção de observar aquela norma no seu ordenamento jurídico interno. Adverte Américo Plá Rodriguez que "o término da vigência subjetiva se realiza por meio da denúncia"[16]. A denúncia não é regulada pela Constituição da OIT, mas sim em cada convenção, que em um de seus artigos trata do tema. A partir de 1928 as convenções da OIT autorizaram a sua denúncia no decurso do décimo ano a contar da sua vigência objetiva, isto é, após o registro de duas ratificações, sendo que há prorrogação por iguais períodos se o Estado não observar a referida faculdade. Esclarece a OIT que em se tratando "de convenções adotadas depois de 1928, a retratação é autorizada geralmente com intervalos de dez anos a partir da data em que a convenção entrou pela primeira vez em vigor"[17].

19.2.2.2 Espécies

A denúncia unilateral poderia ocorrer em razão de modificações nas condições que deram origem ao tratado. Seria a aplicação da cláusula *rebus sic stantibus*.

Poderia ainda teoricamente existir uma denúncia expressa ou tácita. A tácita ocorreria com a ratificação pelo país de nova norma internacional que revê a anterior. É o caso da Convenção n. 3 da OIT, que foi revista pela n. 103, quanto às prestações a cargo da Previdência Social em relação à empregada gestante.

19.2.2.3 Forma

Geralmente, as convenções da OIT contêm um dispositivo regulando a denúncia, como o da Convenção n. 158 da OIT, no item 1, do art. 17:

---

[15] Apud ACCIOLY, Hildebrando. *Tratado de direito internacional público*. 2. ed. Rio de Janeiro: IBGE, 1956, v. I, p. 641.
[16] PLÁ RODRIGUEZ, Américo. *Los convenios internacionales del trabajo*. Montevidéu, 1965, p. 328.
[17] *Las Normas Internacionales del Trabajo*, Manual de Educación Obrera. Genebra, 1978, p. 50.

todo membro que tiver ratificado a presente Convenção poderá denunciá-la no fim de um período de dez anos, a partir da data da entrada em vigor inicial, mediante um ato comunicado, para ser registrado, ao Diretor-Geral da Repartição Internacional do Trabalho. A denúncia tornar-se-á efetiva somente um ano após a data de seu registro.

A denúncia da Convenção n. 158 da OIT foi registrada em 20 de novembro de 1996 perante a Repartição Internacional do Trabalho. A referida norma deixou de estar em vigor a partir de 20 de novembro de 1997, conforme previsto expressamente no Decreto n. 2.100, de 20 de dezembro de 1996. Este decreto constitui-se na publicidade da denúncia do governo brasileiro à OIT da Convenção n. 158.

Há autores que entendem que a denúncia não gerou nenhum efeito, pois: (a) não foi observado o prazo de dez anos de vigência da convenção, que seria contado a partir da data da ratificação da convenção pelo Brasil; (b) o Poder Legislativo deveria ter se manifestado sobre a denúncia, visto que o nosso sistema dispõe que é preciso a ratificação da norma internacional para entrar em vigor e para a denúncia deveria ser observada a mesma regra; o Poder Executivo não foi autorizado pelo Congresso Nacional a denunciar a Convenção n. 158 da OIT.

19.2.2.4 Contagem do prazo

Arnaldo Süssekind entende que o prazo de dez anos de denúncia deve ser feito a partir da sua ratificação[18].

O prazo de dez anos previsto no item 1 do art. 17 da Convenção n. 158 da OIT deve ser contado, porém, a partir da sua vigência objetiva, isto é, no plano internacional e não da sua vigência subjetiva, da ratificação em relação a cada país. É a interpretação da própria Repartição Internacional do Trabalho.

Nicolas Valticos afirma que:

a data da entrada em vigor inicial de cada convenção determina também a data em que ela pode ser denunciada. Para este fim, a fórmula

---

[18] SÜSSEKIND, Arnaldo. *Instituições de Direito do Trabalho*. 16. ed. São Paulo: LTr, 1996, v. II, p. 1447.

DISPENSA ARBITRÁRIA

atual, adotada desde 1932, é que a convenção pode ser denunciada durante o ano seguinte a cada período de dez anos após sua entrada em vigor[19].

A entrada em vigor aqui referida é a vigência internacional. Geraldo W. von Potobski e Hector G. Bartolomei de la Cruz asseveram que:

> a partir de 1928, passou a ser empregada a fórmula segundo a qual após o decurso de certo número de anos contados da entrada em vigor de cada convenção, abre-se o período de um ano durante o qual ela pode ser denunciada. Inicia-se então novo prazo de espera, no qual a convenção não admite denúncia. Desde a Convenção n. 26, adotada naquele ano, a cada dez anos depois da vigência de uma convenção, é autorizada sua denúncia dentro do prazo de um ano. Estes prazos se sucedem periodicamente[20].

Entrou em vigor no plano internacional a Convenção n. 158 da OIT em 23 de novembro de 1985. Poderia ser denunciada a partir de 23 de novembro de 1995, isto é, dez anos depois. O país teria para tanto doze meses para fazê-lo (item 2 do art. 17 da Convenção n. 158), ou seja, até 22 de novembro de 1996. Não o fazendo nesse prazo, o país fica obrigado a respeitá-la por mais dez anos, findos os quais teria mais doze meses para denunciá-la e assim sucessivamente.

A denúncia foi feita pelo Brasil à OIT, tendo sido registrada na Repartição Internacional do Trabalho em 20 de novembro de 1996, conforme informa o próprio Decreto n. 2.100 e dentro do prazo apropriado. A OIT não questiona a situação em comentário, tendo aceitado a denúncia, pois foi observado o prazo previsto na norma internacional e as demais condições para tanto. Assim, a Convenção n. 158 da OIT deixa de vigorar no nosso ordenamento jurídico a partir de 20 de novembro de 1997, como menciona expressamente o Decreto n. 2.100/96.

---

[19] VALTICOS, Nicolas. Droit international du travail, in *Traité de Droit du Travail* de G. H. Camerlynch, Paris: Dalloz, 1970, p. 543.
[20] POTOBSKI, Geraldo W. Von; LA CRUZ, Hector G. Bartolomei de. *La Organización Internacional del Trabajo*, 1990, p. 81.

19.2.2.5 Necessidade de exame pelo Congresso Nacional

Afirmam certos autores que se é o Congresso Nacional que aprova as normas internacionais (art. 49, I, da Constituição), não seria possível o presidente da República isoladamente denunciá-las.

Arnaldo Süssekind informa que:

> em face do sistema constitucional do nosso país, a denúncia está condicionada à prévia deliberação do Congresso Nacional, o qual não pode delegar a prática de atos da sua exclusiva competência [...]. Admitir que o Poder Executivo possui a faculdade de denunciar a convenção, significa delegar-lhe competência para revogar a lei, já que as normas do tratado, a partir da eficácia jurídica da ratificação, passam a integrar o direito positivo[21].

Obtempera, ainda, o Min. Süssekind que:

> admitir-se que a aprovação, pelo Congresso Nacional, do tratado que prevê a denúncia pelo Estado ratificante, implicaria autorização para o Presidente da República denunciá-lo, importaria em considerar-se legítima a delegação do Poder Legislativo ao Poder Executivo para revogar normas legais e decidir sobre os tratados[22].

Assevera que não é possível haver delegação de atribuições por qualquer dos Poderes, não sendo objeto de delegação os atos da competência exclusiva do Congresso Nacional, que inclui resolver definitivamente sobre tratados, convenções e atos internacionais[23].

Pontes de Miranda menciona que "aprovar tratado, convenção ou acordo, permitindo que o Poder Executivo denuncie, sem consulta, nem aprovação, é subversivo aos princípios constitucionais", contudo, não dá maiores detalhes da sua posição. Valeria aqui apenas o argumento de sua autoridade. Se o Poder

---

[21] SÜSSEKIND, Arnaldo. *Direito internacional do trabalho*. 2. ed. São Paulo: LTr, 1987, p. 220.

[22] SUSSEKIND, Arnaldo. *Direito internacional do trabalho*. 2. ed. São Paulo: LTr, 1987, p. 57.

[23] SÜSSEKIND, Arnaldo. *Direito internacional do trabalho*. 2. ed. São Paulo: LTr, 1987, p. 57-58.

DISPENSA ARBITRÁRIA

Judiciário julgar inconstitucional o diploma internacional, "deve o Senado Federal suspender-lhe a execução, e o Presidente da República imediatamente, não ao julgamento, mas à suspensão, denunciá-lo"[24].

Clóvis Bevilaqua, na época em que foi consultor jurídico do Ministério das Relações Exteriores, emitiu parecer em 5 de julho de 1926, quando o Brasil pretendeu desligar-se da Sociedade das Nações, no governo de Artur Bernardes, independentemente da autorização do Congresso Nacional. Afirmou, naquela época, que:

> se há, no tratado, uma cláusula prevendo e regulando a denúncia, quando o Congresso aprova, aprova também o modo de ser o mesmo denunciado. Portanto, pondo em prática essa cláusula, o Poder Executivo apenas exerce um direito que se acha declarado no texto aprovado pelo Congresso. O ato da denúncia é meramente administrativo. A denúncia do tratado é modo de executá-lo, porquanto, numa das suas cláusulas, se acha consignado o direito de o dar como extinto[25].

Francisco Rezek diverge de Clóvis Bevilaqua, declarando ser a tese do primeiro "inconsistente"[26]. Entende, porém, que o chefe do governo pode denunciar o tratado internacional, como na prática vem sendo feito desde 1926[27]. Traz argumento em sentido diverso:

> parece bastante lógico que, onde a comunhão de vontades entre governo e parlamento seja necessária para obrigar o Estado, lançando-o numa relação contratual internacional, repute-se suficiente a vontade de um daqueles dois poderes para desobrigá-lo por meio da denúncia. Não há falar, assim, à luz impertinente do princípio do ato contrário, que se as duas vontades tiverem de somar-se para a conclusão do pacto, é preciso vê-las de novo somadas para seu desfazimento. Antes,

---

[24] MIRANDA. Pontes de. *Comentários à Constituição de 1967*. Rio de Janeiro: Forense, v. III, p. 109.

[25] BEVILAQUA, Clóvis. *Relatório do Ministério das Relações Exteriores de 1926*, Anexo A, Pareceres, II, 1913-34, p. 347 ss.

[26] REZEK, José Francisco. *Direito internacional público*. 2. ed. São Paulo: Saraiva, 1991, p. 114.

[27] REZEK, José Francisco. *Direito internacional público*. 2. ed. São Paulo: Saraiva, 1991, p. 115.

cumpre entender que as vontades reunidas do governo e do parlamento presumem-se firmes e inalteradas, desde o instante da celebração do tratado, e ao longo de sua vigência pelo tempo afora, como dois pilares de sustentação da vontade nacional. Isso levará à conclusão de que nenhum tratado – dentre os que se mostrem rejeitáveis por meio de denúncia – deve continuar vigendo contra a vontade quer do governo, quer do Congresso. O ânimo negativo de um dos dois poderes políticos em relação ao tratado há de determinar sua denúncia, visto que significa o desaparecimento de uma das bases em que se apoiava o consentimento do Estado[28].

Hildebrando Accioly leciona que:

> o ato da denúncia, como o da ratificação, é de caráter essencialmente executivo e cabe ao órgão incumbido da representação do Estado nas relações internacionais. Além disso, a permissão da denúncia deve achar-se no próprio tratado. Assim, se o ato internacional de que se trate pertence à categoria daqueles que exigem ratificação, precedida da aprovação do Poder Legislativo, sua denúncia unilateral já terá sido autorizada por este, ao aprovar o respectivo texto, no qual, como acabamos de dizer, a denúncia terá sido admitida[29].

Entendo que Clóvis Bevilaqua tem razão, pois o Congresso Nacional, ao aprovar o tratado, aprova também o seu conteúdo. Se o tratado ou convenção prevê a forma da sua denúncia, não há necessidade de submetê-lo ao Congresso Nacional novamente, pois seria ato já analisado por aquela casa. Pensamos, ao contrário de Arnaldo Süssekind, que o presidente da República pode denunciar o tratado e a convenção, pois estes assim autorizam e já foram aprovados pelo Congresso Nacional dessa forma. É uma maneira de execução do tratado, de acordo com o artigo ou cláusula já aprovada pelo Congresso Nacional, pois este aprovou também a forma da sua denúncia. Não se está com isso delegando ato de competência exclusiva do Congresso Nacional (§ 1º do art. 68 da Lei Maior), pois a Constituição não dispõe que, para os tratados serem denunciados, deve haver aprovação

---

[28] REZEK, José Francisco. *Direito internacional público*. 2. ed. São Paulo: Saraiva, 1991, p. 116.

[29] ACCIOLY, Hildebrando. A denúncia e a promulgação de tratados no Brasil. *Jornal do Comércio*, Rio de Janeiro, 2.9.56.

do Congresso Nacional. Aliás, a Lei Maior ou outra norma legal não dispõem como a convenção ou tratado devem ser denunciados e de que haveria necessidade de sua aprovação pelo Congresso Nacional.

O presidente da República não tem, porém, delegação do Poder Legislativo para revogar leis, pois a Constituição ou a lei assim não dispõem, apenas quando edita medida provisória, nos casos previstos no art. 62 da Lei Maior, que pode revogar outras leis ordinárias, mas seus efeitos deverão ser verificados pelo Congresso Nacional, que irá aprová-la ou rejeitá-la. O tratado ou convenção é aprovado da forma como está e não como a lei, em que é possível emendá-la, fazendo modificações ou aprovar parte do que foi enviado como projeto.

Denunciar um tratado não é, porém, a mesma coisa que o distrato no contrato, pois a denúncia do tratado é um ato de Direito Internacional Público e o distrato é um ato de Direito Privado, de Direito Civil, que pressupõe a autonomia da vontade das partes que o celebraram. Na denúncia da norma internacional devem ser observadas as regras de Direito Internacional Público e as previstas na mesma norma.

Admite, contudo, Arnaldo Süssekind que:

> em nosso país prevalece o entendimento de que, se a convenção internacional do trabalho estabelece as condições disciplinadoras da denúncia, desnecessária se torna a intervenção da autoridade competente (Congresso Nacional), que a aprovou, para que o respectivo Governo efetive a denúncia da ratificação de conformidade com as regras preestabelecidas no instrumento internacional, que foram anteriormente aprovadas pela referida autoridade[30].

No nosso ordenamento jurídico, prevalece o entendimento de que basta a norma internacional ser denunciada pela autoridade governamental competente, não necessitando de ato do Congresso Nacional. Na prática, sempre assim foi feito e nunca ninguém acoimou tal regra de inconstitucional, nem o Congresso Nacional aprovou denúncia de norma internacional. É o que ocorreu com as Convenções n. 3, 4, 7, 41, 81, 96 e 110, que foram denunciadas pelo Brasil, sendo que a Convenção n. 81 foi posteriormente reratificada.

---

[30] SÜSSEKIND, Arnaldo. *Instituições de direito do trabalho*. 16. ed. São Paulo: LTr, 1996, v. II, p. 1447.

O costume é fonte de direito, principalmente do Direito Internacional, e se a praxe é de que a norma internacional é denunciada pelo presidente da República não é necessária a intervenção do Congresso Nacional. Celso de Albuquerque Mello explica que a prática de o Poder Executivo denunciar os tratados internacionais é "a consagrada em quase todos os países"[31]. A exceção à regra internacional é a Constituição da Espanha de 1978, que no inciso II do art. 95 dispõe que "para a denúncia dos tratados e convenções internacionais se utilizará o mesmo procedimento previsto para a sua aprovação". Há aqui a necessidade do exame do Congresso para a aprovação da denúncia.

A OIT aceita o procedimento de a denúncia ser feita pelo chefe do governo sem qualquer contestação e sem a necessidade da apreciação do Poder Legislativo do respectivo país.

Foi proposta ação direta de inconstitucionalidade pela Contag e pela CUT contra a denúncia da Convenção n. 158 da OIT feita pelo Decreto n. 2.100/96 (ADIn 1.625/DF), por se entender que o ato deveria passar pelo Congresso Nacional e não seria possível ser editado decreto do Presidente da República para tratar da matéria. Os Ministros Maurício Corrêa e Carlos Ayres de Brito, Joaquim Barbosa e Rosa Weber acolheram o pedido, entendendo que o presidente da República não pode retirar um tratado do ordenamento jurídico sem a manifestação do Congresso. O Ministro Nelson Jobim o rejeitou. O STF, por unanimidade, entendeu por aplicar a essa ação direta de inconstitucionalidade a mesma tese fixada no julgamento da Ação Declaratória de Constitucionalidade 39, que manteve "a validade do Decreto n. 2.100, de 20 de dezembro de 1996, formulou apelo ao legislador para que elabore disciplina acerca da denúncia dos tratados internacionais, a qual preveja a chancela do Congresso Nacional como condição para a produção de efeitos na ordem jurídica interna, por se tratar de um imperativo democrático e de uma exigência do princípio da legalidade, e, por fim, fixou a seguinte tese de julgamento: 'A denúncia pelo Presidente da República de tratados internacionais aprovados pelo Congresso Nacional, para que produza efeitos no ordenamento jurídico interno, não prescinde da sua aprovação pelo Congresso', entendimento que deverá ser

---

[31] MELLO, Celso D. de Albuquerque. *Direito constitucional internacional*. Rio de Janeiro: Renovar, 1994, p. 280.

aplicado a partir da publicação da ata do julgamento, mantendo-se a eficácia das denúncias realizadas até esse marco temporal" (red. Min. Dias Toffoli, j. 22-8-2024).

Nos Estados Unidos, em caso semelhante, foi entendido que a solução é política. Francisco Rezek lembra que, na década de 1970, no governo do presidente Jimmy Carter, houve a denúncia do Tratado de defesa mútua EUA-Taiwan.

Barry Goldwater e outros membros do Senado americano pretenderam discutir, na Justiça, o poder presidencial para a denúncia de tratados internacionais. Basicamente, o raciocínio dos autores desse litígio apoiava-se no princípio do ato contrário: se, nos termos da Constituição, a conclusão de um tratado depende de que se conjuguem a vontade do presidente dos Estados Unidos e a de dois terços do Senado, há de entender-se que essas mesmas vontades devem estar reunidas para escorar o rompimento do compromisso. A esse interessante problema a Justiça americana deixou de dar solução, louvando-se num argumento que não constitui novidade para os juristas daquele país, e que não cessa de surpreender os analistas brasileiros, entre outros: o de que se tratava de uma questão política, estranha, por isso, ao deslinde judiciário[32].

19.2.2.6 Conclusão

A Convenção n. 158 da OIT perde a sua vigência no Brasil a partir de 20 de novembro de 1997.

A contagem do prazo de denúncia é feita a partir da vigência internacional da referida norma, isto é, a partir 23 de novembro de 1985.

---

[32] REZEK. José Francisco. *Direito internacional público*. 2. ed. São Paulo: Saraiva, 1991, p. 113-114.

20

Liberdade Sindical

20.1 Introdução

Não há democracia sem liberdade, nem liberdade sem democracia. A liberdade sindical pressupõe a existência de democracia. Não há democracia sem que exista liberdade sindical. A democracia pressupõe liberdade com responsabilidade.

No âmbito da liberdade sindical, o Comitê de Liberdade Sindical do Conselho de Administração da Organização Internacional do Trabalho tem reiteradamente afirmado que "um movimento sindical realmente livre e independente somente pode desenvolver-se dentro do respeito aos direitos humanos fundamentais". "A liberdade sindical só pode ser exercida em uma situação em que sejam respeitados e garantidos plenamente os direitos humanos fundamentais, particularmente os relativos à vida e à segurança da pessoa"[1]. Para haver liberdade sindical, é preciso assegurar os direitos de reunião[2], de livre manifestação do pensamento[3], de opinião[4], de inviolabilidade de correspondência e de comunicação telefônica[5].

Sala Franco e Montesinos estabelecem a relação entre liberdade sindical e liberdades civis. Afirmam ser óbvio que as liberdades sindicais individuais

---

[1] OIT. *La libertad sindical*. 4. ed. Genebra, 1996, n. 35 (p. 13) e n. 46 (p. 15).
[2] OIT. *La libertad sindical*. 4. ed. Genebra, 1996, n. 130 e 131 (p. 30).
[3] OIT. *La libertad sindical*. 4. ed. Genebra, 1996, n. 131 a 136 (p. 31).
[4] OIT. *La libertad sindical*. 4. ed. Genebra, 1996, n. 152 (p. 34).
[5] OIT. *La libertad sindical*. 4. ed. Genebra, 1996, n. 171 (p. 38).

e coletivas pressupõem a existência das necessárias liberdades civis. Alegam que o Comitê de Liberdade Sindical da OIT tem destacado que um movimento sindical realmente livre e independente somente pode desenvolver-se dentro de um regime que garante os direitos humanos fundamentais[6]. Os trabalhadores e empregadores podem criar associação, determinando as condições em que elas são administradas, bem como sua atuação.

20.2 Histórico

A Constituição da OIT, de 1919, já previa o princípio da liberdade sindical, que seria um dos objetivos a ser alcançado por seu programa de ação. Teve a Constituição da OIT incorporada ao seu bojo a Declaração de Filadélfia de 1944, em que o princípio da liberdade sindical era reafirmado com um dos postulados básicos da referida organização: "a liberdade de expressão e a de associação são essenciais à continuidade do progresso" (art. I, b). A Declaração de Filadélfia também incluía entre os programas da OIT os que visavam "o efetivo reconhecimento do direito da negociação coletiva, a cooperação entre empregadores e trabalhadores para o contínuo melhoramento da eficiência produtiva, e a colaboração de trabalhadores e empregadores na preparação e aplicação de medidas sociais e econômicas" (III, e).

Como se verifica, a liberdade sindical é um dos postulados básicos da OIT. Já se sentia em 1927 a necessidade de se elaborar um texto contendo as regras gerais a respeito de liberdade sindical. Havia, entretanto, divergências sobre o tema entre os países, sendo que naquela época era impossível chegar àquele empreendimento. Isso só foi possível após a Segunda Guerra Mundial, a saber, em 1948.

Na Conferência Geral da Organização Internacional do Trabalho, realizada em 9 de julho de 1948, na cidade de São Francisco, nos Estados Unidos, foi adotada uma convenção que trata da liberdade sindical e da proteção do direito sindical. Tal Convenção veio a ter o número 87, denominada Convenção sobre Liberdade Sindical e a Proteção do Direito Sin-

---

[6] SALA FRANCO, Tomás; ALBIOL MONTESINOS, Ignacio. *Derecho sindical*. Valencia: Tirant lo Blanch, 1994, p. 74.

dical. Essa norma internacional é que traça os parâmetros principais a respeito da liberdade sindical. Infelizmente, essa convenção ainda não foi ratificada pelo Brasil, até mesmo em razão de a atual Constituição estabelecer a existência do sindicato único e por categoria, além de contribuição sindical determinada por lei, posições incompatíveis com a referida regra internacional.

A Declaração Universal dos Direitos do Homem também assegura o "direito à liberdade de reunião e associação pacíficas" (art. XX). Ademais, o direito de sindicalização passou a estar elencado entre os direitos humanos: "todo homem tem direito a organizar sindicatos e a neles ingressar para proteção dos seus interesses" (art. 23, n. 4).

O Pacto Internacional dos Direitos Econômicos Sociais e Culturais, de 1966, estabelece no art. 8º que os Estados que são partes no referido pacto se obrigam a assegurar:

> c) o direito que têm os sindicatos de exercer livremente sua atividade sem outras limitações que as previstas em lei e que constituem medidas necessárias numa sociedade democrática, no interesse da segurança nacional ou da ordem pública, ou para proteger os direitos e as liberdades de outrem.

A Conferência Internacional do Trabalho da OIT em 1970:

> dá especial destaque às liberdades civis, definidas pela Declaração Universal dos Direitos do Homem, que são essenciais ao exercício dos direitos sindicais, a saber: (a) o direito à liberdade e a segurança da pessoa, bem como à proteção contra as detenções e prisões arbitrárias; (b) a liberdade de opinião e de expressão e, em particular, o direito de não ser molestado por suas opiniões e o de buscar, receber e difundir sem consideração de limites, informações e ideias de toda índole, por qualquer que seja o meio de expressão; (c) a liberdade de reunião; (d) o direito a um juízo equitativo por um Tribunal independente e imparcial; (e) o direito à proteção dos bens sindicais[7].

De fato, existe uma clara inter-relação entre direitos sindicais e liberdades civis. Assim, por exemplo, a liberdade de reunião é, neste

---

[7] SALA FRANCO, Tomás; ALBIOL MONTESINOS, Ignácio. *Derecho sindical*. Valencia: Tirant lo Blanch, 1994, p. 74-75.

sentido, fundamental para o livre exercício das liberdades sindicais; o direito a expressar opiniões por intermédio da imprensa, rádio ou televisão constitui um dos elementos essenciais para o exercício dos direitos sindicais; a denegação do passaporte, impedindo a presença a reuniões sindicais internacionais, impossibilita indiretamente o exercício de um direito sindical fundamental. Por tudo isso, a existência das liberdades civis essenciais garante a mínima abertura dos direitos sindicais e se não são asseguradas as liberdades civis não poderão existir liberdades sindicais ou coletivas ou, então, estas serão falseadas[8].

20.3 Conceito

Octavio Bueno Magano ensina que "liberdade sindical é o direito dos trabalhadores e empregadores de não sofrerem interferências nem dos poderes públicos nem uns em relação aos outros, no processo de se organizarem, bem como o de promoverem interesses próprios ou dos grupos a que pertençam"[9]. Seria possível também indicar o conceito de liberdade sindical como o direito dos trabalhadores e empregadores de se organizarem e constituírem livremente as agremiações que desejarem, no número por eles idealizado, sem que sofram qualquer interferência ou intervenção do Estado, nem uns em relação aos outros, visando à promoção de seus interesses ou dos grupos que irão representar. Essa liberdade sindical compreende o direito de ingressar e se retirar dos sindicatos.

A liberdade sindical significa o direito dos trabalhadores e dos empregadores de livremente se associarem a um sindicato. Todo aquele que tiver interesse profissional ou econômico a ser discutido poderá reunir-se num sindicato. Os interesses profissionais ou econômicos serão, assim, dos empregados, dos empregadores e dos trabalhadores autônomos, como se observa no art. 511 da CLT.

---

[8] SALA FRANCO, Tomás; ALBIOL MONTESINOS, Ignácio. *Derecho sindical*. Valencia: Tirant lo Blanch, 1994, p. 75.

[9] MAGANO, Octavio Bueno. *Manual de direito do trabalho*: Direito Coletivo do Trabalho. 3. ed. São Paulo: LTr, 1993, p. 27.

Os trabalhadores em serviço público também terão o direito de livremente constituir sindicato. A exceção à regra diz respeito aos membros das forças armadas, da polícia e os servidores ou empregados públicos de alto nível, assim considerados aqueles que têm funções com caráter decisório, ou seja, de confiança, o que poderá ser feito mediante exclusão pela legislação nacional (Convenção n. 151 da OIT, de 1978).

Para que haja autonomia e liberdade sindical, é preciso que exista uma forma de custeio da atividade das entidades sindicais, que deveria ser feito por intermédio de contribuições espontâneas dos filiados e não por intermédio de contribuições compulsórias. Seria, por exemplo, a mensalidade dos sócios e a contribuição decorrente do custo da negociação coletiva.

20.4 Garantias

A Convenção n. 87 da OIT contém várias garantias fundamentais:

os trabalhadores e os empregadores, sem distinção de qualquer espécie, terão direito de constituir, sem autorização prévia do Estado, organizações de sua escolha, bem como o direito de se filiar a essas organizações, sob a única condição de observar os seus estatutos (art. 2º). O direito de se filiar ao sindicato comporta dois aspectos: o positivo, que é o de ingressar na agremiação, e o negativo, que é o dela se retirar. Trata-se de uma liberdade sindical individual, na qual se evidencia que cada pessoa pode decidir soberanamente entre entrar ou não num sindicato, o que também foi acolhido pelo inciso V do artigo 8º da Constituição de 1988. Não pode, portanto, haver qualquer constrangimento ou coação para a pessoa ingressar ou não no sindicato;

as organizações de trabalhadores e de empregadores terão o direito de elaborar seus estatutos e regulamentos administrativos, de eleger livremente seus representantes, organizando sua gestão e sua atividade e formulando o seu programa de ação, inclusive no que diz respeito às federações e confederações. O Estado não poderá interferir ou intervir no sindicato, de maneira a impedir o exercício do direito sindical (art. 3º). Assim, o sindicato tem o direito de redigir os seus estatutos e as suas normas internas, elegendo seus dirigentes. Para tanto, não poderá haver qualquer ingerência do Estado no sindicato, de modo a intervir ou interferir na atividade sindical;

as autoridades públicas deverão abster-se de qualquer intervenção que possa limitar esse direito ou entravar seu exercício legal;

as organizações de trabalhadores e de empregadores não estarão sujeitas à dissolução ou à suspensão por via administrativa (art. 4º) O Estado não deve exercer qualquer controle, de modo arbitrário ou autoritário, sobre a atividade sindical, de maneira a dissolver ou suspender administrativamente as atividades da agremiação;

as organizações de trabalhadores e de empregadores terão o direito de constituir federações e confederações, bem como o de filiar-se a estas, e toda organização, federação ou confederação terá o direito de filiar-se às organizações internacionais de trabalhadores e de empregadores (art. 5º);

a aquisição de personalidade jurídica por parte das organizações de trabalhadores e de empregadores, suas federações e confederações, não poderá estar sujeita a condições de natureza a restringir o direito de associação.

As garantias previstas pela Convenção n. 87 da OIT aplicar-se-ão às forças armadas e à polícia, o que será objeto da legislação de cada país (art. 9º, 1). A ratificação da referida convenção não deverá afetar qualquer lei, sentença, costume ou acordo já existentes que concedam aos membros das forças armadas e da polícia garantias previstas na citada norma (art. 9º, 2).

Quanto aos empregadores, não poderá haver discriminação antissindical dos trabalhadores, pois estes gozarão de adequada proteção contra atos antissindicais relativos ao emprego, tanto no momento da admissão, como durante o desenvolvimento do contrato de trabalho. O objetivo é o de não se exigir do trabalhador a sua não filiação a um sindicato ou a renúncia à sua condição de membro da agremiação, bem como de dispensar o empregado ou prejudicá-lo somente por ser membro do sindicato (art. 1º da Convenção n. 98 da OIT).

A Convenção n. 87 da OIT não trata expressamente da liberdade de não associação, apenas prevê o direito das pessoas de constituir sindicato e de a ele se filiar, protegendo, porém, indiretamente a não associação à agremiação.

A liberdade sindical deve ser assegurada tanto no setor público como no privado, sem distinção ou discriminação de qualquer espécie, como profissão, sexo, cor, raça, credo, nacionalidade ou opinião política.

20.5 Classificação

Na França, por exemplo, os princípios básicos em relação ao sindicato são: liberdade, pluralidade e autonomia[10]. É livre a criação de sindicatos, porém se exige a apresentação dos seus estatutos e da lista de seus dirigentes, que devem ser mostrados à prefeitura do local da sede do sindicato. Apenas as pessoas que exercem a mesma atividade podem agrupar-se em sindicatos, visando à defesa de seus interesses profissionais.

A liberdade sindical, portanto, comporta várias facetas. No que diz respeito à pessoa, há a liberdade positiva de se filiar ao sindicato; e a liberdade negativa de não se filiar ao sindicato, comportando também a desfiliação, ocasião em que o indivíduo deixa de ser associado ao sindicato.

Nota-se, pois, que não há nenhuma necessidade de o Estado ser consultado para que as pessoas possam constituir sindicatos.

A pluralidade sindical não é capaz de enfraquecer as organizações sindicais. Ao contrário, os sindicatos representativos terão maior força, além de implicar maior participação democrática. Aqueles que prestarem os melhores serviços terão mais associados. A imposição pelo Estado da unicidade sindical é que não pode ser tolerada. Se as entidades decidirem constituir poucos sindicatos, como na antiga República Federal da Alemanha, ou muitos sindicatos, ficará ao livre alvedrio destes e não de outra pessoa. O fato de o sindicalismo ser livre não quer dizer que o sindicato vai ser fraco, pois, prestando bons serviços, conseguindo bons aumentos salariais para a categoria e melhores condições de trabalho, pode angariar mais sócios, aumentando sua receita.

20.6 Sistemas de liberdade sindical

Três são os sistemas relativos à liberdade sindical. O primeiro é o intervencionista, no qual o Estado ordena as relações relativas ao sindicato. O segundo é o desregulamentado, em que o Estado se abstém de regular a atividade sindical, como no Uruguai, em que não há lei sindical, nem

---

[10] PHILBERT, André. *La politique sociale de la France*. Paris: Secrétariat Général du Gouvernement, 1960, p. 57.

para tratar da organização sindical, muito menos da atividade sindical, tendo o país ratificado a Convenção n. 87 da OIT, cumprindo seus dispositivos. O sindicato adquire personalidade gremial com o seu registro, como o de qualquer pessoa jurídica. O terceiro sistema é o intervencionista socialista, em que o Estado ordena e regula a atividade do sindicato, segundo as metas estabelecidas pelo primeiro, como ocorre em Cuba.

Liberdade sindical quer dizer, contudo, autonomia sindical, não se confundindo com soberania. Esta é inerente ao Estado, decorrente do seu poder de império.

A liberdade sindical não impõe qualquer determinação de vontade à pessoa de se associar ou não ao sindicato, favorecendo seu desenvolvimento espontâneo. É o sistema que mais se adapta às regras da OIT.

A Constituição de 1988 consagrou, ainda, o pluralismo político, no inciso V do art. 1º. Uma das formas de pluralismo é a liberdade sindical.

O fato de a pluralidade sindical criar sindicatos fracos não impede que as agremiações fracas se unam aos sindicatos mais fortes, criando apenas um sindicato, que terá muito maior êxito nas discussões com os empregadores. No regime de um único sindicato, não se pode dizer que haja liberdade sindical, pois inexiste liberdade de filiação, dado o fato que há um único sindicato e a pessoa não pode pretender criar ou se filiar a outro.

Os Estados Unidos, por exemplo, admitem a *union shop*, a *agency shop*, mas não a *closed shop*. O Comitê de Liberdade Sindical da OIT adotou o entendimento de que a Convenção n. 98 da OIT não deveria ser interpretada no sentido de que tais cláusulas são admitidas ou proibidas[11].

20.7 Autonomia sindical

Consiste a autonomia sindical na possibilidade de atuação do grupo organizado em sindicato e não de seus componentes individualmente considerados.

---

[11] *Recopilación de decisiones del Comité de Libertad Sindical del Consejo de Administración da OIT*, Genebra, OIT, 1976, n. 39, p. 19.

O tipo de organização a ser empreendida pelos interessados na criação do sindicato compreende várias hipóteses. O sindicato pode ser organizado por grupo de empresas, por categoria, por profissão; ter âmbito municipal, distrital, intermunicipal, estadual ou nacional. O sistema brasileiro adota uma forma de organização que desprestigia a autonomia sindical, ao estabelecê-la por categoria, além de o sindicato não poder ter base territorial inferior à área de um município (art. 8º, II, da Constituição).

O enfoque da autonomia sindical compreende vários aspectos. O primeiro seria o da liberdade de organização interna, isto é, de os interessados redigirem os estatutos do sindicato. Assim, os estatutos não podem ser aprovados por autoridade administrativa, pois tal fato violaria a autonomia sindical. O sindicato tem o direito de se fundir com outro sindicato, de se cindir etc. A OIT entende que não fica ferida a liberdade sindical quando haja exigência de registro dos atos constitutivos do sindicato, desde que tal fato não implique autorização para seu funcionamento[12]; do estabelecimento de *quórum* nas assembleias sindicais para efeito de determinar as decisões no âmbito do sindicato quanto a assuntos de importância[13], da possibilidade de a lei determinar que, para a fusão de sindicatos, há necessidade de assembleia sindical[14] etc. Os sindicatos têm direito, também, de eleger livremente os seus representantes, sem interferência de qualquer pessoa. Os órgãos do sindicato deverão ser determinados de acordo com os seus estatutos, o que não impede, segundo entendemos, que a lei estabeleça tão somente quais são os órgãos do sindicato, como o faz a legislação brasileira. O sindicato deve tratar apenas de questões profissionais ou econômicas, sendo desejável que não trate de política, pois o sindicato não pode transformar-se em instrumento de política[15]. Tem o sindicato o direito de se filiar a outras organizações, inclusive internacionais. Poder-se-ia dizer que

---

[12] *Recopilación de decisiones del Comité de Libertad Sindical del Consejo de Administración da OIT*, Genebra, OIT, 1976, n. 65, p. 28.

[13] *Recopilación de decisiones del Comité de Libertad Sindical del Consejo de Administración da OIT*, Genebra, OIT, 1976, n. 76, p. 32.

[14] *Recopilación de decisiones del Comité de Libertad Sindical del Consejo de Administración da OIT*, Genebra, OIT, 1976, n. 75, p. 32.

[15] *Recopilación de decisiones del Comité de Libertad Sindical del Consejo de Administración da OIT*, Genebra, OIT, 1976, n. 107, p. 43.

há uma tendência da participação do sindicato na vida coletiva, observada por meio da Recomendação n. 113 da OIT, que fomenta a participação do sindicato não só quanto a interesses profissionais, mas também quanto a outros interesses, por meio do estabelecimento de consultas e colaborações no âmbito de atividades econômicas da nação, em razão de questões de interesse comum. Estaria, assim, aberta a participação do sindicato em órgãos nos quais fossem discutidas questões de interesse profissional e econômico. Isso também dá ensejo à participação dos empregados nas empresas, por meio de delegados de pessoal, de delegados sindicais, representantes de pessoal etc. Não há violação da liberdade sindical ao se exigir conhecimento público ou outras regras que não sejam para determinar a autorização prévia para sua constituição. Se as autoridades responsáveis pelo registro fizerem exigências que tornem impossível aquele objetivo, estará violada a liberdade sindical. O mesmo pode-se dizer do fato de a autoridade ter poder discricionário de negar o registro, equivalendo a exigência de prévia autorização.

O que mais nos interessa é o ponto que diz respeito à liberdade sindical, mas atinente à autonomia do sindicato quanto às suas receitas e também às ingerências do Poder Público nessas receitas.

20.8 Importância

A Convenção n. 87 da OIT é realmente a mais importante e uma das mais conhecidas normas da citada organização, justamente por dizer respeito à liberdade sindical. Arnaldo Süssekind considera a Convenção n. 87 da OIT o "mais importante dos tratados multilaterais adotados pela Conferência Internacional do Trabalho"[16]. A liberdade sindical tem, portanto, a importância de um dos princípios fundamentais do direito coletivo do trabalho, sendo, segundo Amauri Mascaro Nascimento:

> um dos direitos fundamentais caracterizado como uma liberdade pública. Os sindicatos cumprem uma função de significado maior

---

[16] SÜSSEKIND, Arnaldo. Os direitos sindicais nos tratados internacionais. *Revista LTr*, São Paulo: LTr, 1987, n. 51-3/362.

numa democracia, como órgãos de defesa dos interesses dos trabalhadores e dos empregadores[17].

Nicolas Valticos esclarece que a Convenção n. 87 da OIT constitui o texto fundamental para a proteção internacional relativo à liberdade sindical[18].

20.9 Aplicabilidade

A incidência da Convenção n. 87 da OIT diz respeito à sua aplicabilidade, inclusive no que tange a empregados e empregadores, pois tal norma preconiza a constituição de sindicato tanto para a categoria profissional como para a econômica. Entretanto, a Convenção n. 87 da OIT não é, à primeira vista, dirigida aos governos, mas mais diretamente aos empregados e empregadores. Ela é, contudo, dirigida aos governos quando determina que não pode haver interferência ou intervenção nos sindicatos, constituindo ato atentatório à liberdade sindical. A Convenção n. 87 da OIT também é direcionada aos funcionários públicos, pois o art. 9º da referida regra internacional prevê que a legislação nacional deverá determinar até que ponto serão aplicadas às forças armadas e à polícia as garantias previstas na citada norma.

20.10 Obrigatoriedade

Quem irá verificar a obrigatoriedade da Convenção n. 87 será a Comissão de Peritos da OIT, que observa sua aplicabilidade, inclusive pelo próprio Comitê de Liberdade Sindical.

Nossa Constituição de 1988 estabelece que "é livre a associação profissional ou sindical" (art. 8º). Entretanto, o inciso II do mesmo artigo veda a criação de mais de uma organização sindical, em qualquer grau,

---

[17] NASCIMENTO, Amauri Mascaro. Organização sindical na perspectiva da Constituição. *Revista LTr* 52-1/5.

[18] VALTICOS, Nicolas. *Derecho internacional del trabajo*. Madri: Tecnos, 1977, p. 243.

representativa de categoria profissional ou econômica, na mesma base territorial, que será definida pelos trabalhadores ou empregadores interessados, porém não pode ser inferior à área de um Município. Essa determinação constitucional impede a ratificação da Convenção n. 87 da OIT, mostrando que não há liberdade sindical no país para as pessoas criarem livremente quantos sindicatos desejarem. De outro lado, temos ainda a exigência da contribuição sindical prevista em lei, que se atrita com o princípio da liberdade sindical, como já decidiu o Comitê de Peritos da OIT[19].

Dentro da ideia de liberdade sindical, não é função do Estado ficar assegurando receitas ao sindicato, principalmente por intermédio de contribuição imposta por lei, embora seja dever do sindicato colaborar com o Estado nas questões trabalhistas, como prevê a alínea *d* do art. 513 da CLT. As receitas do sindicato devem advir, porém, da contribuição dos associados e de contribuições extraordinárias decorrentes de a agremiação ter participado das negociações coletivas e de ter incorrido em custos em razão disso. O sindicato deve manter-se por conta própria, prestando bons serviços aos associados e não recebendo contribuições que são compulsórias ou preestabelecidas pelo Estado por intermédio de lei.

Com base no princípio da liberdade sindical, o Estado não deve garantir ou assegurar receita ao sindicato, ainda que em épocas de crise econômica, mas a agremiação é que deve procurá-la por seus próprios meios, já que é uma entidade privada, que não mais exerce função delegada de poder público.

O Estado deve apoiar o sindicato, reconhecendo a liberdade da criação dessa entidade, que tem importante função no que diz respeito às questões trabalhistas, porém não assegurando receita financeira à referida agremiação, que é privada e deve sobreviver por si própria. Se o Estado garante a receita do sindicato, está indiretamente interferindo na liberdade sindical, como ocorria, por exemplo, em relação à contribuição sindical, ficando a agremiação dependente do primeiro, o que de certa forma prejudica sua autonomia sindical e sua independência.

---

[19] OIT. *La liberté syndicale et négociation collective*. Genebra: BIT, 1983, p. 48-50.

20.11 Liberdade de associação

Em relação às associações, reza o inciso XX do art. 5º da Lei Maior que ninguém poderá ser compelido a associar-se ou a permanecer associado. Dispõe o inciso V do art. 8º da Constituição que ninguém é obrigado a filiar-se ou manter-se filiado ao sindicato. É a liberdade positiva do indivíduo se filiar ao sindicato e permanecer filiado e a liberdade negativa de não se filiar ao sindicato, se assim entender.

É um direito fundamental da pessoa se associar à associação ou sindicato que quiser, sem que haja qualquer empecilho ou restrição a isso, devendo apenas observar o estatuto da entidade.

O Comitê de Liberdade Sindical "tem enfatizado que as restrições às liberdades civis e políticas constituem uma das principais causas de violação de liberdade sindical"[20].

A súmula da jurisprudência do Comitê de Liberdade Sindical mostra a observância dos direitos fundamentais na liberdade sindical:

> 38 – Um movimento sindical livre não pode desenvolver-se num regime que não garanta os direitos fundamentais, especialmente o direito dos trabalhadores sindicalizados de se reunirem em sindicatos próprios, o direito de livre expressão de opinião, verbal ou escrita, e o direito dos trabalhadores sindicalizados de contar, em caso de detenção, com garantias de um processo judicial regular, formalizado o mais cedo possível.
>
> 41 – Os direitos sindicais, como os demais direitos humanos fundamentais, devem ser respeitados independentemente do grau de desenvolvimento do País de que se trate[21].

---

[20] *Libertad sindical y negocación colectiva*. Genebra: OIT, 1994, p. 13.
[21] *A liberdade sindical*: recompilação de decisões e princípios. Genebra: OIT, Versão Portuguesa da 4. ed., 1997, p. 14.

21

Liberdade de Reunião

A liberdade de reunião também é um direito fundamental da pessoa, inclusive de fazer greve, se assim desejar.

Passa a liberdade de reunião pelos períodos considerados como delito, no sistema corporativo, depois liberdade, no Estado liberal, e, posteriormente, a direito, nos regimes democráticos.

No Direito romano e na Antiguidade, a greve era considerada como delito em relação aos trabalhadores livres, não se permitindo a reunião dos obreiros, nem sua associação.

A Lei Le Chapellier, de 1791, vedava qualquer forma de agrupamento profissional para defesa de interesses coletivos. O Código Penal de Napoleão, de 1810, punia com prisão e multa a greve de trabalhadores.

Na Inglaterra, o *Combination Act*, de 1799 e 1800, considerava crime de conspiração contra a Coroa a coalizão dos trabalhadores para, por meio de pressão coletiva, conseguir aumento de salários ou melhores condições de trabalho.

O art. 1º da Lei francesa de 1881 previa que "as reuniões públicas são livres". Havia necessidade de a organização ser submetida a declaração prévia.

Em 1825, na Inglaterra, e em 1864, na França, a legislação descriminalizou a simples coalizão.

Na Itália, em 1947, passa-se a reconhecer a greve como um direito.

No Brasil, em 1890, o Código Penal proibia a greve, até que houve a derrogação dessa orientação com o Decreto n. 1.162, de 12 de dezembro de 1890. A Lei n. 38, de 4 de abril 1932, que tratava da segurança nacional, a conceituou como delito.

A Constituição de 1937 considerava a greve e o *lockout* recursos antissociais, nocivos ao trabalho e ao capital e incompatíveis com os superiores interesses da produção nacional (art. 139, 2ª parte).

O Decreto-Lei n. 431, de 18 de maio de 1938, que versava sobre segurança nacional, também tipificou a greve como crime, quanto a incitamento dos funcionários públicos à paralisação coletiva dos serviços; induzimento de empregados à cessação ou suspensão do trabalho e à paralisação coletiva por parte dos funcionários públicos.

O Decreto-Lei n. 1.237, de 2 de maio de 1939, ao instituir a Justiça do Trabalho, esclareceu que a greve seria passível de punições, que variavam de suspensão e despedida até a prisão. O Código Penal, de 7 de dezembro de 1940, nos arts. 200 e 201, considerava crime a paralisação do trabalho, se houvesse perturbação da ordem pública ou se fosse contrária aos interesses públicos.

Em 1943, ao ser promulgada a CLT, estabelecia-se pena de suspensão ou dispensa do emprego, perda do cargo do representante profissional que estivesse em gozo de mandato sindical, suspensão pelo prazo de dois a cinco anos do direito de ser eleito como representante sindical, nos casos de suspensão coletiva do trabalho sem prévia autorização do tribunal trabalhista (art. 723). Ainda havia previsão de multa para o sindicato que ordenasse a suspensão do serviço, além de cancelamento do registro da associação ou perda do cargo, se o ato fosse exclusivo dos administradores do sindicato (art. 724 da CLT).

O Decreto-Lei n. 9.070, de 15 de março de 1946, admitiu a greve nas atividades acessórias, apesar de ainda haver a proibição da Constituição de 1937, vedando-a nas atividades fundamentais. Tal fato se deu em razão de que o Brasil subscreveu integralmente a Ata de Chapultec, de 8 de março de 1945, após o término da Segunda Guerra Mundial.

A Constituição de 1946 muda radicalmente a orientação da Norma Ápice anterior, reconhecendo o direito de greve, que seria regulado em lei (art. 158). A greve passava a ser um direito do trabalhador, porém sua regulamentação ficaria a cargo da lei ordinária. O STF entendeu que não havia sido revogado o Decreto-Lei n. 9.070/46, pois não era incompatível com a Lei Fundamental de 1946, que determinava que a greve deveria ser regulada por lei ordinária, inclusive quanto às suas restrições.

LIBERDADE DE REUNIÃO

A anterior Lei de Greve, Lei n. 4.330, de 1º de junho de 1964, determinava que seria considerado ilegal o movimento paredista quando:
 • não atendidos os prazos e condições estabelecidos na referida lei;
 • tivesse por objeto reivindicações rejeitadas pela Justiça do Trabalho, em decisão definitiva, há menos de um ano;
 • fosse deflagrado por motivos políticos, partidários, religiosos, morais, de solidariedade, sem quaisquer pretensões relacionadas com a própria categoria;
 • tivesse por fim rever norma coletiva, salvo se as condições pactuadas tivessem sido substancialmente modificadas.

A Constituição de 1967 assegurava o direito de greve aos trabalhadores (art. 158, XXI), não sendo permitida a greve nos serviços públicos e atividades essenciais, que seriam definidas em lei (§ 7º do art. 157).

A Emenda Constitucional n. 1, de 1969, manteve a mesma orientação, assegurando o direito de greve aos trabalhadores (art. 165, XXI), exceto nos serviços públicos e atividades essenciais, definidas em lei (art. 162).

Para tratar da proibição da greve em serviços públicos e atividades essenciais, foi editado o Decreto-Lei n. 1.632, de 4 de agosto de 1978. Houve a enumeração de quais seriam essas atividades, como serviços de água e esgoto, energia elétrica, petróleo, gás e outros combustíveis, bancos, transportes e comunicações, hospitais, ambulatórios, farmácias e drogarias. O Ministério do Trabalho ficava incumbido de declarar a ilegalidade da greve nas hipóteses mencionadas.

A Lei n. 6.620, de 17 de dezembro de 1978, que definia os crimes contra a segurança nacional, estabelecia punição ao incitamento à paralisação de serviços públicos e à cessação coletiva do trabalho pelos funcionários públicos.

Dispõe o inciso XVI do art. 5º da Constituição de 1988 que todos podem reunir-se pacificamente, sem armas, em locais abertos ao público, independentemente de autorização, desde que não frustrem outra reunião anteriormente convocada para o mesmo local, sendo apenas exigido prévio aviso à autoridade competente.

É assegurado o direito de greve, competindo aos trabalhadores decidir sobre a oportunidade de exercê-lo e sobre os interesses que devam por meio dele defender (art. 9º da Constituição). A greve passa a ser um direito do trabalhador e não mais um delito ou atividade proibida pela legislação.

A lei definirá os serviços ou atividades essenciais e disporá sobre o atendimento das necessidades inadiáveis da comunidade (§ 1º do art. 9º da Constituição). A Lei n. 7.783/89 trata do direito de greve. Define as atividades essenciais.

Os abusos cometidos sujeitam os responsáveis às penas da lei (§ 2º do art. 9º da Constituição). Os abusos trabalhistas sujeitam os empregados a justa causa (art. 482 da CLT). Os abusos civis implicam responsabilidade civil, de indenizar os danos causados (art. 186 do Código Civil). Os crimes estão tipificados no Código Penal.

O direito de greve é uma forma de pressão dos trabalhadores contra os empregadores para obterem melhores condições de trabalho.

A OIT não tem uma convenção específica sobre greve. É impossível estabelecer uma regra uniforme para todos os países. Cada um tem peculiaridades, inclusive Constituição e leis próprias.

A greve é decorrente da fraternidade adotada pela Resolução Francesa de 1789. Hoje, está inserida na ideia de solidariedade.

O direito de greve não está expressamente previsto na Convenção n. 87 da OIT.

O Comitê de Liberdade Sindical entende que o direito de greve é um dos direitos fundamentais dos trabalhadores e de suas organizações, unicamente na medida em que constitua um meio de defesa de seus interesses econômicos (n. 473). O direito de greve dos trabalhadores e suas organizações constitui um dos meios essenciais de que dispõem para promover e defender seus interesses profissionais (n. 475). O comitê sempre estimou que o direito de greve é um dos direitos fundamentais dos trabalhadores e de suas organizações, unicamente na medida em que constitui meio de defesa de seus interesses (n. 364).

Conclusão

O trabalho é uma forma de inclusão social.

Nem todos os direitos trabalhistas deveriam ser incluídos na Constituição, apenas os fundamentais, como salário mínimo, irredutibilidade salarial etc. O ideal é que na Constituição estivessem apenas princípios, inclusive trabalhistas, e não detalhes, como adicional de horas extras de 50% (art. 7º, XVI), ou aviso-prévio de pelo menos 30 dias (art. 7º, XXI).

Direitos fundamentais dos trabalhadores são os direitos que visam manter a dignidade do trabalhador.

Por terem previsão na Constituição, são direitos fundamentais dos trabalhadores os contidos nos arts. 7º a 11, principalmente os previstos nos arts. 7º a 9º, que contêm os direitos individuais, tutelares, coletivos e o direito de greve.

O Estado existe em função da pessoa, e não esta em função do primeiro. Por isso, devem ser preservados esses direitos humanos fundamentais do trabalhador.

Quando os direitos fundamentais são violados, campeiam o arbítrio e a injustiça.

Daí por que mister se faz concluir com Montesquieu, ao afirmar que "a injustiça feita a um só homem é uma ameaça feita a todos". A discriminação feita a uma pessoa é uma ameaça feita a todos.

Referências

ACCIOLY, Hildebrando. *Tratado de direito internacional público*. 2. ed. Rio de Janeiro: IBGE, 1956. v. I.

AHRENS, Henri. *Copurs de droit naturel ou de philosophie du droit*. 8. ed. Leipzig: F. A. Brockhaus, 1892. t. 1.

ALEXY, Robert. *Theorie der Grundrechte*. 2. ed. Frankfurt: Suhrkamp, 1994.

ALFIERI, Carlos. *Spain*: immigrants make the economy grow. IPS – International Press Service, 30 ago. 2007.

ALLY, Raimundo Cerqueira. A Convenção n. 158 da OIT e a Constituição do Brasil. *LTr* 60-06/783-5.

ARAÚJO, Luiz Alberto David. *A proteção constitucional das pessoas portadoras de deficiência*. Brasília: Corde, 2001.

ARENDT, Hannah. *The origins of totalitarianism*. Nova York: Harvester Books, 1973.

ARINOS, Afonso. *Direito constitucional*. Teoria da Constituição. As Constituições do Brasil. Rio de Janeiro: Forense.

BARBAGELATA, Hector-Hugo. *O direito do trabalho na América Latina*. Rio de Janeiro: Forense: LTr, 1985.

BARBOSA, Rui. *Oração aos moços*. Rio de Janeiro: Casa de Rui Barbosa, 1956.

BELTRAN, Ari. *Direito do trabalho e direitos fundamentais*. São Paulo: LTr, 2002.

BOBBIO, Norberto. *A era dos direitos*. 10. ed. Rio de Janeiro: Campus, 1992.

BOBBIO, Norberto; MATEUCCI, Nicola; PAQUINO, Gianfranco. *Dicionário de política*. 5. ed. Brasília: Universidade de Brasília, São Paulo: Imprensa Oficial de São Paulo, 2000.

BONAVIDES, Paulo. *Curso de direito constitucional.* 7. ed. São Paulo: Malheiros, 1997; 2000; 19. ed. São Paulo: Malheiros, 2006.

BOSWELL, Christina. *Migration in Europe.* Global Commission on International Migration. Genebra, 2005.

BRITO FILHO, José Cláudio Monteiro de. Trabalho com redução à condição análoga à de escravo: análise a partir do tratamento decente e de seu fundamento, a dignidade da pessoa humana. In: VELLOSO, Gabriel; FAVA, Marcos (Coord.). *Trabalho escravo contemporâneo*: o desafio de superar a negação. São Paulo: LTr, 2006.

CANOTILHO, J. J. Gomes. *Direito constitucional e teoria da Constituição*; 1993. 3. ed. Coimbra: Almedina, 1998; 7. ed. Coimbra: Almedina, 2003.

CANOTILHO, J. J. Gomes; MOREIRA, Vital. *Constituição da República Portuguesa anotada.* 3. ed. Coimbra: Coimbra, 1993.

CASELLA, João Carlos. Proteção à intimidade do trabalhador. In: MALLET, Estêvão; ROBORTELLA, Carlos Amorim (Coord.). *Direito e Processo do Trabalho* – Estudos em homenagem a Octavio Bueno Magano. São Paulo: LTr, 1996. p. 482.

CASTAN, Tobenãs José. *Los derechos del hombre.* Madri: Reus, 1976. p. 13.

CASTRO, Amílcar. *Direito internacional privado.* 5. ed. Rio de Janeiro: Forense, 1997.

CAUPEURS, João. *Os direitos fundamentais dos trabalhadores e a Constituição.* Lisboa: Almedina, 1985.

CÍCERO, *De legibus.*

COMPARATO, Fábio Konder. *A afirmação histórica dos direitos humanos.* 4. ed. São Paulo: Saraiva, 2005.

COMPARATO, Fábio Konder. *Direito público*: estudos e pareceres. São Paulo: Saraiva, 1996.

COLLIARD, Claude-Albert. *Libertés publiques.* 4. ed. Paris: Dalloz, 1972.

COSTA, Sandra Morais de Brito. *Dignidade humana e pessoa com deficiência.* São Paulo: LTr, 2008.

CRETELLA, José. *Comentários à Constituição de 1988.* 2. ed. Rio de Janeiro: Forense Universitária, 1990. v. 1.

CUVILLIER, Armand. *Pequeno vocabulário da língua filosófica.* São Paulo: Companhia Editora Nacional, 1961. Verbete *Classificação.*

REFERÊNCIAS

DALLARI, Dalmo de Abreu. *Direitos humanos e cidadania*. São Paulo: Moderna, 1998.

DOLINGER, Jacob. *Direito internacional privado*. Parte Geral. Rio de Janeiro: Renovar, 1994.

DUGUIT, Leon. *Traité du droit constitucionnel*. 3. ed. Paris: Ancienne Librairie Fontémoing.

EKMEKDJIAN, Miguel Ángel. *Tratado de derecho constitucional*. Buenos Aires: Depalma, 1993.

FAVOREU, Louis. Universalité dês droits fondamentaux et diversité culturelle. L'effectivité des droits fondamentaux dans les pays de la communauté francophone. Colloque International de l'TIE Maurice, 29 de setembro – 1º de outubro de 1993, Auperlf-Uref, 1994.

FERREIRA FILHO, Manoel Gonçalves. *Direitos humanos fundamentais*. 8. ed. São Paulo: Saraiva, 2006.

FERREIRA FILHO, Manoel Gonçalves; GRINOVER, Ada Pellegrini; FERRAZ, Anna Cândida da Cunha. *Liberdades públicas*. São Paulo: Saraiva, 1978.

FRAGA, Mirto. *O conflito entre tratado internacional e norma de direito interno*. Rio de Janeiro: Forense, 1997.

GALANTINO, Luisa. *Diritto del lavoro*. Torino: Giappichelli, 1995.

GIANNINI, Achile Donato. *Istituzioni di diritto tributário*. Milano: Giuffrè, 1972.

GOLDFARB, Cibele Linero. *Pessoas portadoras de deficiência e a relação de emprego*. Curitiba: Juruá, 2007.

GUASTAVINO, Elias P. *Responsabilidad civil y otros problemas jurídicos en computación*. Buenos Aires: La Rocca, 1987.

HEYMANN-DOAT, Arlette. *Libertés publiques et droits de l'homme*. Paris: LGDJ, 2000.

HÖFFNER, Joseph. *Colonização e Evangelho*: ética da colonização espanhola no século de ouro. Rio de Janeiro: Presença, 1986.

ISRAEL, Jean-Jacques. *Droit des libertes fondamentales*. Paris: LGDJ, 1998.

JACQUES, Paulino. *Curso de direito constitucional*. 9. ed. Rio de Janeiro: Forense, 1983.

JAVILLIER, Jean Claude. *Introducción a OIT.* Derechos fundamentales en el trabajo y normas internacionales del trabajo. Madri: Ministério do Trabalho e Assuntos Sociais, 2003.

LA CUEVA, Mario de. *Derecho mexicano del trabajo.* México: Porrúa, 1938.

LASK, Emil. *Filosofia jurídica.* Buenos Aires, 1946.

KANT, Immanuel. *Crítica da razão pura e outros textos filosóficos.* São Paulo: Abril Cultural, 1974. (Os pensadores)

KANT, Immanuel. *Metafísica dos costumes.* Hamburgo, 1994.

LAFER, Celso. *A reconstrução dos direitos humanos*: um diálogo com Hannah Arendt. 4ª reimpressão. São Paulo: Companhia das Letras, 2001.

KAUFMANN, Otto; KESSELER, Francis; KÖHLER, Peter A. *Le droit social en Allemagne.* Paris: Lamy, 1991.

MACCORMICK, Neil. *Derecho legal y socialdemocracia.* Madri: Tecnos, 1990.

MAGANO, Octavio Bueno. *Folha de S. Paulo*, 20 abr. 1996.

MAGANO, Octavio Bueno. *Manual de direito do trabalho.* Direito Coletivo do Trabalho. 3. ed. São Paulo: LTr, 1993.

MAGANO, Octavio Bueno. *Manual de direito do trabalho.* Direito tutelar do trabalho. 2. ed. São Paulo: LTr, 1992.

MARSHALL, T. H. Citizenship and Social Class. In: MARSHALL, T. H. e BOTTOMORE, Tom. *Citizenship and Social Class.* Chicago: Pluto Classic (reimpr.), 1996.

MARTIN VALVERDE, Antonio; GUTIERREZ, Fermin Rodriguez-Sañudo; GARCIA MURCIA, Joaquim. *Derecho del trabajo.* Madri: Tecnos, 1993.

MARTINS, Sergio Pinto. *Direito do trabalho.* 41. ed. São Paulo: Saraiva Jur, 2025.

MARTINS, Sergio Pinto. Ratificação da Convenção 143 da OIT. In: ANDREUCCI, Ana Cláudia Pompeu Torezan; CARACIOLA, Andréa Boari; TEIXEIRA, Carla Noura; ALVIM, Márcia Cristina de Sousa; BARBOSA, Susana Mesquita (Orgs.). *Direitos humanos.* São Paulo: LTr, 2014.

MARTINS, Sergio Pinto. Ratificação da Convenção 143 da OIT. *Orientador Trabalhista Thomson IOB*, n. 5, maio 2008, p. 3.

MATEUCCI, Nicola. *Organización del poder y libertad*: história del constitucionalismo moderno. Madri: Trotta, 1998.

REFERÊNCIAS

MAXIMILIANO, Carlos. *Comentários à Constituição brasileira*. 5. ed. Rio de Janeiro: Freitas Bastos, 1954. v. III.

MELLO, Celso Antônio Bandeira de. *O conteúdo jurídico do princípio da igualdade*. 6. ed. São Paulo: Malheiros, 1999; Revista dos Tribunais, 1984.

MELLO, Celso D. de Albuquerque. *Curso de direito internacional público*. 7. ed. Rio de Janeiro: Freitas Bastos, 1982, v. 1, 9. ed. Rio de Janeiro: Renovar, 1992.

MELLO, Celso D. de Albuquerque. *Direito constitucional internacional*. Rio de Janeiro: Renovar, 1994.

MELLO, Celso D. de Albuquerque. *Direitos humanos e conflitos armados*. Rio de Janeiro: Renovar, 1997.

MENDES, Gilmar Ferreira. *Jurisdição constitucional*. São Paulo: Saraiva, 1996.

MIRANDA, Jorge. *Manual de direito constitucional*. 2. ed. Coimbra: Coimbra Editora, 1993, t. IV; Coimbra: Coimbra Editora, 1988; 4. ed. Coimbra: Coimbra Editora, 1990.

MIRANDA, Pontes de. *Comentários à Constituição de 1967, com a Emenda de 1969*. 3. ed. São Paulo: Revista dos Tribunais, 1987. v. IV e V.

MIRKINE-GUÉTZÉVITCH, Boris. *As novas tendências do direito constitucional*. São Paulo: Companhia Nacional, 1933.

MORAES, Alexandre de. *Direitos humanos fundamentais*. 8. ed. São Paulo: Atlas, 2007; 7. ed. 2000.

MONTESQUIEU. *O espírito das leis*. São Paulo: Abril Cultural, 1974. (Os pensadores)

NASCENTES, Antenor. *Dicionário da língua portuguesa*. Rio de Janeiro: Imprensa Nacional, 1964, t. 2. Verbete *Isonomia*.

NASCIMENTO, Amauri Mascaro. Organização sindical na perspectiva da Constituição. *Revista LTr* 52-1/5.

NOGUEIRA, Alberto. *Direito constitucional das liberdades públicas*. Rio de Janeiro: Renovar, 2003.

OLIVA, José Roberto Dantas. *O princípio da proteção integral e o trabalho da criança e do adolescente no Brasil*. São Paulo: LTr, 2006.

PALOMEQUE LÓPEZ, Manuel Carlos. *Despidos discriminatorios y libertad sindical*. Madri: Civitas, 1983.

PAPA JOÃO XXIII. *Encíclica Pacem in terris.* Documentos de João XXIII. São Paulo: Paulus, 1998.

PERA, Giuseppe. *Diritto del lavoro.* Padova: Cedam 1991.

PÉLISSIER, Jean; SUPIOT, Alain; JEAMMAUD, Antoine. *Droit du travail.* Paris: Dalloz, 2000.

PERELMAN, Chaim. *Ética e direito.* São Paulo: Martins Fontes, 1996.

PEREZ LUÑO, Antonio Enrique. *Los derechos fundamentales.* Temas clave de la constitucion española, coleccion dirigida por Pedro de Vega. 6. ed. Madri: Tecnos, 1995.

PHILBERT, André. *La politique sociale de la France.* Paris: Secrétariat Général du Gouvernement, 1960.

PIOVESAN, Flávia. *Direitos humanos e o direito constitucional internacional.* São Paulo: Max Limonad, 1996.

PLÁ RODRIGUEZ, Américo. *Los convenios internacionales del trabajo.* Montevidéu, 1965.

PLÁ RODRIGUEZ, Américo. *Revista Internacional del Trabajo.* Genebra, v. 90, n. 6, 1974.

POTOBSKI, Geraldo W. Von; LA CRUZ, Hector G. Bartolomei de. *La Organización Internacional del Trabajo*, 1990.

RADBRUCH, Gustav. *Filosofia do direito.* 3. ed. Coimbra: Armênio Amado, 1953.

RANGEL, Vicente Marotta. Os conflitos entre o direito interno e os tratados internacionais. *Boletim da Sociedade Brasileira de Direito Internacional*, n°s 45 e 46, p. 54-57.

RAWLS, John. *Uma teoria da justiça.* Brasília: Universidade de Brasília, 1981.

REALE, Miguel. *Filosofia do direito.* 14. ed. São Paulo: Saraiva, 1991.

REZEK, José Francisco. *Direito dos tratados.* Rio de Janeiro: Forense, 1984.

REZEK, José Francisco. *Direito internacional público.* 2. ed. São Paulo: Saraiva, 1991.

RIVERO, Jean. *Liberdades públicas.* São Paulo: Martins Fontes, 2006.

RIVERO, Jean; SAVATIER, Jean. *Droit du travail.* Paris: PUF, 1993.

REFERÊNCIAS

ROMITA, Arion Sayão. *Direitos fundamentais nas relações de trabalho*. 2. ed. São Paulo: Atlas, 2007.

ROMITA, Arion Sayão. Efeitos da ratificação da Convenção n. 158 da OIT sobre o Direito Brasileiro, *Repertório IOB de Jurisprudência*, n. 5/96, texto 2/11028, mar. 1996.

RUSSOMANO, Gilda. *Os conflitos espaciais de leis no plano das relações trabalhistas*. Rio de Janeiro: José Konfino, 1964.

SALA FRANCO; Tomás; ALBIOL MONTESINOS, Ignacio. *Derecho sindical*. Valencia: Tirant lo Blanch, 1994.

SANTOS, Antônio Pedro Ribeiro dos. *Movimentos laborais e Constituição econômica*. Lisboa: Instituto Superior de Ciências Sociais e Políticas, 2000.

SANTOS DI MARIA, Oscar. El derecho del trabajo en la Constitucion de Argentina. In: *El Derecho del trabajo en las Constituciones de Iberoamerica*. Lima: Editorial Júris Laboral, 1999.

SARLET, Ingo W. *A eficácia dos direitos fundamentais*. 2. ed. Porto Alegre: Livraria do Advogado. 2001.

SENTO-SÉ, Jairo Lins Albuquerque. *Trabalho escravo no Brasil*. São Paulo: LTr, 2001.

SILVA, José Afonso da. *Aplicabilidade das normas constitucionais*. São Paulo: Revista dos Tribunais, 1982.

SILVA, José Afonso da. *Curso de direito constitucional positivo*. 26. ed. São Paulo: Malheiros, 2006; 27. ed. 2006.

SILVA, José Afonso da. *Direito ambiental constitucional*. 2. ed. São Paulo: Malheiros, 1995.

SILVA, José Antônio Ribeiro da. *A saúde do trabalhador como um direito humano*. São Paulo: LTr, 2008.

SOUZA, Zoraide Amaral de. *A associação sindical no sistema das liberdades públicas*. Rio de Janeiro: Lumes Júris, 1996.

SUPIOT, Alain. *Au-delà de l'emploi*: Transformations du travail et devenir du Droit du travail en Europe. Paris: Flammarion, 1999.

SÜSSEKIND, Arnaldo. A compatibilidade entre a Convenção OIT 158 e a Constituição brasileira. *LTr* 60-03/332.

SÜSSEKIND, Arnaldo. Alterações na legislação de férias. *Revista do Direito Trabalhista*, ano 6, n. 1, p. 19, 31 jan. 2000.

SÜSSEKIND, Arnaldo. *Convenções da OIT.* São Paulo: LTr, 1994.

SÜSSEKIND, Arnaldo. *Direito internacional do trabalho.* 2. ed. São Paulo: LTr, 1987.

SÜSSEKIND, Arnaldo. *Instituições de direito do trabalho.* 14. ed. São Paulo: LTr, 1993; 15. ed. 1995. 16. ed. São Paulo: LTr, 1996. v. II.

SÜSSEKIND, Arnaldo. Os direitos sindicais nos tratados internacionais. *Revista LTr,* São Paulo: LTr, 1987, n. 51-3/362.

TEYSSIÉ, Bernard. *Code de Droit Social Européen.* Paris: Litec, 1999.

TRINDADE, Antonio Augusto Cançado. *Direitos humanos e meio ambiente.* Porto Alegre: Sergio Antonio Fabris, 1993.

TRINDADE, Antonio Augusto Cançado. *Princípios de direito internacional contemporâneo.* Brasília: UnB, 1981.

TRINDADE, Antonio Augusto Cançado. *Tratado de direito internacional dos direitos humanos.* Porto Alegre: Sergio Antonio Fabris, 1997. v. 1.

TORRES, Ricardo Lobo. A cidadania multidimensional na era dos direitos.

TORRES, Ricardo Lobo (Org.). *Teoria dos direitos fundamentais.* 2. ed. Rio de Janeiro, Renovar, 2001.

UNESCO. *Les dimensions internationales des droits de l'homme.* Unesco, 1978. p. 11.

VALLADÃO, Haroldo. *Direito internacional privado.* Introdução e parte geral. 3. ed. Rio de Janeiro: Freitas Bastos, 1971.

VALTICOS, Nicolas. *Derecho internacional del trabajo.* Madri: Tecnos, 1977.

VALTICOS, Nicolas. Droit internacional du travail. In: CAMERLYNCH, G. H. (Org.). *Traité de droit du travail.* Paris: Dalloz, 1970.

Índice Remissivo*

A

Aplicabilidade, 19.1.3
Autonomia sindical, 20.7
Aviso-prévio, 19.1.11

C

Características, 6.4
Causas injustificáveis, 19.1.8
Causas para a dispensa, 19.1.7
Classificação, 6
Conceito, 4.1
Constitucionalidade, 19.1.4
Contagem do prazo, 19.2.2.4
Convenção n. 143 da OIT, 18
Crime, 10.6

D

Deficientes físicos, 12
Denominação, 3
Denúncia da Convenção n. 158 da OIT, 19.2.2
Direito à vida privada, 13

Direito da criança e do adolescente, 15
Direitos da cidadania, 3.6
Direitos do homem, 3.2
Direitos fundamentais, 3.4; 8
Direitos humanos, 3.3
Direitos individuais, 3.7
Direitos naturais, 3.1
Direitos sociais, 7.2
Direitos subjetivos públicos, 3.8
Diretivas, 19.1.5.1
Dispensa arbitrária, 19
Dispensa injustificada, 19.1.13
Dispensa coletiva, 19.1.14

E

Espanha, 19.1.5.2
Espécies, 19.2.2.2
Evolução mundial, 1
Evolução no Brasil, 2

---

* A numeração refere-se ao item.

F

Forma, 19.2.2.3
França, 19.1.5.3

G

Garantias, 20.4

H

Hierarquia, 17.3

I

Igualdade, 18.3
Importância, 20.8
Indenização, 19.1.12
Itália, 19.1.5.4

L

Liberdade de associação, 20.11
Liberdade de reunião, 21
Liberdade de trabalho, 9
Liberdade sindical, 20
Liberdades públicas, 3.5

N

Não discriminação, 11
Natureza jurídica, 6.2
Necessidade de exame pelo Congresso Nacional, 19.2.2.5
Notificação, 19.1.15

O

Obrigatoriedade, 20.10

Ordem social, 7
Ônus da prova, 19.1.13

P

Portugal, 19.1.5.5
Procedimento prévio, 19.1.9
Promulgação, 17.4

R

Ratificação das convenções da OIT, 17
Recurso contra o término do contrato, 19.1.10

S

Salário mínimo, 14
Saúde, 16
Seguro-desemprego, 10.9
Sistemas de liberdade sindical, 20.6

T

Teorias
  jus naturalista, 5.1
  histórica, 5.4
  mistas, 5.6
  moralista, 5.3
  positivista, 5.2
Trabalho análogo ao de escravo, 10

V

Vida privada, 13